Marie la musulmane

« *L'islam des Lumières* »

Michel Dousse

Marie
la musulmane

Albin Michel

Albin Michel
■ *Spiritualités* ■

Collection « L'islam des Lumières »
dirigée par Jean Mouttapa
et Rachid Benzine

Avertissement

Pour la Bible (A.T. et N.T.), nous nous sommes généralement référés à *La Sainte Bible* traduite en français sous la direction de l'Ecole biblique de Jérusalem, Paris, éd. du Cerf, 1956, dont nous avons adopté également les sigles pour désigner les différents livres.

Nous avons parfois eu recours à la *Traduction œcuménique de la Bible* (TOB), Paris, éd. du Cerf, 1977 ; ainsi qu'à la traduction de Lemaître de Sacy (XVIIᵉ siècle), *La Bible*, Paris, éd. Robert Laffont, coll. « Bouquins », 1990.

Pour le Coran (C), nous proposons notre propre traduction pour le texte intégral des sourates 3 et 19. Pour les autres citations coraniques, nous avons suivi le plus souvent la traduction de J. Berque, *Le Coran. Essai de traduction de l'arabe*, Paris, Albin Michel, 2002, en la modifiant, en certains cas, dans la perspective de notre propre lecture ; parfois nous avons eu recours à celle de D. Masson, *Le Coran*, Paris, Gallimard, « Bibliothèque de la Pléiade », 1967 et, plus rarement, à celle de R. Blachère, Paris, Maisonneuve et Larose, 1966.

Pour la transcription des termes hébreux et arabes, nous avons renoncé, par commodité, à distinguer les consonnes emphatiques de même que les différents *s* par des signes diacritiques.

Avant-propos

La dévotion envers Marie se trouve si intimement enraci-née dans la foi et la pratique chrétiennes que certains peuvent éprouver quelque difficulté ou réticence à concevoir qu'une autre révélation – en l'occurrence le Coran – puisse en reven-diquer à son tour le signe dans son propre contexte. Comment la figure de Marie pourrait-elle être intégrée dans un environnement scripturaire autre que celui des Evangiles sans se trouver de ce seul fait altérée, voire dévalorisée ?

Les pages qui suivent montreront comment la figure de Marie n'est pas moins exaltée dans le Coran que dans les Evangiles, son mystère non moins central. Sa place dans la prédilection et le projet de Dieu pour les hommes s'y trouve, en certains passages, même plus amplement déployée.

Les rares ouvrages en langue française qui ont été consacrés à la figure coranique de Marie se sont le plus souvent limités, d'ailleurs avec plus ou moins de bienveillance, à juger de la version coranique à partir du modèle des Evangiles[1]. Or, la question centrale qui se pose à propos de la figure de Marie dans le Coran est d'abord celle de sa raison d'être dans ce contexte, à quel titre sa place y est si éminente, et même unique. Le Coran, qui ne reconnaît pas la divinité de Jésus ni sa mission rédemptrice, n'avait, à première vue, aucune raison de privilégier ainsi Marie, sa mère ; d'autant moins

9

encore que la place sociologique de la femme dans la société arabe au temps du Prophète et même dans le cadre de la révélation coranique paraît marginale, subordonnée à celle de l'homme.

Il fallait donc une raison majeure pour exalter en une place si exceptionnelle la figure de Maryam, « au-dessus des femmes des univers », comme dit le Coran. C'est cette interrogation qui a suscité et animé notre démarche. Séduit par la beauté formelle de ces textes, nous nous sommes également laissé guider par leurs multiples suggestions, correspondances et harmoniques.

On pourra s'étonner de notre silence sur les très nombreux et précieux commentaires que ces textes sacrés n'ont cessé de provoquer tout au long des siècles. Notre démarche se veut délibérément en prise directe avec les révélations elles-mêmes, telles que reçues, consignées et conservées par les traditions, et qui gardent toute leur force suscitatrice d'interprétation qu'aucun commentaire jamais n'épuisera.

Peut-être n'est-il pas inutile de rappeler que tout retour aux textes fondateurs n'est pas assimilable à ce que l'on désigne aujourd'hui – en un sens péjoratif – comme fondamentalisme. Cette qualification négativement indexée ne peut s'appliquer qu'à un retour à la lettre qui aurait pour fin non pas de brûler à son feu toutes les limites que l'homme y apporte, mais au contraire de solliciter le texte, à contresens, en caution d'une clôture sécuritaire, propriétaire et adversative. Si nous convoquons les révélations elles-mêmes, c'est afin de les mieux entendre en leur interpellation réciproque, leur consonance en même temps qu'en leur évocation d'un au-delà qu'elles postulent et vers lequel elles convergent.

Introduction

Une anecdote qui remonterait aux tout débuts de l'islam et qui se trouve rapportée dès la fin du VIIe siècle par les chroniqueurs musulmans fera, mieux que tout argument, pressentir le climat de dévotion et de communion spirituelle avec les chrétiens dans lequel se dessina la figure de Maryam dès les premiers témoignages islamiques.

Lorsque la prédication de Muhammad commença à rencontrer un certain écho parmi ses concitoyens de la Mekke, les notables polythéistes de la ville s'en inquiétèrent, craignant que la nouvelle doctrine ne portât préjudice à leurs intérêts. La Mekke était alors une cité caravanière importante, au centre d'un commerce florissant. Comme ils n'osaient pas s'en prendre directement au Prophète dont l'oncle, Abî Tâlib, jouissait d'un grand prestige, ils s'attaquèrent aux plus humbles parmi les membres de la communauté naissante, jusqu'à leur rendre la vie impossible. Témoin de ces tracasseries, Muhammad conseilla aux victimes de ces brimades de quitter discrètement le pays et de chercher refuge en Abyssinie, auprès du Négus, monarque chrétien. Ce fut, aux alentours de l'an 616, la première expatriation des musulmans, la première hégire de l'islam (la seconde, vers Médine, à laquelle participa le Prophète en 622, marquera le point de départ de l'ère islamique).

11

Lorsqu'ils s'aperçurent de leur fuite, les notables mekkois décidèrent d'envoyer une délégation auprès du Négus pour lui demander de renvoyer ces dissidents dans leur pays. Malgré les arguments des ambassadeurs et leurs cadeaux précieux, le roi refusa d'accéder à leur requête et d'expulser ces réfugiés contre leur gré sans les avoir d'abord entendus. Il les convoqua donc et leur posa la question : « Quelle est cette religion qui vous a amenés à vous séparer de votre peuple, bien que vous n'ayez pas adopté ma religion ni celle d'aucun des peuples qui vous entourent ? »

Ils expliquèrent que Dieu leur avait envoyé un messager issu de leur peuple pour les appeler à témoigner de l'Unicité divine, à renoncer à l'idolâtrie, à être véridiques, à tenir leurs promesses, à respecter leur parole ainsi que les liens de parenté et de voisinage. Le roi leur demanda de lui citer quelques extraits de cette nouvelle révélation. L'un d'eux, nommé Ja'far, récita alors un passage de la sourate 19, intitulée « Maryam », dont la révélation était toute récente :

> Et fais mémoire dans le Livre de Maryam, quand elle prit ses distances d'avec les siens vers un site oriental./ Elle se sépara d'eux encore par un voile ; c'est alors que Nous lui dépêchâmes Notre Esprit qui, pour elle, revêtit l'apparence d'un humain parfait... (C 19 : 16-17).

Relevons au passage la façon dont le Coran, de son point de vue, fonde par là même le christianisme sur une hégire, celle de la future mère de 'Isâ, se coupant des siens, et combien cette figure devait être parlante pour ces premiers musulmans, eux-mêmes obligés de s'expatrier.

Le chroniqueur note que le Négus fut ému aux larmes en entendant cette récitation, de même que les évêques qu'il avait convoqués en jury, et que tous pleurèrent davantage encore lorsqu'on la leur traduisit. Comme pour signifier que le charme de la langue coranique avait opéré par lui-même, avant même qu'ils ne comprissent le sens des paroles psalmodiées. Le roi fit alors savoir aux émissaires mekkois que sa décision était prise et qu'il ne leur livrerait pas ces gens.

Les ambassadeurs ne s'avouèrent cependant pas battus et revinrent le lendemain chez le souverain pour le convaincre de changer d'avis. Ils alléguèrent que ceux qu'il avait accueillis prétendaient que Jésus était un esclave (le même mot arabe *'abd* désigne en effet le serviteur et l'adorateur). Le roi fit donc venir à nouveau les croyants pour les interroger, cette fois, sur ce qui leur avait été enseigné plus précisément concernant Jésus. Le même Ja'far répondit : « Nous disons de lui ce que nous avons appris du Prophète, à savoir qu'il est le serviteur/adorateur de Dieu (*'abd'Allâh*), Son Messager (*rasûl*), Son Esprit (*rûh*) et Son Verbe (*kalima*) qu'Il a jeté en Maryam, la Sainte Vierge (*Maryam al-'adhrâ' al-batûl*). »

Le roi fit restituer aux ambassadeurs leurs cadeaux, les congédia définitivement sans leur avoir rien concédé. Quant au petit groupe des croyants, il leur déclara qu'ils pouvaient séjourner en sécurité dans son pays, le temps qu'ils voudraient, et y pratiquer librement leur culte[1].

Quoi qu'il en soit de la réalité historique de cet épisode, et même au cas où les paroles prêtées aux protagonistes auraient été forgées a posteriori, il n'en demeure pas moins que le seul fait qu'il figure dans les plus anciennes chroniques témoigne d'une proximité spirituelle reconnue dès l'aube de l'islam. L'anecdote ne peut donc être le produit de quelque tentative chrétienne ultérieure de « récupération » du Coran. Elle constitue un témoignage original et vivant de la façon dont la nouvelle révélation était reçue, commentée, assimilée et illustrée par la première communauté musulmane.

De façon significative, c'est la figure de Maryam (Marie) qui est au cœur de cette rencontre. Que ce soit à travers elle que les musulmans aient choisi de se présenter aux chrétiens et que ce soit en reconnaissance de cette vénération pour Maryam que les chrétiens d'Abyssinie leur aient donné l'hospitalité montre combien la figure de Maryam ouvre d'abord sur un mystère confessé en commun et non sur une polémique.

Caractère exceptionnel de la figure de Maryam dans le Coran

Le nom de Maryam, la mère de Jésus, se trouve plus souvent mentionné dans le Coran que dans l'ensemble du Nouveau Testament[2] : on l'y trouve en trente-quatre occurrences contre dix-neuf dans les Evangiles et les Actes des Apôtres (il ne figure ni dans les Epîtres ni dans l'Apocalypse). Il faut cependant observer que sur les trente-quatre occurrences coraniques, son nom apparaît vingt-trois fois comme faisant partie intégrante de la désignation de son fils en tant que « le Messie 'Isâ (Jésus)-fils-de-Maryam » (ou, plus simplement, « le fils de Maryam »). En conséquence, Maryam ne s'y trouve mentionnée par son nom et pour elle-même qu'à onze reprises. A titre comparatif, relevons qu'elle ne l'est pas beaucoup plus fréquemment dans l'ensemble du Nouveau Testament (dix-neuf fois seulement). Si, du point de vue quantitatif des mentions, la place qu'elle occupe aussi bien dans l'Evangile que dans le Coran s'avère donc relativement modeste, son rôle y est pourtant éminent, central, bien que ce soit avec des accents et pour des motivations divers de part et d'autre. A la différence du Nouveau Testament, le Coran présente un certain équilibre entre le nombre des mentions de Maryam et celles de son fils 'Isâ dont le nom n'apparaît que vingt-cinq fois (contre mille cent trente-sept fois dans le Nouveau Testament). Ces observations statistiques, tout extérieures et de ce fait même d'une portée limitée, constituent cependant un indice non négligeable de la diversité des perspectives et points de vue respectifs.

Mais – et le fait est particulièrement significatif – elle est, dans tout le Coran, l'unique femme désignée par son nom. Même Eve, mère de l'humanité, n'y apparaît que comme « épouse d'Adam ». Toutes les autres figures féminines également n'y sont mentionnées qu'en relation à un homme (désigné, lui, par son nom), en référence à leur statut d'épouse, de mère, de fille ou de sœur. Par cette désignation nominale non seulement exceptionnelle mais unique, c'est comme si Maryam récapitulait en sa figure toutes les femmes, à commencer par Eve qui trouve en elle un nom.

Par-delà toute référence sociologique sur la place de la femme dans la communauté à laquelle s'adressait en premier lieu le Coran, on peut déchiffrer dans cette exception si clairement manifestée le signe d'un destin unique de Maryam dans le plan de Dieu pour le salut du monde.

Maryam est également dans le Coran l'unique femme consacrée à Dieu dès avant sa naissance par sa mère (C 3 : 35) et l'unique à être saluée avec vénération par les anges eux-mêmes comme deux fois choisie par Dieu « au-dessus des femmes des univers » (C 3 : 42).

Ce statut extraordinaire réservé à Maryam est d'autant plus surprenant qu'à la différence des Evangiles, le Coran ne reconnaît pas le mystère de l'incarnation rédemptrice qui constitue le fondement même de la foi chrétienne. Plus précisément, il ne reconnaît ni la divinité de celui qu'il nomme « le Messie 'Isâ-fils-de-Maryam », ni la réalité de sa passion, de sa mort sur la croix, ni de sa résurrection. Selon le Coran, 'Isâ (Jésus) ne serait pas mort mais aurait été rappelé par Dieu auprès de Lui sans passer par les épreuves de la passion (voir C 3 : 55).

Outre des notations essentielles mais ponctuelles et éparses, le Coran consacre à Maryam deux récits continus et relativement longs, très différents par le fond et la forme et dont la révélation fut espacée dans le temps. Le premier se trouve dans la sourate 19, intitulée « Maryam », qui selon la tradition serait mekkoise, probablement la quarante-quatrième descendue ; le second dans la sourate 3, intitulée « La famille de 'Imrân », qui aurait été révélée à Médine, donc ultérieurement, sur une assez longue période. En dehors de ces deux références principales*, la figure de Maryam se trouve évoquée en cinq autres sourates réparties chronologiquement autour de ces deux pôles.

Bien que la figure de Marie (Maryam) soit aussi indissociable de celle de son fils dans le Coran que dans les Evangiles, la référence à Jésus ('Isâ) n'est cependant pas identique de part et d'autre dans la mesure précisément où Jésus n'y est pas investi de la même identité (divine). Or, selon la tradition et la théologie de l'Eglise (catholique), tous les privilèges reconnus à Marie, de l'immaculée conception à l'assomption, le sont au titre de son statut de « Mère de Dieu », *theotokos*, tel que l'a défini solennellement le concile d'Ephèse en 431.

Dans le Coran, c'est Marie qui entre dans la dénomination de son fils : « Jésus-fils-de-Marie » (*'Isâ 'bnu Maryam*) comme dans sa titulature : « le Messie-Jésus-fils-de-Marie » et non pas l'inverse (Marie mère de Jésus). Ce premier indice laisse déjà pressentir que le Coran envisage le mystère de Jésus à partir de celui de sa mère et nous verrons comment la figure de Marie y assume une grande part du non-dit concernant son fils.

La question centrale à laquelle nous nous trouvons confronté est donc la suivante : à quel titre le Coran intronise-t-il la figure de Maryam en une position si exceptionnelle, au-dessus de toutes les créatures, si ce n'est pas au titre de Mère de Dieu ? Comme le souligne la sourate 5 intitulée « La table servie » : « Il n'était, le Messie fils de Maryam, rien d'autre qu'un envoyé – des envoyés sont passés avant lui – et sa mère qu'un être de vérité (ou de sainteté), l'un et l'autre devaient se nourrir (comme tout un chacun)... » (C 5 : 75). Cette affirmation relève d'une position générale du Coran à

---

* On trouvera l'intégralité de ces deux sourates, traduites par nos soins, en fin de volume.

l'égard de Maryam et de 'Isâ : d'une part, en souligner avec insistance l'humanité et, pourrait-on dire, la « normalité » ; d'autre part, ne pas passer sous silence une dimension mystérieuse qui les met à part de tous les humains en une relation extraordinaire, unique, entre eux deux et de chacun d'eux avec le Créateur immédiatement.

Les deux récits des sourates 19 et 3

Pourquoi le Coran propose-t-il deux grands récits déployant les signes majeurs de la vie de Maryam et de son fils ? Avant que de proposer une première réponse à cette question, rappelons que les Evangiles eux-mêmes offrent quatre versions d'un témoignage unanime concernant Marie. Autre est la présentation de Luc à travers ce que l'on a appelé l'Evangile de l'enfance, fait de nombreuses anecdotes riches de signification, et autre celle de Jean à la formulation théologique plus épurée du mystère, envisagé à partir de la pré-éternité et de l'eschatologie, en quoi le Coran manifeste avec Jean une plus particulière affinité (qui se trouvera vérifiée à travers de nombreux autres exemples).

Il faut noter que, même en ce cas, le Coran n'adopte pas une forme proprement biographique, à la différence des Evangiles synoptiques et particulièrement de Luc. Le récit y a pour principale fonction de convoquer et d'assembler les signes majeurs de la révélation en une constellation significative par elle-même. Le Coran ne cherche pas à inscrire Marie dans l'histoire et les généalogies de la promesse, mais à en proposer la figure à l'horizon des signes[3] qui surplombent l'histoire. Jean, dans l'Apocalypse, faisait de même lorsqu'il déclarait : « Un signe grandiose est apparu au ciel : c'est une femme... » (Ap 12 : 1).

Si les sourates 19 et 3 sont proches par les thèmes abordés touchant Maryam, le mystère auquel elle prête visage et la fonction qu'elle assume dans le dessein divin concernant l'ensemble de la révélation monothéiste, elles diffèrent cependant profondément par l'angle sous lequel elles les envisagent et par leur coloration spirituelle respective.

Alors que la sourate 19 « Maryam » – qui ne compte que quatre-vingt-dix-huit versets – est assonancée de part en part (en *yyan* et *an*, à l'exception des versets 34-40, probablement rapportés ultérieurement), ce qui formellement la clôt sur elle-même en un climat d'intimité et d'intériorité, la sourate 3 « La famille de 'Imrân », plus éclatante, ample et solennelle – et qui décline deux cents versets –, ne s'orne de nulle rime ni assonance. Elle est plus déclarative que la dix-neuvième, « exhortatoire » plus que méditative. Cependant, même dans ce cas, les versets consacrés à Maryam, et plus particulièrement encore ceux qui relatent l'annonciation, retrouvent l'intimité secrètement lumineuse de la contemplation.

Si la sourate 19 « Maryam » se distingue par une coloration générale de grande douceur et d'intimité, c'est également celle dans laquelle la désignation de Dieu sous son nom de « Tout-Miséricordieux » (*ar-rahmân*) revient le plus souvent (seize fois sur cinquante-six occurrences dans l'ensemble du Coran), alors qu'il n'apparaît pas dans la sourate 3. Que ce terme pour désigner Dieu fût en usage chez les chrétiens d'Arabie du Sud ne suffit sans doute pas à expliquer pourquoi c'est précisément dans cette sourate, mise sous le signe de Maryam, que ce nom divin revient avec la plus grande fréquence. On pressent là quelque convenance plus secrète et essentielle.

La sourate 3 « La famille de 'Imrân », plus tardive, témoigne d'un autre climat spirituel et relationnel. La nouvelle communauté a mûri, s'est structurée et trouve en face d'elle, plus nombreux qu'à la Mekke, outre les tenants de la religion arabe traditionnelle, des juifs et des chrétiens que le Coran désigne du terme de « Gens du Livre » (*ahl'al-kitâb*). Cette confrontation, souvent conflictuelle, a une incidence indéniable sur sa prise de conscience identitaire à travers son expérience reflétée, critiquée et éclairée par la révélation.

Alors que la polémique est absente de la sourate 19 « Maryam », toute consacrée au rappel d'un mystère présumé unanimement reconnu avec les chrétiens, la sourate 3 précise et marque les positions respectives. Mais, par-delà la confrontation avec les autres communautés, transparaît de façon positive la préoccupation coranique d'élucider une « économie » ou vision d'ensemble de la révélation monothéiste, depuis la création jusqu'au Jour du Jugement. C'est dans cette perspective qu'est envisagée, en son signe et ses conséquences, l'élection de la famille de 'Imrân ainsi que, plus particulièrement et plus personnellement, celle de Maryam.

La double identité coranique de Maryam

Ce qui, de prime abord, peut surprendre voire déconcerter le lecteur non initié à la révélation coranique, c'est le fait que « Maryam » y désigne comme une seule et même personne la fille de 'Imrân – et de ce fait la sœur de Moïse et Aaron – et la mère de Jésus. La sourate 3, intitulée précisément « La famille de 'Imrân », dit explicitement que cette enfant que la femme de 'Imrân met au jour, qu'elle dénomme Maryam et qu'elle confie au Temple est la même qui, dans ce même lieu, reçoit de la part de l'ange l'annonce de Jésus. De même la sourate 66 (v. 12), qui propose Maryam en modèle universel aux croyants et aux croyantes, la présente en ces termes : « ... Maryam, la fille de 'Imrân, qui garda sa virginité. Nous insufflâmes en elle de Notre Esprit et elle donna réalité aux (ou avéra les) paroles de son Seigneur ainsi qu'à ses Ecritures. Elle était du nombre des craignants-Dieu. » Cette présentation, qui défie l'histoire et la chronologie, privilégie un autre principe d'organisation, une autre syntaxe des signes dont nous aurons à découvrir la pertinence et la visée. A l'évidence il ne s'agit ni d'une confusion des personnes ni d'une homonymie, mais de l'identification de deux figures se réalisant en

19

Maryam en tant que mère de 'Isâ (Jésus). Il importe donc de prendre au sérieux ce défi à la raison historienne lancé par la révélation coranique, de chercher à en pénétrer la signification plutôt que de l'esquiver. Par la superposition typologique des deux figures mariales, le Coran n'opère pas seulement une relativisation radicale de l'histoire et de ses enchaînements à partir d'un point de vue qui privilégie l'origine, la création, mais marque l'intention de rassembler les signes épars dans la durée en les organisant en des ensembles inédits, au titre de leur exemplarité atemporelle.

La répétition du même schéma d'identification des deux figures en des sourates diverses et d'époques différentes ne peut laisser de doute sur son caractère délibérément assumé. Plutôt que de chercher à forcer le texte contre son intention manifeste, l'attitude objective et cohérente paraît donc être celle qui consiste à s'interroger à la fois sur la motivation et la signification d'une telle présentation qui incontestablement frappe de relativité la vérité historique en tant que telle. Comment identifier en une seule et même figure deux personnages que plus d'un millénaire est censé séparer ? D'ailleurs les Evangiles ne font aucune référence, même allusive, à la Miryam biblique, sœur de Moïse. Ne serait-ce pas là une preuve de plus – prise des révélations elles-mêmes – de l'incongruité d'une telle identification ?

Pourtant ce dispositif coranique qui, par l'instrument de la figure de Maryam, conjoint les deux Testaments est l'indice d'une approche originale de la consécution temporelle et de l'histoire, que n'offusquent pas de tels télescopages. Ce parti pris constitue l'une des clés herméneutiques de cette révélation. La relation au temps qu'entretient le Coran est très différente de celle de la Bible et des Evangiles : la référence à l'événement n'y est le plus souvent qu'allusive, éparse et la continuité temporelle s'y trouve le plus souvent brisée, parfois jusqu'à l'émiettement. La révélation organise elle-même ses signes privilégiés et leur présentation la plus parlante en fonction de l'orientation axiale de son message.

Sa démarche, tout entière polarisée par la Création et le Jugement à la fin des temps, paraît, quant à l'histoire, à la fois plus pressée, comme par impatience du terme, et plus indirecte que dans les autres Ecritures. Avec pertinence, J. Berque remarque à ce propos : « On dirait qu'il (le Coran) cherche à déborder les révélations antérieures vers l'en deçà, tout ensemble et vers un plus outre[4]. »

De façon générale, on peut observer que le Coran marque quelque réticence à l'égard de toute explicitation et fixation dogmatiques en dehors de la seule confession de l'Unité unique de Dieu et de sa manifestation dans la création. (Le second article de foi portant sur la mission de Muhammad ne relève pas au même titre absolu que le premier du credo de l'islam.) Révélation « en langue arabe », langue formée et élaborée dans une culture portant le sceau de la nomadité et du désert, le Coran est comme fasciné et polarisé par l'origine. Cette origine est ici entendue comme existentiation en source, sans cesse actuelle, n'entrant pas dans l'écoulement de la durée. Pour le Coran, chaque instant s'origine immédiatement dans le décret de Dieu, par un acte de création toujours actuel. Cet attachement testimonial à l'initial se traduit par une préférence pour l'implicite et le non-dit comme expression tacite du mystère.

Les illusions de l'histoire face à l'unique efficace de la Cause première

L'originalité de la proposition du Coran dans sa lecture de la temporalité ressort avec une évidence incontestable de la façon dont il présente les récits aussi bien historiques que mythiques ou révélés. La narration en est le plus souvent interrompue, éclatée et ses éléments dispersés soit au sein d'une même sourate, soit à travers plusieurs sourates. La continuité d'une durée qui se déroule de façon linéaire semble constituer, au regard de cette révélation, une illusion à briser pour rendre plus évidente l'unique efficace de la Cause première, de l'Unique Créateur que le verset 2 de la sourate 3 présente comme le Subsistant par Lequel tout subsiste (*al-qayyûm*). Que quelques rares récits échappent à la règle et soient déployés selon l'enchaînement narratif universellement pratiqué ne fait que confirmer le caractère intentionnel du procédé habituel d'éclatement de l'histoire. Ces exceptions relèvent d'ailleurs davantage de la fable sapientiale que du récit historique, qu'il s'agisse de l'histoire de Joseph et ses frères (C 12), de celle de Jonas (C 37 : 139-148) ou bien encore de celle du voyage initiatique de Moïse (C 18 : 60-82).

Il n'est pas surprenant, dans ces conditions, que le lecteur non initié se trouve parfois désemparé à la lecture d'une traduction du Coran – fût-elle excellente. Tout ce qui, dans le texte arabe, s'appelle et se répond à travers le lexique et les racines verbales mises en œuvre, les assonances, les rythmes, les images, les formules ou les situations, suggère une multiplicité de lectures dont parfois – voire souvent – l'histoire ou l'anecdote relatée ne constitue que le support et le prétexte.

En effet, le Coran en arabe use du discours selon sa propre identité culturelle et son propre dessein, très diversement des autres révélations et plus différemment encore de l'usage courant des langues occidentales. La discontinuité du discours et les juxtapositions de termes et d'expressions, sans médium formulé, font apparaître des « ajours » eux-mêmes chargés de sens et porteur d'un non-dit cohérent. Silences et suggestions, vers l'ouvert de la révélation et vers un au-delà du texte, parent au risque d'une désignation par trop limitative et univoque. « A méconnaître cette illumination fusante des retraits mêmes de la matière verbale on ne comprendrait pas ce pouvoir d'un texte qui transporte les fidèles et les trouble jusqu'au larmes[5]. »

De même les silences dans la psalmodie (révélée et codi-

22

fiée), leur longueur et le rythme de leur alternance ont-ils, entre autres finalités, celle d'inviter le croyant à faire halte méditative pour que la parole puisse se dilater en ondes évocatoires.

L'une des toutes premières sciences religieuses apparues en islam fut celle des lectures ou récitations (*qirâ'ât*) du Coran ; elle se développa conjointement à celle du commentaire (*tafsîr*). Ce fait confirme la primeur de l'oralité – y compris de ses silences – dans la transmission du Livre. L'approche scientifique moderne, influencée par les méthodes d'analyse occidentales (historiques, linguistiques et herméneutiques), marquées par la dichotomie de leur affûtage spécialisé, court le danger de faire perdre la perception et l'effet global d'intégralité insécable. « Pour nous, auditeurs ou plutôt lecteurs modernes du Coran, une part de la plénitude première risque d'être à jamais perdue. Même sur les Arabes elle n'agit, de plus en plus, que comme support d'un sens. Et ce sens, de longs siècles de culture savante et l'influence d'une certaine modernité le tirent du côté de l'idée[6]. »

La position du Coran dans le champ du monothéisme abrahamique

Troisième dans l'ordre chronologique d'apparition, le Coran assume, dans sa propre perspective, les deux révélations précédentes. De par sa position, il se trouve par ailleurs être seul en situation de prendre en compte leur interrelation et leur articulation, voire, le cas échéant, de juger de l'attitude réciproque des communautés respectives, juive et chrétienne.

Cependant, à la différence de l'Evangile, il ne s'inscrit pas en prolongement et accomplissement de ce qui l'a précédé[7]. La seule authentification qu'il revendique réside dans le fait d'être « descendu » immédiatement de la même et unique Source, par initiative du seul et même Révélateur. De cette situation affirmée de référence directe, sans intermédiaire, à la Source de toute révélation, le Livre exemplaire auprès de Dieu (*umm al-kitâb*), découle une forme d'extériorité du Coran, par rapport d'abord aux deux révélations antérieures (dont la deuxième présuppose la première), mais également et en premier lieu à l'égard de son propre transmetteur, Muhammad.

A son tour, mais à partir d'un autre point de vue, le Coran affirme qu'il n'y a pas à attendre après lui de nouvelle révélation, puisque Muhammad y est proclamé le sceau des prophètes (C 33 : 40). De façon significative, le Coran prête à Jésus l'annonce de cette venue conclusive de Muhammad, reconnaissant de ce fait, de façon discrète, un lien organique avec les révélations qui l'ont précédé (même si ce lien n'est pas de l'ordre des enchaînements de l'histoire) :

> Lors Jésus fils de Maryam déclara : « O Fils d'Israël ! Je suis l'Envoyé de Dieu vers vous, venu confirmer la Torah en vigueur et faire l'annonce d'un envoyé qui viendra après moi et dont le nom sera Ahmad... (C 61 : 6).

Cette annonce de la venue de Muhammad (désigné sous la forme « Ahmad ») renvoie à Jean 14 : 16 et 15 : 12-13 où Jésus promettait l'envoi d'un autre « Paraclet ». L'interprétation coranique de ce passage évangélique peut s'expliquer, d'un point de vue tout extérieur, par la proximité de deux mots grecs : *paraklêtos* qui signifie avocat, consolateur, et *paréklytos*, digne d'être loué, digne de louange, ce qu'exprime précisément le nom arabe *Muhammad*. Le passage d'un terme grec à l'autre se trouvant facilité par les approximations de la tradition orale ainsi que par une transcription défective de langues qui, comme l'araméen ou l'arabe, ne notaient que les consonnes[8].

Le Coran reproche ici aux juifs de n'avoir pas reconnu en Jésus le Messie, alors que lui-même, qui le reconnaît pour tel, s'en prend en revanche aux chrétiens qui en ferait une divinité à côté de Dieu ou un enfant que le Tout-Miséricorde aurait « pris » pour Lui (*ittakhadha*) :

Ils ont dit : « Dieu s'est donné un fils » mais, Gloire à Lui, Il se suffit à Lui-même. Ce qui est dans les cieux et sur la terre Lui appartient. (C 10 : 68)[9].

Une autre version de C 61 : 6 (version de Ubbay, qui ne figure pas dans la version canonique du Coran osmanien), fait dire à Jésus : « O fils d'Israël ! Je suis l'Envoyé de Dieu vers vous, venu vous annoncer la venue d'un Prophète dont la communauté sera la dernière et par lequel Dieu mettra le sceau aux prophètes et aux apôtres... » La sourate 33, pour sa part, déclare au verset 40 (et cela, en revanche, figure dans la vulgate canonique) : « Muhammad n'est le père de nul de vos mâles, mais il est l'Envoyé de Dieu, le Sceau des prophètes (*khâtam an-nabiyyîn*). »

Le Coran, dont nous avons montré de quelle façon explicite il revendique pour unique référence la Source céleste du Livre et se positionne ainsi en une forme d'extériorité objective par rapport aux révélations antérieures, s'authentifie lui-même en les authentifiant.

Le Coran s'inscrit si clairement dans le champ commun de la révélation monothéiste qu'il y est dit au Prophète – c'est Dieu qui parle : « S'il te reste un doute à propos de ce que Nous avons fait descendre sur toi en révélation, alors interroge ceux qui récitent l'Ecriture depuis avant toi. C'est bien le Vrai qui t'est venu de ton Seigneur. Ne te mets (surtout) pas au premier rang des disputeurs » (C 10 : 94 ; voir aussi 16 : 43 et 21 : 7). Non seulement le Coran ne tire pas de l'ordre successif des révélations dans le temps les mêmes conséquences que juifs et chrétiens, son point de vue étant essentiellement créationnel et eschatologique, mais encore reconnaît-il explicitement dans la révélation plurielle un bien commun qu'il ne s'approprie pas.

Tout en recouvrant explicitement le même domaine que les révélations antérieures [10], le Coran ne se présente cependant pas comme élaboré dans la même durée, mais comme descendu immédiatement par Dieu, en sa forme accomplie, à partir du prototype céleste de toute révélation : la Mère du Livre. C'est à ce titre que l'une de ses missions essentielles, comme il le déclare, consiste à les avérer en même temps qu'il en intègre et distribue certains éléments dans son propre texte. Ce faisant il en fait ressortir, par-delà les significations reçues et non caduques, de nouvelles qui apparaissent à travers l'agencement inédit des signes qu'il propose. C'est à partir de ce lieu transcendant, l'Archétype céleste, qui peut être identifié à la science éternelle du Créateur touchant Sa création, que le Coran articule l'ensemble des signes selon une syntaxe qui relève exclusivement de leur immédiate, commune et incessante dépendance à l'égard du Créateur. De ce fait, la composition du Coran « descendu » qui s'inscrit, comme les révélations précédentes, en un lieu et un temps donnés transcende ces conditionnements temporels en une forme eschatologique d'au-delà en même temps que conclusive de l'histoire. Ses allusions identifiables aux lieux et aux temps de sa descente se donnent dès lors comme adaptation céleste à la temporalité et non pas comme conditionnement terrestre de la révélation. On peut discerner là une rigoureuse cohérence, si l'on admet le postulat, du moins en son signe, de l'immédiateté de la « descente » révélatrice.

Ce choix délibéré et clairement affirmé s'avère constitutif de la révélation coranique en son originalité : désarticuler les signes de l'histoire en leur enchaînement causal et temporel pour leur substituer une présentation en laquelle prévaut la référence exemplaire originelle sans médiation. C'est dans cette même perspective qu'il convient d'interpréter la prévalence des figures ou de la typologie exemplaires sur la singularité historique des personnages. Envisagée dans cette perspective, la superposition des deux figures de Maryam, de la Miryam biblique et de la Marie des Evangiles, ne pose plus dès lors de problème, et ne fait qu'articuler les éléments d'une typologie récapitulative. Les divers éléments des révélations précédentes se trouvent alors envisagés selon leurs correspondances contemporaines, à la façon dont l'histoire est contenue dans l'instant éternel de la science divine (ce que signifie le « Livre auprès de Dieu »). Cette réduction de l'étalement temporel à la contemporanéité se trouve exprimée par le symbole du Livre un, renfermant le multiple. Ajoutons que la lecture des signes n'est pas la même selon qu'on les découvre au fur et à mesure de l'écoulement de la durée (qui implique mémoire et anticipation) ou selon que les signes se répondent dans une simultanéité quasi spatiale.

C'est à cette lumière et dans cette optique qu'il convient d'interpréter également le caractère apparemment décousu et désordonné du texte coranique, où, comme nous le notions, les récits continus sont rares. On peut parler à ce propos d'un ordre « combinatoire » où les époques, les lignes thématiques et récits se trouvent tissés entre eux [11]. C'est la une façon de rendre, par les moyens de la langue, l'indicible « présent » ponctuel de l'éternité divine (que les scolastiques définissaient par l'expression *tota simul*, c'est-à-dire la totalité, ou plus exactement la quintessence contenue dans l'instant, sans succession ni étalement). Cette structure, qui peut apparaître aux yeux du lecteur non initié quelque peu aléatoire, oblige à un nouveau regard, solidaire d'une logique autre, qui réfère la temporalité à l'éternité et non l'éternité à la temporalité.

Un autre indice du positionnement singulier du Coran réside dans sa structure même, puisque ses chapitres ou sourates [12] ne sont pas ordonnés selon le critère chronologique de leur descente, comme une forme de discours linéaire se déployant progressivement, mais selon l'ordre tout à fait arbitraire et a posteriori de leur longueur. Et même ce critère ne s'y trouve pas appliqué de façon systématique et rigoureuse.

L'attitude singulière du Coran à l'égard des consécutions

temporelles se manifeste également dans sa façon de récapituler l'économie de la révélation divine à travers la simple mention des noms alignés de quelques personnages exemplaires, jalonnant le déroulement de l'histoire. Ceux-ci sont tantôt mentionnés selon l'ordre chronologique supposé de leur apparition : Adam, Noé, Abraham, Moïse, Jésus fils de Marie ; tantôt leurs noms sont associés par constellations selon des combinaisons fondées sur de secrètes affinités relevant de l'ordre de l'exemplarité. Ainsi peut-on lire dans la sourate 6 « Les troupeaux » :

> A Abraham nous accordâmes Isaac et Jacob et les guidâmes tous trois. Noé, Nous l'avions guidé auparavant ; et parmi sa descendance David, Salomon, Job, Joseph, Moïse, Aaron... Et Zacharie, Jean Baptiste, Jésus et Elie, chacun d'entre les justifiés, et Ismaël, Elisée, Jonas, Loth que tous Nous privilégiâmes sur les univers (C 6 : 84-86).

Le regard que porte le Coran sur les mystères essentiels qui fondent la foi chrétienne, tout en les respectant, s'affirme en sa différence, non pas d'opposition, mais d'altérité. C'est dans le cadre d'une conception originale du plan de Dieu que le Coran envisage et assume les mystères fondateurs du christianisme qui s'en trouve en conséquence comme désapproprié, à la façon dont on peut dire que la lecture chrétienne de la Bible en désapproprie le judaïsme. Ce fait explique d'ailleurs, dans une large mesure, la réserve des chrétiens à l'égard du Coran et leur méconnaissance fréquente de la singularité objective de cette révélation. Une réflexion sur la figure de Marie (Maryam) paraît donc tout particulièrement propice à manifester quelle peut être la richesse d'un éclairage et d'une perspective autres, dans une attitude qui ne soit ni apologétique ni antagoniste.

Le Coran manifeste néanmoins une si grande cohérence dans ses partis pris qu'il est impossible d'y entrer par effraction. On peut certes en critiquer l'apparent désordre, le mélange des genres, les anachronismes, la grande liberté de citation et d'évocation, et d'autres traits encore qui heurtent une raison cartésienne, mais ces critiques demeurent extérieures à sa propre cohérence. C'est d'ailleurs précisément à partir de telles critiques particulières, souvent en elles-mêmes fondées sans en devenir pour autant pertinentes, que certains orientalistes occidentaux ont abordé le texte coranique, s'appuyant sur des critères relevant du fonds historique judéochrétien auquel le Coran semble à première vue renvoyer, mais dont pourtant il se distingue expressément.

On se trouve dès lors confronté au fait objectif qu'il n'y a pas d'autres clés appropriées pour accéder au texte coranique dans sa cohérence propre que celles qu'il propose lui-même. La figure de Maryam, qui sera au centre de notre propos, nous en fournira un exemple éloquent.

La figure de Maryam, clé herméneutique du Coran

Si, comme il l'affirme, le Coran assume les révélations antérieures, c'est dans la figure de Maryam, sœur de Moïse et mère de Jésus, que s'orchestre centralement cette assomption à travers un aménagement subtil et rigoureusement fondé des figures et de leurs fonctions dans les Écritures dont elles émanent. C'est précisément cette conjonction des deux figures composant l'identité de celle que nous appelons « Marie la musulmane » qui constitue une figure et un signe nouveaux de la révélation du monothéisme abrahamique.

La figure de Maryam ne déploie la richesse de ses significations qu'en tant qu'elle participe du Coran dans son ensemble, qu'elle y assume une fonction « articulatoire » essentielle, qu'elle en apparaît inséparable. Récuser, sous prétexte de vraisemblance historique, telle conjonction de figures éloignées dans la chronologie reviendrait, in fine, à refuser l'originalité de cette révélation dans sa gestion et organisation des signes à partir de l'unité transcendante de leur Source.

Le Coran met en œuvre un double mouvement : l'un relativisant tout événement en son avènement même par référence à son inscription originaire, de toute éternité, dans le Livre auprès de Dieu ; l'autre, en sens inverse, reconnaissant l'intention et l'efficace divines jusque dans les plus humbles manifestations terrestres, qui leur donne réalité en même temps que signification. Jusque dans le détail le plus infime [13], le Coran fonctionne comme miroir, réfléchissant la réalité éphémère pour signifier, ce faisant, que la Réalité est à chercher par-delà le miroir.

Qu'il s'agisse de l'Histoire de l'historien ou des histoires du narrateur, elles se trouvent également relativisées en leur réalité événementielle pour ne signifier, en dernière instance, qu'organisées par la syntaxe divine. La pédagogie coranique semble vouloir initier l'homme à un regard non profane, théologal et sacralisé, sur les êtres et les événements pour y discerner le seul signe d'une volonté divine.

Une lecture intertextuelle des révélations

Dans ces pages consacrées à la figure islamique de Marie, nous serons amené à faire de nombreux va-et-vient entre les trois révélations, Bible, Evangile et Coran, considérées en leur actualité simultanée (que cette contemporanéité soit envisagée à partir de leur coexistence originelle dans l'Exemplaire céleste, source transcendante de toute révélation – comme l'affirme le Coran – ou à partir de leur situation historique actuelle). La richesse éclairante d'une lecture synoptique des trois révélations du monothéisme abrahamique à propos de cette figure-clé s'impose par son évidence. Sera ainsi manifestée la pertinence de la prise en considération d'un champ commun de la révélation monothéiste, à l'intérieur duquel ce sont les textes sacrés eux-mêmes, avant leurs dépositaires respectifs, qui s'interpellent, se répondent et se font écho, chacun à partir de son propre champ culturel, de son site et de son « point de vue ».

Nous serons parfois amené à en dire plus que n'en dit explicitement le Coran, tout en veillant, bien sûr, à ne pas lui faire dire autre chose que ce qu'il dit ou que ce qu'il tait. « Comment rendre ce qui ne réside pas dans les mots, à la fois puissants et réservés, ni dans le contexte elliptique et syncopé, mais passe, dirait-on, par les ajours d'un signifiant discontinu [14]... »

Des trois révélations du monothéisme abrahamique, le Coran est la plus unitaire : du fait d'abord qu'il fut transmis par un seul prophète sur une période ne dépassant guère deux décennies ; du fait également de sa structure en entrelacs, de sa forme « combinatoire ». Et pourtant, au sein de cet ensemble homogène, chaque sourate constitue une entité bien distincte, marquée de singularités qui lui confèrent une vraie « personnalité ».

A en croire la tradition, le Prophète aurait distingué et associé dans sa prédilection la sourate « Maryam » (19) et celle intitulée « Le voyage nocturne » (17 : *al-'Isrâ*) ainsi que « La caverne » (18 : *al-Kahf*) – sourate éminemment initiatique –, les qualifiant de « primordiales », « mon héritage propre ». De même aurait-il aussi rapproché dans une même admiration les sourates 2 et 3, respectivement « La vache » (*al-Baqara* en référence au sacrifice biblique de la vache rousse en Nb 19 : 2-9) et « La famille de 'Imrân » (*âl-'Imrân*), les désignant comme « les deux éclatantes » (*az-zahrawânî*).

Ce que nous avons relevé touchant l'originalité et la spécificité du Coran dans le champ de la révélation monothéiste se trouve contenu en quintessence dans la sourate 12 « Joseph », du nom du fils de Jacob. Elle constitue en même temps l'une de ces exceptions qui confirme la règle puisqu'elle est consacrée, de part en part, au récit paradigmatique des aventures du patriarche vendu par ses frères.

Cette sourate, qui apparaît comme une métaphore en même temps qu'une clé herméneutique pour la lecture du Coran, se présente, à travers les aventures de Joseph et sa famille, comme une initiation au *ta'wîl* comme interprétation des événements, des rêves et des signes, par référence à l'origine.

Comme la clé de lecture de l'histoire (et de l'Histoire) ne sera donnée qu'à la fin des temps, il est demandé au croyant patience et remise active de soi. Sur les dix-sept occurrences coraniques du mot *ta'wîl*, huit se rencontrent dans cette sourate 12. La sourate 10 intitulé « Jonas » (autre figure de l'épreuve initiatique) fustige « ceux qui démentent ce que leur science ne peut enfermer, alors même que leur en est offerte la clé »(C 18 : 39).

On peut observer qu'en trois occasions particulièrement significatives, Dieu révélant interrompt son message pour signifier au Prophète d'une part que le récit qui lui est fait n'est pas une tradition transmise, mais lui vient « du mystère » (*anbâ'l-ghayb*) ; et, d'autre part, qu'il n'était pas lui-même présent à ces rencontres.

La première fois, c'est au cours de la relation de l'annonce faite à Maryam (C 3 : 44). La deuxième à propos de Moïse, lors de la rencontre du Sinaï (C 28 : 46). La troisième enfin concerne le complot ourdi contre Joseph par ses frères (C 12 : 103). Il s'agit, à chaque fois, d'une élection marquante : le don de la Torah à Moïse ; la conception de 'Isâ lors de l'annonciation à Maryam et donc l'origine de la révélation chrétienne. L'élection de Joseph, qui lui vaut la haine de ses frères, est une élection en vue du *ta'wîl*, qui paraît synthétiser la mission coranique ; il est dit à Joseph : « Ton Seigneur t'a ainsi élu (*yajtabîka*) en vue de t'enseigner l'interprétation des occurrences (*ta'wîl al-'ahâdîth*). Ainsi parachèvera-t-il sur toi Son bienfait... »

1.

Dieu fit que ce fût une fille

> « Or Dieu savait mieux qu'elle ce dont elle
> avait accouché et que le garçon n'est pas
> comme la fille. » (C 3 : 36)

L'histoire de Maryam dans le Coran s'ouvre par un épisode que ne relatent pas les Evangiles : le vœu de sa mère qui consacre par avance à Dieu l'enfant qu'elle porte en son sein. Il ne s'agit évidemment pas, pour le Coran, d'ajouter une anecdote pittoresque aux Evangiles de l'enfance, mais de signifier, sous forme narrative plutôt qu'abstraite, une articulation essentielle du plan de Dieu pour les hommes désigné, en théologie, du terme d'« économie ».

Le Coran, nous l'avons noté, propose deux versions de l'histoire de Maryam, en deux sourates fort différentes par leur éclairage et leur orientation respectifs. La sourate 19 « Maryam » suit la même chronologie que l'Evangile de Luc, ouvrant sur l'annonce à Zacharie d'un fils, précédant la visite de l'ange à Marie. Ce sont là, en effet, les premiers événements-signes du Nouveau Testament. Quant à la sourate 3, comme le laisse entendre son titre « La famille de 'Imrân », elle met pour sa part en évidence l'articulation des deux Testaments remontant à la conception de Marie et sa consécration par sa mère, désignée simplement comme épouse de

33

'Imrân, celui que le Livre des Nombres (Nb 26 : 59) présente comme père de Moïse et Aaron. C'est par cette sourate 3 que nous allons commencer, bien que selon la chronologie traditionnelle de la révélation elle soit venue après la sourate « Maryam », à Médine et non à la Mekke.

Si l'apparente confusion des époques peut surprendre (des temps mosaïques et du Temple), une longue introduction – d'une trentaine de versets – en justifie le dispositif par des raisons essentielles. Tout d'abord, Dieu l'affirme avec insistance : cette nouvelle révélation, le Coran, est authentique, descendue de la même Source que les précédentes, le Dieu Unique, Créateur et Révélateur. C'est Lui, dans ce Coran, qui Se propose d'articuler l'ensemble de Ses signes : ceux de la création et de la nature avec ceux de la révélation ainsi que ceux des trois révélations monothéistes entre elles ; façon d'en faire ressortir la cohérence et de relativiser le temps de l'histoire, pressée entre ses pôles de création et de fin des temps (eschatologie).

Après l'énonciation des lettres séparées *Alif Lam Mim* dont la signification demeure mystérieuse et l'interprétation controversée, la sourate s'ouvre solennellement :

> Dieu – il n'y a pas de divinité hors Lui, le Vivant, le Subsistant par qui tout subsiste –/ a fait descendre sur toi le Livre dans la Vérité pour avérer ce qui avait cours. Car Il avait fait descendre auparavant la Torah et l'Evangile comme direction pour les hommes ; enfin Il a fait descendre le Critère (*furqân*) (C 3 : 2-3).

Le préambule en forme très solennelle de profession de foi, de rappel et de mise en garde se conclut par le verset 33 qui amène immédiatement au récit touchant la conception et la consécration de Maryam.

> Oui ! Dieu a élu Adam, Noé, la famille d'Abraham et la famille de 'Imrân par-dessus les univers/ en tant que descendants les uns des autres. Dieu est Celui qui entend et qui sait (C 3 : 33-34).

Se trouve ainsi soulignée, paradoxalement en termes d'élection, l'universalité du dessein de Dieu : Adam, Noé, commencement et recommencement de l'humanité entière. L'évocation ensuite des familles d'Abraham et de 'Imrân laisse entrevoir certaines configurations, à première vue moins universelles, de l'économie du salut au sein de l'humanité : transmission, de génération en génération, outre la vie, d'une révélation et d'un Livre dans le cadre d'alliances et de pactes liant Dieu et les hommes.

L'émancipation de la femme de 'Imrân

Pas de doute possible quant à l'identité de la personne qui apparaîtra comme la mère de Maryam lorsque, le verset suivant (v. 35) poursuit :

> Quand la femme de 'Imrân déclara : « Mon Seigneur ! Moi, libérée de tout lien, je Te voue ce que je porte en mon sein ; alors, reçois-le de moi, Toi qui entends et qui sais.

Alors que le verset 33 n'alignait que des noms masculins de patriarches, voilà soudain que cet 'Imrân, mentionné comme chef de famille aussitôt après Abraham – donc comme l'un des jalons majeurs de cette économie divine –, disparaît définitivement de la scène coranique pour laisser toute la place à son épouse. De 'Imrân on ne saura rien d'autre que ce qui est dit de sa femme, non nommée dans le Coran, et de ses fils Moïse et Aaron[1].

Il est fréquent que le Coran reprenne les noms bibliques, soit en les modifiant légèrement, soit en les référant à une étymologie autre que celle proposée ou suggérée par la Bible. Par là il en modifie à la fois la signification et la portée ; or, dans la tradition sémitique unanime le nom est porteur d'un destin. Ainsi le nom hébraïque du père de Moïse et Aaron

(Ex 6 : 20) est ʿAmram qui peut être décomposé comme suit : *ʿam*, le peuple ; et *ram*, est élevé, exalté ; nom composé sur le même schéma que celui d'Abram (en Gn 11 : 27) : *ab*, le père ; et *ram*, est exalté. Le rapprochement morphologique des deux noms suggère d'ailleurs deux âges de l'histoire du salut : le passage de l'ère patriarcale où Dieu se choisit un individu (le père) et sa descendance, à l'ère mosaïque où le choix de Dieu porte sur un peuple (*ʿâm*) qu'il se façonne à son gré (Dt 4 : 20 ; 4 : 34 ; 29 : 12) et dont il confie la conduite à Moïse et Aaron. Dans le Coran le ʿAmram biblique devient ʿImrân, nom qui, en arabe, ne se décompose pas, mais qui apparaît comme la forme duelle de *ʿamr* (ou *ʿimr*) qui exprime la vie en son épanouissement, la prospérité, la culture et la religion. Le nom *ʿImrân* ou *ʿAmrân*[2] peut alors être interprété comme évoquant une longue vie (c'est-à-dire deux âges d'homme), ou deux cultures (peut-être nomadisme et sédentarité composant l'universel humain) ou deux traditions religieuses. Dans le Coran, qui fait de ʿImrân en même temps le père de Moïse et Aaron et le grand-père de Jésus par Maryam, cette forme duelle pourrait également suggérer, à partir de leur souche unique, la diversité et la complémentarité des deux traditions, juive et chrétienne[3]. Le Coran, quant à lui, ne s'inscrit pas dans cette même généalogie des révélations, puisqu'il se réfère, sans médiation temporelle, à la même et unique Source transcendante : Dieu révélant. Tout en faisant une grande place à Moïse – qui y est de très loin le personnage le plus souvent mentionné (cent trente-quatre fois contre soixante-neuf fois Abraham) – c'est pourtant Abraham que le Coran présente comme père et paradigme du monothéisme commun, en amont des distinctions confessionnelles[4].

Mais, répétons-le, ce qui ressort avec le plus d'évidence de la narration coranique, c'est le fait que ʿImrân, cité au verset précédent, disparaisse totalement de la scène. Dès lors il ne sera plus question que de sa femme qui continue cependant à être désignée par référence à lui, comme l'« épouse de 'Imrân ».

Le verset 35 laisse percer l'exaltation presque naïve de la femme nouvellement émancipée :

> Quand la femme de 'Imrân déclara : « Mon Seigneur ! Moi, libérée de tout lien, je Te voue ce que je porte en mon sein... »

Inaugurant ainsi, non sans fierté, un nouveau statut de la femme, c'est pourtant, selon toute vraisemblance, la naissance d'un garçon qu'elle espère. En effet, on ne rencontre pas d'exemple, dans l'ensemble des Ecritures, d'un enfant demandé et voué à Dieu par ses parents qui fût une fille. C'est le même verbe (*nadhara* ou *nazara*) qui, en arabe comme en hébreu, exprime cette consécration exclusive. L'homme ainsi voué à Dieu est appelé dans la Bible *nazîr* (et cette pratique le naziréat) : il ne doit pas boire de boissons fermentées, le rasoir ne doit pas passer sur sa tête et il ne doit pas entrer en contact avec un cadavre (voir Nb 6 : 1-21). (Il doit également – en certaines circonstances tout au moins et c'était le cas des participants à la guerre sainte – s'abstenir de relations sexuelles.) Le vœu de naziréat pouvait être temporaire ou à vie. Le plus ancien *nazîr* dont parle la Bible est Samson, le « Juge » consacré à vie dès le sein de sa mère (Jg 13 : 4-5). Le prophète Amos envisage le naziréat comme un charisme, à la façon de la prophétie, comme un appel de Dieu (Am 2 : 11-12). Il est permis d'aller jusqu'à penser, dans un tel contexte, qu'en consacrant par avance à Dieu l'enfant à naître, la femme de 'Imrân espérait, en quelque sorte, « forcer la main de Dieu », pour qu'Il lui octroie un garçon.

Et voilà que c'est une fille !

Déception à la naissance : voilà que c'est une fille. La mère en paraît non seulement très déçue, mais comme gênée en sa piété : n'est-il pas inconvenant de consacrer à Dieu une fille ?

> Lorsqu'elle en eut accouché elle s'exclama : « Mon Seigneur ! voilà que c'est d'une fille que (moi) j'ai accouché. » Or Dieu savait mieux qu'elle ce dont elle avait accouché et que le garçon n'est pas comme la fille... (C 3 : 36).

Cet épisode qui se réfère aux temps bibliques fait écho, en parallèle, à l'attitude que stigmatise le Coran de la part de certains Arabes contemporains du Prophète :

> Ils attribuent à Dieu des filles (il s'agit alors de déesses vénérées des Arabes) – à Sa transcendance ne plaise ! – alors qu'ils se réservent pour eux-mêmes ce qu'ils préfèrent (c'est-à-dire les mâles)./ D'ailleurs, quand on annonce à l'un d'eux la naissance d'une fille, voilà que son visage s'assombrit ; il doit se contenir./ Il se cache à tous, honteux de la funeste annonce... (C 16 : 57-59).

La réaction relatée de la femme de 'Imrân, certes moins violente, relève cependant de la même ségrégation sociologique projetée dans le domaine du sacré.

Les versets 5 et 6 de la sourate 3 en introduisaient discrètement le thème en proclamant : « En vérité, à Dieu rien n'échappe de ce qui est sur la terre ni dans les cieux./ C'est Lui qui vous donne forme dans le ventre de vos mères à Son gré... »

Si la mère, surprise et déçue que l'enfant auquel elle a donné naissance ne soit pas un garçon, semble aller jusqu'à s'en excuser auprès de Dieu, c'est qu'elle oublie, suggère le texte, que c'est Lui qui en a décidé ainsi. La femme consacrait « en aveugle », alors que c'est Dieu qui se choisissait l'être qui, à travers ce geste, lui serait voué. Il ne peut évidemment s'agir d'une inadvertance divine et le Coran rappelle, allusivement mais non moins clairement, que Celui qui a créé l'homme est bien le premier à connaître la signification de la différence et complémentarité des sexes – au-delà des seules finalités physiques de l'espèce – et pourquoi le garçon n'est pas comme la fille. Le verset 36 profite du désappointement de la mère pour rappeler que, par-delà les coutumes et formalismes sociologiques, Dieu déploie et articule Ses signes en pleine connaissance de cause, « Lui qui entend et qui sait » [5].

La femme de 'Imrân, qui manifeste une conscience aiguë du caractère novateur de son initiative, ne se doutait en revanche pas que celle-ci ne faisait qu'accompagner, en second, une innovation divine autrement plus radicale qui renversait la tradition de toujours pour mettre, dans le sein de la mère, en place de consécration, une fille plutôt qu'un garçon.

Nous essayons de rendre au plus près du texte arabe l'insistance exprimée par la femme de 'Imrân, sur le fait de son initiative. L'expression *'innî*, « c'est moi qui », revient cinq fois dans ces deux versets 35 et 36, précédant chaque verbe, afin d'attirer l'attention sur la signification d'une telle innovation. Or la mère agit de la sorte – comme femme – sans encore savoir que c'est d'une fille qu'elle va accoucher. La concision de ces versets n'enlève rien à leur grande intensité expressive et offre un exemple saisissant de ces raccourcis coraniques qui préfèrent aux médiations explicatives de la causalité seconde la seule juxtaposition des termes et des faits.

L'initiative de la femme de 'Imrân aboutit donc, à son insu, à la consécration à Dieu d'une fille. Cette situation inattendue demande à être déchiffrée par rapport au plan de Dieu tel que le présente le Coran, et non dans le simple cadre des attentes humaines. Masculin et féminin prennent dans ce contexte signification nouvelle. En effet, Maryam restera vierge en vertu de sa consécration, ainsi que son fils 'Isâ, conçu miraculeusement, et ainsi également que Jean Baptiste – Yahya dans le Coran – le Précurseur suscité par Dieu pour lui rendre témoignage.

Du masculin et du féminin

La langue arabe désigne l'humain, incluant masculin et féminin, à partir principalement de deux racines, l'une davantage marquée par la virilité *MR'*, l'autre par la féminité *'NS*. Dérivé de la première, le substantif *murû'a* désigne la virilité, l'énergie, le courage et le caractère chevaleresque ; l'homme dans cette perspective se dit *mar'* et la femme *'imra'a* (féminin du premier), qui sert aussi à désigner l'épouse (comme en C 3 : 35, l'épouse de 'Imrân). Ajoutons que le verbe *mar'â* signifie se mirer, se regarder dans un miroir ; ce que rappelle Gn 2 : 20 où il est dit qu'avant la création d'Eve, Adam ne trouva nulle créature qui lui fût assortie ; selon ce même texte (v. 23), la première femme fut appelée *'ishah*, celle tirée de l'homme (*'ish*).

La seconde racine sert à désigner l'humain, l'homme et la femme, à partir non seulement de leur caractère social, mais aussi en relation à l'intimité qu'ils sont appelés à réaliser entre eux. Alors que le verbe *'anisa* signifie être poli, aimable, *'uns* exprime la politesse et la vie sociale, *'anâs* désigne le genre humain, *'insân* l'homme et *niswa* la femme. Plusieurs verbes issus de cette racine ont trait à la féminisation (être efféminé ou mettre un mot au féminin). Phoniquement tout au moins, on peut rapprocher de cette racine le substantif *'unthâ* (le *th* se substituant au *s*) qui désigne la femelle, la fille. C'est le mot dont use la femme de 'Imrân en C 3 : 36, s'apercevant qu'elle a accouché d'une fille et non d'un garçon (*dhakar*).

Ces deux derniers termes, *'unthâ* et *dhakar*, sont ceux qui expriment dans leur complémentarité oppositionnelle les deux sexes. Ce ne sont en revanche pas ceux-là que le Coran utilise lorsqu'il fait référence aux hiérarchies sociales et à l'exercice de l'autorité au sein de la famille. Le verset 34 de la sourate 4 « Les femmes » affirme dans un contraste saisissant : « Les hommes (*ar-rijâl*[6]) ont autorité sur les femmes (*an-nisâ*) du fait que Dieu avantage sans mérite de leur part les uns par rapport aux autres, à raison (également) de ce dont ils font dépense (pour elles) sur leurs propres biens ; quant aux (femmes) saintes et pieuses elles sont les gardiennes de l'inconnaissable ou du mystère dont Dieu Lui-même est le gardien... »

Relevons la relativité des hiérarchies sociologiques selon le Coran – même lorsque Dieu en paraît ultimement responsable au titre de ses préférences (arbitraires) – face à la supériorité « ontologique » et spirituelle des femmes en tant qu'associées au mystère que Dieu garde, celui du don de la vie. Les hommes sont dits ici *rijâl*, terme de virilité à connotation physiquement guerrière alors que les femmes, *nisâ*, sont qualifiées (substantivement, comme s'il s'agissait d'un état et non seulement d'une fonction) de « gardiennes du mystère ». Quant à la complémentarité signifiée entre *dhakar* et *'unthâ* du point de vue de la création immédiate par Dieu, elle ne comporte en soi ni hiérarchie ni prévalence d'un sexe sur l'autre. Même si, en certains contextes donnés – comme nous venons d'en citer un exemple (C 4 : 34) –, le Coran prend en compte les hiérarchies sociologiques traditionnelles et paraît les cautionner en les justifiant, en aucun cas cependant il ne les fonde par référence à la création. Le Coran distingue donc entre le projet intangible de Dieu sur l'homme et les aléas de l'histoire ou encore les variables sociologiques.

> Humains (*nâs*), Nous vous avons créés d'un mâle (*dhakar*) et d'une femelle (*'unthâ*). Et Nous avons fait de vous des peuples et des tribus afin que vous vous connaissiez (ou : reconnaissiez)... (C 49 : 13).

De même en C 53 : 45 est-il souligné que c'est Lui qui crée les partenaires du couple (*zawjayn*) mâle et femelle (voir aussi C 75 : 39 ; 92 : 3).

Or dans la langue arabe – dès avant son usage coranique et d'ailleurs également en hébreu biblique[7] – la différenciation et complémentarité des sexes fut mise en relation avec la mémoire en même temps qu'avec la procréation, fait lexical qui laisse pressentir la dimension concrètement vitale (et unitive) de la mémoire dans une société de tradition orale.

La racine *DhKR*, dont est issu le substantif *dhakar* qui désigne le mâle, évoque simultanément la mémoire et le rappel. C'est d'ailleurs à ce titre qu'elle apparaît le plus fréquemment dans le Coran[8]. La mémoire (virile) illustrée à travers cette racine évoque le signe dressé (stèle ou symbole phallique), repère dans l'écoulement du temps. Issu de la même racine, *dhukra* désigne l'acier et le glaive, ce qui est dur et qui tranche, la force, la vigueur et le renom (qui défie la durée).

Le terme symétrique utilisé en ce lieu par le Coran pour désigner la fille, *'unthâ*, est tiré d'une racine *'NTh* dont le premier sens est, à l'inverse, être mou, tendre et doux. Mais face à la mémoire virile, c'est une autre racine qu'il convient surtout de citer, par laquelle sont désignées les femmes en leur ensemble : *NSY* ou *NSW*[9] qui, à l'opposé de *DhKR* (la mémoire), a centralement trait à l'oubli, vraisemblablement envisagé comme une autre forme, féminine, de la mémoire. (Ne dit-on pas de façon paradoxale mais non sans pertinence que la mémoire est la faculté d'oublier ?) Le mot *nisâ'* pour désigner les femmes apparaît plus de cinquante-cinq fois dans le Coran, notamment lorsque l'ange dit à Maryam que Dieu l'a élue « au-dessus des femmes des univers » (C 3 : 42). Ces deux désignations de la femme, singulière et collective, *'unthâ* et *nisâ'*, la présentent comme l'inverse complémentaire du mâle (et réciproquement).

La sourate 19, au verset 23, prête à Maryam ces paroles, à

l'instant où elle accouche de son fils au désert, adossée à un tronc de palmier : « Que ne suis-je, moi, vouée à l'oubli, totalement oubliée ! » (*nasiyyan mansiyyan* : de la même racine *NSY* en laquelle se conjuguent femme et oubli). Comme si l'accomplissement de sa vocation de femme culminait en cet effacement qui ouvre sur une vie nouvelle. De même remarquera-t-on que le prêtre aux soins duquel Maryam est confiée par Dieu, au Temple, celui-là même qui deviendra le père de Jean (Yahya), se nomme, comme dans les Evangiles, Zacharie, nom que sa racine *ZKR* (*DhKR*) rattache à la mémoire masculine et au rappel. Toute la sourate « Maryam » est d'ailleurs rythmée par l'invitation itérative à la commémoration : *'udhkur*, « rappelle ! » ou *dhik*, « rappel » (C 19 : 16, 41, 51, 54, 56)

Les initiatives de la femme de 'Imrân se poursuivent

Suivant le fil du récit coranique, la femme de 'Imrân ne s'attarde pas à ces considérations concernant la consécration d'une fille à Dieu et s'empresse d'exprimer son dépit en donnant à l'enfant le nom de *Maryam* (*mar* en hébreu évoque en effet l'amertume et *yam* la mer) : « Eh bien, moi, je lui donne le nom de Maryam, et (moi) je la mets sous Ta protection expresse, ainsi que toute sa descendance, contre Satan – qu'il soit lapidé » (C 3 : 36).

Nulle part il n'est dit explicitement que la femme de 'Imrân était stérile, mais des indices convergents rendent l'hypothèse vraisemblable. Tout d'abord, sans ce présupposé, cette consécration de l'enfant à venir (dès avant la naissance) ne serait pas compréhensible ; ensuite, ce récit s'inscrit dans une longue tradition scripturaire (que nous analyserons par la suite), selon laquelle l'enfant de la Promesse (lignée messianique) n'est pas issu de la fécondité naturelle mais d'une intervention spéciale de Dieu.

Dans la Bible il est fréquent que Dieu, lorsqu'il met fin à une stérilité – pour accomplir son dessein en même temps que pour répondre à la prière de qui l'invoque –, impose lui-même le nom de l'enfant à naître. Mais dans le cas de la conception de Maryam (selon le Coran, rappelons-le, puisque l'épisode n'apparaît ni dans la Bible ni dans l'Evangile), il n'y eut pas annonciation : d'où la surprise de la mère à la naissance de découvrir que c'était d'une fille qu'elle avait accouché. Sa déception est alors telle que, plutôt que de s'interroger sur la destinée insoupçonnable qui s'inaugure à travers cet enfant, elle ne considère que son propre désarroi. Une fois encore la femme de 'Imrân assume explicitement le fait de son initiative (marquée d'ailleurs par un nouvel 'innî, « c'est moi qui ») et s'empresse, de son propre chef, de donner à l'enfant un nom qui exprime son propre état d'âme.

Transparaît du texte coranique comme une hâte de tout dire le plus tôt et le plus rapidement possible, dans le but sans doute de mettre en évidence la cohérence insécable des événements juxtaposés. Sitôt après avoir imposé à l'enfant le nom de Maryam, voici que sa mère la met sous la protection expresse de Dieu, elle et sa descendance (dhurriyya, comme au verset 34 : « en tant que descendants les uns des autres ») contre le démon maudit. Le geste de la femme de 'Imrân qui met sa fille ainsi que la descendance de celle-ci (alors que Maryam, consacrée à Dieu, demeurera vierge) sous protection spéciale de Dieu transcende toutes les circonstances et motivations particulières. Il s'agit là d'un geste prophétique qui annonce une nouvelle récapitulation de l'humanité en Maryam nouvelle Eve. Le verset 33 inaugurait l'élection divine par la figure du premier homme Adam (dont l'épouse n'est pas nommée). Voici maintenant qu'à travers l'initiative de sa mère, inaugurant une émergence inédite du féminin, c'est en Maryam que l'humanité entière se trouve rassemblée dans la main de Dieu contre les menaces venues de Satan.

Il ne s'agit plus de consacrer l'enfant pour des raisons

dévotionnelles et vocationnelles comme avant sa naissance, mais de la protéger et de la mettre à l'abri (*'a'adhâ*) contre une menace cachée. D'un point de vue sociologique, on peut se demander si la mère aurait eu le même réflexe protecteur s'il s'était agi d'un garçon. L'ensemble des bouleversements qu'exprime ce verset 36 (celui des traditions humaines avant que celui de la mère devant la naissance d'une fille, jusqu'à celui de ce que l'on prenait pour tradition divine, à travers le choix par Dieu d'une fille qui Lui soit consacrée) peut être interprété comme un retour à la référence de création. L'allusion à l'hostilité entre la femme et sa descendance d'une part et le démon d'autre part renvoie clairement, même si de façon tacite, à l'épisode biblique de Gn 3 : 15 : « Je mettrai – dit Dieu au serpent – une hostilité entre toi et la femme, entre ton lignage et le sien. » A l'autre extrémité de la Bible, envisagée en ce cas comme englobant les deux Testaments, est évoqué en conclusion, dans l'Apocalypse de Jean, le signe de la Femme en un sens transcendant – que le Coran paraît reprendre à propos de Maryam – « qui dut s'enfuir au désert où Dieu lui avait aménagé un refuge... » (Ap 12 : 6). L'unité des Ecritures, jusque dans les expressions choisies, est en ce cas impressionnante, même si la richesse de sens de ces rapprochements n'est pas toujours obvie. La densité elliptique du texte coranique appelle, comme en harmoniques, l'ensemble de ces évocations scripturaires. Ce qui était récit ou exposé dans la Bible et l'Evangile s'y trouve ramassé et condensé sous les espèces de la figure récapitulative, de l'allusion, et surtout de la constellation de signes convoqués en une nouvelle configuration.

La mère et la sœur de Moïse

Ne perdons pas de vue, suivant pas à pas le déroulement de la sourate 3, que nous nous trouvons jusqu'ici avec l'épouse du patriarche 'Imrân à la naissance de leur premier enfant, Maryam. Moïse, selon ce récit, n'est apparemment pas encore né, et c'est sans doute parce qu'il s'agit du premier-né, de l'enfant qui ouvre le sein maternel (auquel la Bible attache une si forte valeur symbolique) que la déception de la mère est si grande en constatant que c'est une fille.

Dans la Bible, où cet épisode n'apparaît pas, le nom de Miryam est cité pour la première fois lors de la sortie d'Egypte, après que Yahvé eut fait traverser aux Hébreux la mer des Roseaux à pieds secs. Moïse entonna alors un hymne d'action de grâce. Et, poursuit le texte (Ex 15 : 20) : « Miryam la prophétesse, sœur d'Aaron, saisit alors un tambourin et toutes les femmes la suivirent... formant des chœurs de danse [10]. » Jusque-là il n'était question, dans la Bible, que de la sœur aînée, non nommée de Moïse, notamment lorsque sa mère, pour soustraire le nouveau-né (Moïse) à la barbarie de Pharaon, l'avait caché dans un coffret qu'elle avait déposé dans les roseaux du Nil ; elle avait alors chargé la grande sœur (Miryam non nommée) de veiller sur son petit frère (Ex 2 : 3-10).

A la différence de la Bible, le Coran s'arrête de façon très significative à la naissance de Maryam et même, dès avant sa naissance, à sa consécration à Dieu, relevant en ces événements des signes essentiels du projet de Dieu. On peut discerner dans cette démarche coranique une illustration du *ta'wîl*, comme remontée à la source. Or la Maryam coranique est, sans équivoque possible, la fille de l'épouse de 'Imrân, premier enfant de cette famille citée en titre de la sourate 3. Et cependant, comme dans la Bible, dans la sourate 20 *Ta Ha* – descendue, selon la tradition, juste après la sourate « Maryam » 19 et qui propose une longue biographie de

Moïse (v. 9-114) – il n'est également question que de « la sœur » non nommée de Moïse.

Est d'abord rapporté l'épisode biblique lors duquel Dieu s'était manifesté à Moïse du milieu du buisson ardent pour l'investir de la mission d'aller parler à Pharaon afin qu'il laisse partir les Hébreux. C'est alors que Moïse avait demandé à Dieu de lui donner pour auxiliaire Aaron son frère (C 20 : 30-32). Dieu avait accédé à sa demande, mais n'avait pas manqué de lui rappeler que ce n'était pas la première fois qu'il lui manifestait sa bonté. Il l'avait fait jadis déjà en suggérant à sa mère de le cacher, peu après sa naissance, dans un coffret. Le Coran prête alors à Dieu cette phrase pleine de tendresse (le climat spirituel de cette sourate est en ce cas proche de celui de la sourate « Maryam »).

> (Rappelle-toi Moïse) quand J'ai répandu sur toi une force d'amour afin que, sous Mon regard, tu fusses élevé (façonné) (C 20 : 39).

Et le texte poursuit sans transition :

> Ta sœur (Maryam) passait par là, elle dit (à la fille de Pharaon) : « Vous guiderai-je vers quelqu'un qui prenne soin de lui ? » C'est ainsi que Nous te rendîmes à ta mère, pour rafraîchir son œil, qu'elle n'ait plus de tristesse (C 20 : 40).

Le même épisode se trouve encore relaté dans la sourate 28 intitulée « La narration » (al-Qasas). Il y est dit (v. 7-13) que, lorsqu'elle avait vu la fille de Pharaon partir avec le bébé, la mère de Moïse avait été sur le point de crier de désespoir. « Mais Nous ceignîmes son cœur afin qu'elle se comportât comme une vraie croyante. Elle dit à la sœur de l'enfant : "Suis-le à la trace" (qussîhi : de QSS[11]), (et sa sœur) garda l'œil sur lui » (C 28 : 10-11).

Le mot « sœur » ('ukht), au singulier et pour désigner une

personne déterminée (et non pas en un sens générique comme lorsqu'il s'agit d'héritage), apparaît dans le Coran uniquement à propos de Maryam : deux fois comme sœur de Moïse et une fois comme sœur d'Aaron (C 19 : 28). Remarquons la place faite aux femmes dans cet épisode.

Miryam, la prophétesse de l'Exode (selon la Bible)

Le prophète Michée fait dire à Yahvé qui interpelle son peuple : « C'est moi qui t'ai fait monter du pays d'Egypte. Je t'ai racheté de la maison de servitude ; j'ai envoyé devant toi Moïse, Aaron et Miryam » (Mi 6 : 4).

Cette mention n'évoque aucune parenté par le sang entre les trois protagonistes. Elle se borne à rappeler leur rôle conjugué déterminant dans la libération d'Israël. Une femme se trouve donc expressément associée, à égalité, à ces chefs qui menèrent le peuple durant le temps de l'Exode à travers le désert, et ce seul fait mérite d'être relevé. Miryam – ou Maryam selon la version grecque de la Septante [12] – apparaît dans les récits associée à Aaron avant que de l'être à Moïse. Sa première mention (en Ex 15 : 20) la désigne comme « Miryam, la prophétesse sœur d'Aaron ». Elle semble par ailleurs entretenir avec le désert, ses valeurs, ses habitants et ses mœurs, une affinité toute particulière. Même si, dans la Bible, sa place est plus discrète que celle de Moïse et Aaron, et sa mention beaucoup moins fréquente [13], ses interventions y sont significatives.

Nous l'avons découverte dirigeant le chœur des femmes après la traversée de la mer des Roseaux : « Miryam la prophétesse, sœur d'Aaron, saisit alors un tambourin et toutes les femmes la suivirent avec des tambourins, formant des chœurs de danse. Et Miryam leur fit reprendre en chœur : "Célébrez Yahvé, il s'est couvert de gloire, il a jeté (ramah) à la mer cheval et cavalier" » (Ex 15 : 20-21).

Cette forme de participation chorale des femmes à la guerre, commentant avec véhémence par des louanges ou des blâmes acerbes l'attitude des combattants, relève des plus anciennes traditions bédouines. Miryam se montre comme une meneuse charismatique, entraînant les femmes à prendre part et à manifester, attitude affirmée qui rappelle celle prêtée par le Coran à sa mère, lorsque celle-ci prenait les initiatives que l'on sait. Plusieurs passages du récit biblique – composé à partir de traditions diverses – laissent penser que Miryam n'avait pas la tâche facile pour se faire entendre, sans doute précisément parce qu'elle était une femme, peut-être en raison de ses attaches au désert ou plus probablement encore pour les deux raisons cumulées.

Comme il est fréquent dans la Bible, l'écrivain sacré semble prendre plaisir à jouer avec la langue, à suggérer des jeux de mots révélateurs. Ici le cantique entonné par Miryam célèbre Yahvé « qui a jeté à la mer » chevaux et cavaliers. Or, « jeté à la mer » dans le texte hébraïque est rendu par *ramah (ba) yam*, où l'on peut déchiffrer en anagramme *Mar-yam*. Ce jeu de mots à propos de Maryam se verra indirectement explicité par Ibn 'Arabî, dont C.A. Gilis[14] cite précisément ces vers à propos du nom de Maryam (*Futuhât* ch. 410) : « Nulle cible au-delà de Dieu qu'un lanceur puisse atteindre ; telle est la vérité que n'atteint nul désir. » Or, dans ces vers, les mots « cible », « lanceur », « atteindre » sont tous tirés de cette même racine verbale *râmâ*.

Ibn Arabî poursuit :

De même il n'y a pour Lui, au-delà de toi, nulle cible qui puisse être atteinte : c'est pour toi que la Forme divine est devenue parfaite ; c'est en toi qu'elle est contemplée. Il est donc ta plénitude comme tu es la Sienne ; pour cette raison, tu es le dernier existencié (*mawjûd*) et le premier recherché (visé, ici *maqsûd*). Si tu n'étais pas dans un état d'inexistence, tu n'aurais pas été recherché[15].

Nous nous autorisons cette brève parenthèse empruntée à la mystique musulmane pour illustrer à la fois la continuité, par-delà les millénaires, de l'attention prêtée à la figure emblématique et mystérieuse de Maryam en même temps que la continuité dans l'usage ludique et révélateur de la langue. Le vers d'Ibn 'Arabî explicite le sens profond de la perfection propre à Maryam en proportion de son obéissance et de son effacement (« Que ne suis-je (moi) vouée à l'oubli, totalement oubliée », dit-elle selon C 19 : 23, au moment même où elle met au monde le Messie Jésus, son fils). Il évoque une réciprocité entre Dieu et l'homme qui prend pour fondement, pour ce dernier, la conscience de son intégrale contingence. Le texte d'Ibn 'Arabî trouve en Maryam une application éminente, exceptionnelle et exemplaire.

Miryam et l'eau au désert

La Bible regroupe plusieurs événements autour de ce nom de Miryam (ou Maryam selon la Septante) comme figure d'amertume et de déception.

Dans le Livre de l'Exode, sitôt après l'épisode cité plus haut du cantique de Miryam, le narrateur enchaîne (Ex 15 : 23) en soulignant qu'après trois jours de marche harassante à travers le désert, les Hébreux arrivèrent enfin à Mara, lieu ainsi dénommé parce que les eaux y étaient amères (*marâ* : mot hébraïque qui entre dans la composition du nom de Miryam lu Maryam). Le peuple exprima alors sa déception par des murmures contre Dieu. Moïse intercéda auprès de Yahvé qui lui enseigna un procédé pour adoucir les eaux. Le scénario partant de la déception, suivie de murmures, voire de révolte, se répète régulièrement au cours de l'Exode. Ainsi est-il dit (Nb 20 : 1 sq) qu'arrivant à Cadès[16], les Hébreux s'aperçurent qu'il n'y avait pas d'eau et se révoltèrent contre Moïse et Aaron. Le texte ne manque pas de signaler aussitôt que c'est à Cadès que Miryam mourut et fut enterrée. Nouvelle association du nom de Miryam à une frustration, à l'eau en même temps qu'à la sainteté.

Moïse et Aaron, pris à partie par la foule en révolte, se tournèrent vers Yahvé qui leur ordonna de se saisir d'une branche, de rassembler la communauté et, sous ses yeux, de s'adresser au rocher, de le frapper en lui enjoignant de donner ses eaux (Nb 20 : 8). Moïse accompagné d'Aaron fit comme Yahvé le lui avait commandé, sinon qu'au lieu de s'adresser au rocher, selon la prescription divine, il s'adressa d'abord au peuple pour le tancer : « Ecoutez donc, rebelles, ferons-nous jaillir pour vous de l'eau de ce rocher ? » Puis Moïse frappa par deux fois le rocher avec le rameau et l'eau en jaillit alors en abondance.

A la suite de cet événement, Moïse et Aaron furent très sévèrement sanctionnés par Dieu : « Puisque vous ne m'avez pas cru capable de me sanctifier (*QDSh*) aux yeux des enfants d'Israël, vous ne les ferez pas entrer en Terre promise. » Et le texte conclut : « Ce sont là les eaux de Meriba (mot qui signifie dispute) où les enfants d'Israël s'en prirent à Yahvé et où il manifesta par elles sa sainteté » (Nb 20 : 13).

Un épisode similaire se trouve relaté en Ex 17 : 1-7 ; nous nous y arrêtons tout particulièrement parce que les trois révélations et traditions monothéistes y font référence. Il constitue donc un signe unanimement reconnu comme majeur. Les commentateurs se sont interrogés sur la nature de la faute de Moïse et de son frère qui avait mérité une sanction aussi rigoureuse. Il est vrai que Moïse n'avait pas strictement suivi l'ordre de Yahvé en s'adressant d'abord au peuple pour lui faire reproche. L'ordre de Yahvé constituait une épreuve exigeant un vrai acte de foi : ne pas s'occuper du peuple déchaîné et se tourner vers le rocher symbole divin pour lui adresser la parole [17].

Cette situation en évoque une autre, dans le Coran, sur laquelle nous reviendrons plus longuement par la suite, en

C 19 : 28-29. Il s'agit du moment où Maryam, ayant enfanté au désert, fait retour avec Jésus auprès des siens qui la traitent alors de prostituée, l'apostrophant : « Sœur d'Aaron ! » Au lieu de répondre aux insultes (à la façon de Moïse, son frère, s'adressant au peuple), elle se tourne alors vers l'enfant – l'*infans* : celui qui ne peut parler – et se borne à faire vers lui un signe muet. Sa famille, croyant discerner dans cette attitude une façon de se dérober, proteste : « Comment parlerions-nous à celui qui n'est encore qu'un enfant au berceau ? » (ou pourquoi s'adresser à qui ne peut répondre ?). C'est alors, selon le Coran, que Jésus encore tout enfant prit pour la première fois la parole. Moïse s'était en quelque sorte laissé distraire de l'ordre divin par l'attitude hostile du peuple. Maryam, à l'inverse, selon le Coran, se tait pour laisser la parole à l'enfant face à ceux qui insultent sa mère. Le parallélisme est subtil et discret en son évidence. N'oublions pas que, pour le Coran, la sœur de Moïse et la mère de Jésus forment une seule et même figure.

Le rapprochement que nous proposons avec l'épisode coranique se trouve par ailleurs corroboré par le fait qu'une tradition fort ancienne dans le judaïsme identifia (symboliquement) ce rocher-source qui aurait accompagné les Hébreux dans leurs pérégrinations à la figure de Miryam. Paul lui-même, ancien pharisien, procède à une semblable assimilation de ce rocher à une figure de Jésus « source d'eau vive » (Jn 4 : 14) : « Ils buvaient en effet à un rocher spirituel qui les accompagnait et ce rocher c'était le Christ » (1 Cor 10 : 4).

En relation plus ou moins explicite avec les évocations de son nom, tous ces récits bibliques associent la figure de Miryam aux thèmes conjoints d'une attente déçue et d'une contestation. L'épisode symbolique du rocher[18] semble traduire une transmutation du signe, de négatif en positif, puisque Miryam est dès lors identifiée à la source jaillissante plutôt qu'aux eaux amères. L'allégorie de l'eau jaillissant au désert constitue dans la Bible une image récurrente des temps messianiques. L'image de l'eau saumâtre est relayée par celle de l'eau pure jaillie du rocher ; autre modalité des deux faces de Miryam apparue dès une tradition ancienne dans le judaïsme.

La revendication de Miryam et sa sanction

Un autre épisode relaté par le Livre des Nombres fait en l'occurrence de Miryam l'actrice d'une contestation, ensemble avec Aaron (nouvel exemple de leur association, à part de Moïse !). Ils disent : « Yahvé ne parlerait-il qu'à Moïse ? N'a-t-il pas parlé à nous aussi ? » (Nb 12 : 2). Faut-il interpréter ces paroles comme une revendication de l'ordre charismatique et prophétique, caractéristique de la société du désert, à l'encontre de l'ordre hiérarchique ? Il ne saurait en effet y avoir hiérarchie ni appropriation dans le domaine du charisme, qui est pur don. Moïse aurait-il été porté à prétendre tout diriger par lui-même, à trop d'autocratie ? C'est ce que laisse entendre l'épisode où son beau-père Jéthro, venu le saluer au désert (Ex 18), lui conseilla de s'adjoindre des juges pour trancher les litiges : « Tu t'y prends mal », lui dit Jéthro. « A coup sûr tu t'épuiseras et aussi ces gens qui sont avec toi ! » (Ex 18 : 17-18).

Quoi qu'il en soit, selon le texte biblique, Dieu prend aussitôt et ardemment la défense de Moïse contre les contestataires et le Livre proclame haut et fort : « Moïse était un homme très humble, même le plus humble que la terre ait porté » (Nb 12 : 3). Après avoir réprimandé les deux rebelles, il est dit que Yahvé se retira et que Miryam était blanche de lèpre. Pourquoi elle seule et pas Aaron ? Le texte, qui ne le dit pas, fait par contre état de l'intercession de ce dernier auprès de Moïse qui alors invoqua Dieu pour la guérison de leur sœur. Elle fut mise à l'écart du camp durant sept jours, mais le peuple ne partit pas avant qu'elle ait retrouvé sa place, ne voulant pas reprendre la route sans elle (Nb 12 : 15). Elle était en quelque sorte son guide ou son « assurance » dans ce désert hostile.

Riche de notations et détails significatifs, cette anecdote est très révélatrice d'une mentalité. Relevons d'abord qu'à la suite de leur revendication égalitaire au nom du charisme, Aaron passe néanmoins encore par les voies hiérarchiques pour intercéder, s'adressant à Moïse plutôt qu'à Dieu directement. Quant à Miryam, elle devait jouir d'un grand capital de sympathie parmi le peuple pour qu'il refusât de se désolidariser d'elle et l'attendît avant de reprendre sa marche. Ou peut-être peut-on aussi comprendre que le peuple ne voulait pas s'aventurer au désert sans ce « rocher-source ».

Apparaît en filigrane, dans les diverses relations bibliques de cet épisode, la question d'une rivalité homme/femme. La version dominante retenue est celle qui donne raison à Moïse, épargne Aaron et punit Miryam. On peut également lire dans cette présentation l'expression d'une certaine amertume, celle peut-être de la femme à partir de sa condition sociale d'alors.

Pour souligner encore la richesse allusive du texte biblique avec lequel le Coran paraît en si intime harmonie et dialogue, jusque dans les non-dits, relevons que le temps de l'épreuve de Miryam affectée de la lèpre se conclut par le sabbat, jour de consécration contemplative du temps à Dieu[19], ce qui nous ramène à Cadès : Miryam et la sainteté. Une fois encore, cet épisode associe spirituellement Miryam au désert, puisque le sabbat chômé a également pour fonction de perpétuer, en situation sédentaire, le signe mémorial du désert où Dieu nourrissait son peuple immédiatement, sans qu'il ait à travailler, sans nul mérite – sinon la foi –, par pure grâce. Une allusion à ce temps chanté par les prophètes où Dieu pourvoyait aux besoins de son peuple au désert se rencontre en C 3 : 37 – passage sur lequel nous reviendrons par la suite

– à propos de Maryam nourrie par Dieu dans le Temple. Le Coran pour sa part n'évoque nulle part la contestation de Maryam ni sa sanction[20] ; Maryam y est proposée au contraire comme le paradigme de la remise de soi à Dieu en attitude d'*islam*, à la façon dont l'exprime le *fiat* évangélique. Le Coran ne retient de la Miryam biblique que les traits qui également conviennent à la mère de 'Isâ (Jésus).

La figure de Miryam dans le judaïsme

De bonne heure, la figure de Miryam jouit dans le judaïsme d'une grande vénération et dévotion, malgré la coloration le plus souvent négative des épisodes bibliques auxquels elle se trouve directement ou indirectement associée. La tradition sut discerner en elle une figure exemplaire, une forme originale de la sainteté au féminin, non édulcorée, ni réservée à la seule sphère privée, limitée et protégée de la cellule familiale. Relevons que la Miryam biblique, à la différence de la Marie des Evangiles et de la Maryam coranique, n'est pas mère.

Dans les diverses relations bibliques des événements de l'Exode, Miryam se trouve régulièrement associée aux traditions et tribus du désert, contrairement à Moïse, élevé à la cour de Pharaon. Peut-on voir en cette disparité de milieu et de culture l'origine de certaines tensions, très sensibles à travers ces récits ?

Ce n'est pas l'historicité des faits relatés qui nous intéresse, mais la leçon dont ils sont porteurs. Selon les généalogies, Miryam appartenait, par ses parents, à la tribu des Lévites qui, bien que plus confiants que les autres en la promesse de Yahvé, n'obtinrent pas (ou peut-être ne souhaitèrent pas recevoir) de terre en partage lors de l'installation d'Israël en Canaan. Cette attitude peut être déchiffrée comme le signe d'un attachement perdurable à un au-delà de la réalisation matérielle de la Promesse ainsi que comme une forme vivante et tacite de critique prophétique de l'institution en tant que fixation (sédentaire). Leur non-installation prolongeait en quelque sorte la contestation de Miryam et leur statut hors norme semble avoir fait question en Israël et constitué un signe prophétique attentivement scruté.

Le prophète Jérémie (VIIᵉ siècle av. J.-C.) évoque l'exemple (plus tardif) des descendants de Rékab que l'on invitait à boire du vin dans l'une des salles du Temple et qui répondirent, au grand étonnement de ceux qui les y invitaient :

> Nous ne buvons pas de vin, car notre ancêtre Yonadab fils de Rékab nous a donné cet ordre : « Vous ne boirez jamais de vin, ni vous ni vos fils ; de même vous ne devez pas bâtir de maisons, ni faire de semailles, ni planter de vigne, ni avoir de possession ; mais c'est sous la tente que vous habiterez toute votre vie afin de vivre de longs jours sur le sol où vous êtes des étrangers. Nous avons pleinement obéi à l'ordre de notre ancêtre Yonadab fils de Rékab, ne buvant jamais de vin, ni nous, ni nos femmes, ni nos fils, ni nos filles, ne bâtissant pas de maisons d'habitation, ne possédant ni vigne, ni champ à ensemencer, habitant sous la tente (Jr 35 : 6-10).

Ce que nous suggérons ici paraît étayé par les réflexions traditionnelles sur le nom de Miryam, non seulement à travers les étymologies qui en ont été proposées et leurs équivalences cabbalistiques, mais également par les rapprochements opérés à partir du texte biblique lui-même. Le Talmud (*Sotta* 12 a) identifie Miryam à la femme de Caleb et lui donne pour synonyme Ephrata que l'on peut traduire par « Je serai féconde », en relation à la thématique du Dieu vivant qui fait fleurir le désert et fait de la femme stérile la mère de nombreux enfants. D'ailleurs, le Talmud lui donne pour autre synonyme Para, c'est-à-dire « Celle qui ranime ». C'était, selon la Bible, le nom d'une des accoucheuses des femmes des Hébreux en Egypte (auxquelles Pharaon avait ordonné de ne laisser survivre que les petites filles, Ex 1 : 15).

Ces variations sur le nom de Maryam et plus particulièrement de la Miryam biblique apportent à sa figure des éclairages qui mettent en relief sa fonction complexe au sein des Ecritures du monothéisme.

Dès l'origine, la figure de Miryam, dont le nom constitue comme le chiffre, s'est trouvée chargée de significations essentielles liées au salut d'Israël et à l'aurore des temps messianiques, bien avant donc que le nom de Marie fût associé au mystère de l'incarnation rédemptrice.

Par la suite, en climat chrétien, on développa de préférence les allégories assimilant Marie à la Sagesse éternelle de Dieu, et l'on ne chercha point à établir un lien même nominal entre les deux figures mariales : celle du désert et celle de Nazareth. L'orientation du Coran vers une idéalité du désert l'a sans doute amené à reconnaître la positivité de la figure biblique. Et l'identification qu'il propose des deux Maryam en une seule, rapprochant ainsi de façon originale Moïse et Jésus, s'avère théologiquement et spirituellement féconde. Maryam, de ce fait, assume en sa personne l'unité des deux Testaments (selon la formulation chrétienne). Mais en exposant la figure chrétienne de Marie à la lumière du désert par référence à l'Exode, le Coran, de façon surprenante, la soustrait davantage à la cohérence biblique qu'il ne l'y restitue. En effet, la perspective d'Israël – hors du discours prophétique – n'est pas le désert, mais la Terre promise d'abondance et d'installation. Procédant de la sorte, le Coran propose un troisième visage de Maryam, qui intègre les deux autres.

Maryam hôte de Dieu dans le Temple

Au terme de cet *excursus* biblique, faisons retour à la sourate 3. Après le désarroi qui transparaît du verset 36 et les initiatives hâtives mais prophétiques de la femme de 'Imrân à la naissance de sa fille, le verset 37 tranche par sa lumineuse sérénité, celle d'ailleurs qui convient à ce lieu sacré : le Temple où Dieu reçoit l'enfant qui lui est vouée.

> C'est du plus bel accueil que son Seigneur l'accueillit. Il la fit croître de la plus belle croissance et la confia à Zacharie. A chaque fois qu'il se rendait auprès d'elle dans le Saint des saints (*mihrâb*), Zacharie trouvait, (posée) à ses côtés, (sa) subsistance (*rizq*). Et lorsqu'il lui disait : « Maryam, d'où cela te vient-il ? » elle répondait (simplement) : « D'auprès de Dieu ! », car Dieu pourvoit (*yarzuqu*) qui Il veut, sans tenir compte (C 3 : 37).

Selon la présentation de cette sourate 3, c'est très « officiellement » que se réalise la consécration de Maryam, soustraite au monde, réservée à Dieu et confiée, dans le Saint des saints, à l'attentive diligence de Zacharie. Le cadre en est donc celui, monumental, du Temple, de ses hiérarchies et médiations reconnues. Dans la sourate 19, comme nous le verrons par la suite, ce n'est pas au Temple que l'ange de l'annonciation rejoint Maryam, mais en chemin alors qu'ayant pris l'initiative de se couper des siens, elle est en route vers le désert. Ces deux versions, complémentaires, s'enrichissent réciproquement. Selon la cohérence de la symbolique sacrale du monothéisme abrahamique, il est essentiel que le désert cautionne le Temple de l'Unique – c'est cela que figure l'arche déposée dans le Saint des saints ; et il est non moins essentiel que le désert soit doté à son tour d'un Temple comme reconnaissance contemplative de la présence divine dans le dépouillement, l'aridité et l'immédiate dépendance de la créature à l'égard de son Créateur. Il ne faut pas oublier que, selon le Coran, ce sont Abraham et Ismaël qui restaurèrent le Temple du désert (la Ka'ba), dans la vallée stérile de la Mekke, espace sacré aride centré sur le bétyle (la pierre comme symbole divin et non comme idole). Selon la même symbolique, le voyage nocturne (*al-'isrâ*) et miraculeux du Prophète de l'oratoire sacré (de la Mekke) à l'oratoire très éloigné (de Jérusalem) (C 17 : 1 [21]) authentifie sa mission en conjoignant les deux sites et pôles cultuels de la ville et du désert.

Subrepticement, toujours par le même procédé – dont le Coran est coutumier – de raccourcis et de juxtapositions plutôt que d'explications, ce verset 37 nous fait passer sans transition des temps mosaïques au Temple de Jérusalem, de la femme de 'Imrân, mère de Moïse, au prêtre Zacharie. C'est la même Maryam en deux contextes fort divers typologiquement et distants dans le temps que le Coran met en continuité ou superpose (ici dans le cadre d'un même récit et d'une même sourate, la sourate 3). Plus précisément : c'est Maryam qui assume en sa figure, plus que ce passage, cette conjonction. Il n'est en effet plus question de sa mère, remplacée en quelque sorte par la tutelle sacerdotale de Zacharie. Mais rien jusqu'ici ne fait encore allusion à Maryam en tant que future mère de 'Isâ (Jésus). Nous la voyons au Temple, avant l'annonciation. Cette situation apparaît comme l'accomplissement du vœu de la femme de 'Imrân. Le texte coranique décrit l'accueil personnel que Dieu réserva à Maryam au Temple, Sa Demeure. Les termes arabes dont use le Coran pour le dire ont tous trait à la beauté et à l'harmonie ; et l'ensemble du récit de cette sourate 3 apparaît à la fois solennel et familier, baignant dans une sereine lumière. Ce n'est que dans un second temps que Dieu confie Maryam aux soins de Zacharie, respectant l'ordre des médiations terrestres, mais pour donner bientôt un nouveau signe de l'immédiateté de Sa propre présence et de Sa personnelle attention (comme au désert).

Le Saint des saints, où se situe la scène, désigne l'endroit le plus sacré du Temple, où était déposée l'arche d'alliance, sacrement (c'est-à-dire : signe efficace) de la présence divine lors de l'Exode, localisation (mobile) de la médiation en même temps que rappel du désert. Or quel est ce signe donné dans le Temple ? C'est que Maryam s'y trouve pourvue du nécessaire immédiatement par Dieu, comme les Hébreux au temps de l'Exode. Dieu avait confié Maryam enfant aux soins de Zacharie ; or voilà que lorsque celui-ci pénètre dans le Saint des saints pour s'enquérir d'elle, il doit constater qu'elle ne manque de rien. Il l'interroge donc : « Maryam d'où cela te vient-il ? – D'auprès de Dieu, car Dieu pourvoit qui Il veut (du nécessaire), sans tenir compte (des mérites) »(C 3 : 37).

Pourquoi cette insistance sur l'immédiateté et l'immédiation de la grâce divine, alors que la scène se déroule au Temple, lieu par excellence de la médiation ? Sans doute faut-il y lire un enseignement sur la complémentarité des symboles et sacrements respectifs de la sédentarité et du désert, de la hiérarchie et du charisme. L'immédiateté de l'intervention divine rappelle l'action créatrice de Dieu, à l'œuvre en tout existant et tout événement en chaque instant.

On peut également voir en Maryam la figure d'Israël faisant retour à son Dieu selon les annonces prophétiques. On se souvient alors des paroles de Jérémie : « Je me rappelle l'affection de ta jeunesse, l'amour de tes fiançailles : tu me suivais au désert, sur la terre qui n'est pas ensemencée » (Jr 2 : 2). Ou de celles d'Osée : « Je vais la séduire, la conduire au désert et parler à son cœur » (Os 2 : 16).

Cette situation de Maryam au Temple, où Dieu prend soin d'elle immédiatement, constitue un signe si fort, si éclatant d'évidence, qu'il inspire à Zacharie une prière spontanée (C 3 : 38) autre que celle rituelle qui justifiait sa présence en ce lieu. Une forme nouvelle de médiation et d'immédiateté de la présence divine se dessine : le prêtre le pressent, il en est témoin, et même acteur, sans pouvoir encore cependant y déchiffrer le dessein de Dieu.

Le Coran ne dit pas que la femme de 'Imrân, en accomplissement de son vœu, même s'agissant d'une fille (puisqu'il n'était pas de tradition qu'une fille fût vouée au Temple), l'y ait conduite elle-même pour l'y consacrer. Le verset 37 ne parle que de l'accueil que Dieu réserva à l'enfant – il est vrai que, comme le dit le texte, c'est Lui qui avait choisi que ce fût une fille qui Lui fût vouée.

L'accomplissement du vœu de la femme de 'Imrân, par-delà toute chronologie linéaire, se réalise donc, avant même la naissance de Moïse, au Temple de Jérusalem. Le Coran laisse entendre qu'en confiant la jeune fille au prêtre, c'est à ce dernier que Dieu voulait adresser un message. Car comme sœur de Moïse et d'Aaron, la Maryam du Coran savait d'expérience que Dieu pourvoit immédiatement, puisque c'était là la leçon centrale de l'Exode à travers le miracle de la manne notamment [22]. Par cette allusion le Coran suggère à sa façon, même au Temple, que Maryam est bien la sœur de Moïse.

Ce passage, si concis, semble vouloir signifier que la figure de Maryam implique une forme de retour au désert et, conséquemment, une nouvelle immédiateté et intimité entre l'homme et Dieu, ce qui n'est, dans la sourate 3, que suggéré, alors que la sourate 19, dont la révélation précéda celle-ci, s'attache tout particulièrement à cet aspect de la vocation de Maryam.

La réponse de Maryam à Zacharie met en exergue non seulement la relativité de toute médiation alors que Dieu seul pourvoit, mais également le fait que seul compte le bon gré de Dieu et qu'à rien ne sert de prétendre s'appuyer sur le mérite. Comme le dit la sourate 57 : « Que les Gens du Livre n'ignorent pas qu'ils n'ont aucun pouvoir sur la moindre parcelle de la faveur (*fadl*) de Dieu, que la faveur de Dieu est dans la main de Dieu et qu'Il l'accorde à qui Il veut. Car Dieu est Maître de la faveur immense ! » (C 57 : 29) [23].

2.

La prière secrète de Zacharie

> « Mon Seigneur, ne me laisse pas solitaire
> (sans descendance), même si Tu es le meilleur
> des héritiers. » (C 21 : 89)

La sourate 3 dont nous suivons pas à pas le récit enchaîne, en continuité de lieu et de temps, après que Zacharie, étonné, eut découvert que Maryam au Temple était pourvue du nécessaire par Dieu immédiatement, sans nul intermédiaire :

> C'est là même que Zacharie pria son Seigneur disant : « Mon Seigneur, fais-moi don, venant de Toi, d'une descendance excellente. Tu es Celui qui entends la prière ! (v. 38).

A la différence de l'épisode de la consécration de Maryam – qui n'est relaté qu'une seule fois dans le Coran –, celui-ci s'y trouve évoqué dans trois sourates. C'est notamment par son rappel que s'ouvre très solennellement la sourate 19 « Maryam » :

> Mémorial de la miséricorde de ton Seigneur envers Son serviteur Zacharie/ Quand celui-ci adressa à son Seigneur une requête secrète... (C 19 : 2-3).

La sourate 21 « Les prophètes », dans la suite des grandes figures exemplaires qu'elle commémore, mentionne à son tour Zacharie (v. 89) :

> ... quand il appela son Seigneur : « Mon Seigneur, ne me laisse pas solitaire (sans descendance) même si Tu es le meilleur des héritiers...

Cette sourate 21 rapproche un certain nombre de figures exemplaires à partir de leur situation de détresse et de leur appel vers Dieu. Ainsi viennent successivement mentionnés Noé (v. 76), Job (v. 83), Jonas (appelé l'Homme au Poisson, v. 87) et, en ce cas encore de façon récapitulative, Zacharie (v. 89) qui conclut la liste.

L'Evangile de Luc déjà s'ouvre sur le personnage de Zacharie, le prêtre, dont il est précisé que la femme, Elisabeth, était de la descendance d'Aaron. Ils étaient tous deux irréprochables et, pourtant, demeuraient sans enfants, parce qu'Elisabeth était stérile et qu'ils étaient avancés en âge (Lc 1 : 5-7).

Luc ne fait pas mention d'une prière intime de Zacharie par laquelle il aurait demandé à Dieu un fils, sinon indirectement, à travers les paroles de l'ange qui lui apparaît alors qu'il officie dans le Temple : « Rassure-toi Zacharie, ta supplication a été exaucée, ta femme Elisabeth t'enfantera un fils et tu lui donneras le nom de Jean... » (Lc 1 : 13).

Dans le Coran, alors que la sourate 19 « Maryam » relate par le détail l'argumentation de Zacharie en sa prière secrète, la sourate 3 réserve cette plaidoirie pour sa discussion avec l'ange : « Comment cela se pourrait-il alors que... ? » (v. 40). L'éclairage n'est pas le même dans les deux sourates, et cette pluralité de lectures d'un même fait, ou plus exactement d'interprétation d'un même signe, constitue par elle-même une leçon. La référence coranique à la femme de 'Imrân associait la figure de Maryam, à travers sa mère, au cadre du désert et aux épreuves de l'Exode ; la référence à Zacharie l'associe au

Temple et la situe en parallèle avec l'ordre sacerdotal des médiations et des continuités temporelles. Mais surtout, la prière de Zacharie reprend, dans des termes presque identiques, celle d'Abraham (C 19 : 4-6 et Gn 15 : 3 sq), que le Coran propose comme prototype du pur croyant monothéiste originel sous la désignation de *hanîf* : « Abraham n'était ni juif ni chrétien, dit le Coran, mais *hanîf* et *muslim* (de ceux-qui-s'en-remettent à Dieu). Il n'était pas de ceux qui associent » (C 3 : 67).

Par-delà l'Evangile de Luc, la prière coranique de Zacharie renvoie ainsi à Abraham et à toute la thématique biblique de la stérilité sur fond de laquelle éclate le don de la vie venue du ciel, à la façon de l'ondée qui, au désert, fait reverdir une terre desséchée : miracle réitéré et preuve anticipatrice de la résurrection. Le Coran laisse clairement entendre que c'est la même vie qui anime la création entière, à tous les niveaux, et qu'elle n'a qu'une seule et unique Source immédiate, le Créateur. Dans cette perspective, les vents sont présentés comme instruments aux mains de Dieu pour diriger les nuages en vue du don vivifiant de l'ondée : « C'est Lui qui envoie les vents en signes annonciateurs de Sa miséricorde. Quand les voilà chargés de lourds nuages nous les poussons vers une contrée morte pour y déverser (leur) eau. Grâce à elle, nous faisons sortir des fruits de toute sorte. Ainsi ferons-nous sortir les morts (de leurs tombeaux). Peut-être allez-vous méditer » (C 7 : 57). C'est à ce titre que l'on peut affirmer que la thématisation transposée du désert – ou plus largement de la terre aride – dépasse dans la révélation coranique la simple métaphore.

Abraham, à l'origine d'une dualité de vocations

La place et la structure des récits coraniques indiquent clairement qu'il ne s'agit pas là de quelque anecdote, même édifiante et révélée. Si la prière secrète de Zacharie est exprimée en des termes très voisins de celle d'Abraham, c'est que Zacharie vient, à son insu, récapituler, au seuil de l'annonciation faite à Maryam, une thématique essentielle au monothéisme abrahamique : la dualité des lignées à travers lesquelles Dieu réalise son dessein pour les hommes.

Le thème de la stérilité s'avère si intimement associé à la révélation et au témoignage du monothéisme abrahamique que la première chose que la Genèse dit du patriarche commun, en lever de rideau, avant même que, sur ordre divin, il ne se mette en marche, c'est qu'Abraham était marié à Saraï et que Saraï était stérile (Gn 11 : 30). Or, quelques versets plus loin, après avoir ordonné à Abraham de quitter son pays et sa parenté, Dieu lui promet pourtant : « Je ferai de toi un grand peuple, je te bénirai, je magnifierai ton nom... » (Gn 12 : 2). Abraham se met en route avec sa femme et son neveu Loth. Or, après quelques premières épreuves et aventures guerrières, Yahvé lui réitère sa promesse : « Ne crains pas, Abraham ! Je te protège, ta récompense sera très grande » (Gn 15 : 1) A quoi le patriarche rétorque sans ambages :

Mon Seigneur Yahvé, que me donnerais-tu quand je m'en vais sans enfant ?... Voici que tu ne m'as pas donné de descendance et qu'un des gens de ma maison héritera de moi ! (Gn 15 : 2-3)

Pour mettre en relief la symétrie des propos, voici les termes de l'invocation de Zacharie dans le Coran :

Il dit : « Mon Seigneur, mes os ne me portent plus et ma tête s'allume de blancheur, or jamais, jusqu'ici, mon Seigneur, je ne fus déçu en T'invoquant./ Mais voilà que je redoute ma parentèle après moi, car ma femme est stérile. Accorde-moi donc, venu de Toi, un descendant/ qui hérite de moi et (à travers moi) de la famille de Jacob ; et fais-le, mon Seigneur, tel qu'il Te soit agréable » (C 19 : 4-6).

Selon la Bible, Yahvé rassura alors Abraham (Gn 15 : 4-6) : « Celui-là ne sera pas ton héritier, mais bien quelqu'un issu de ton sang. » Le texte de la Genèse insiste : « Abraham crut en la promesse divine, et cela lui fut compté comme justice. »

Le thème est repris par Paul dans l'Epître aux Romains (4 : 3) et dans celle aux Galates (3 : 6) qui soulignent le caractère fondateur et exemplaire de la foi d'Abraham :

> Que dirons-nous d'Abraham, notre ancêtre selon la chair ? Si Abraham tint sa justice des œuvres, (de son mérite), il a alors de quoi se glorifier. Mais non au regard de Dieu ! Que dit en effet l'Ecriture ? « Abraham crut en Dieu et cela lui fut compté comme justice. » Or, à qui fournit un travail on ne compte pas le salaire à titre gracieux : c'est un dû. Mais à celui qui, au lieu de travailler, croit en Celui qui justifie l'impie, on compte sa foi comme justice. (Rm 4 : 1-5) [1].

L'acte de foi demandé à Abraham portait non seulement, ni peut-être même d'abord, sur la fidélité de Dieu à sa promesse malgré les apparences contraires, mais sur la toute-puissance vivificatrice de Dieu.

De même dans la sourate « Maryam », à la question de Zacharie à l'ange, lors de l'annonce de Yahya : « Comment aurais-je un garçon alors que ma femme est stérile, et que j'ai atteint l'âge de la décrépitude ? [2] », il est répondu : « C'est ainsi ! Ton Seigneur dit : C'est pour Moi chose facile, ne t'ai-Je pas créé naguère alors que tu n'étais rien ? » (C 19 : 8-9).

Dans les deux cas – de Zacharie dans le Coran comme

d'Abraham dans la Bible – nous nous trouvons face à une thématique de vie et de vivification. Comme Sara était stérile, elle dit à son mari, en conformité avec les coutumes du lieu et du temps, d'aller vers sa servante, Agar l'Egyptienne, pour qu'à travers celle-ci il ait une progéniture. C'est ainsi qu'Agar conçut et mit au monde Ismaël qui selon la Bible fut le premier des circoncis, le premier à être marqué du sceau de l'alliance (cf. Gn 17 : 10). Lorsque, plus tard, au chêne de Mambré, des hôtes célestes viennent annoncer à Abraham la naissance d'Isaac, le narrateur insiste (Gn 18 : 11) de façon répétée : « Or Abraham et Sara étaient vieux, avancés en âge, et Sara avait cessé d'avoir ce qu'ont les femmes. »

La première annonciation que relate la Bible est précisément celle adressée à Abraham et Sara son épouse, préparant la venue d'Isaac en tant que « fils de la promesse ». Abraham pour sa part pensait avoir été déjà exaucé par Dieu à travers la naissance d'Ismaël, le fils qu'il avait eu de sa servante Agar et qui – répétons-le – avait même été le premier à se voir marqué du sceau de la promesse. C'est pourquoi, lorsque, par la suite, Dieu apparaît à Abraham pour lui annoncer que sa femme Sara – stérile et très âgée – allait lui donner un fils, il s'exclame : « Oh ! qu'Ismaël vive devant ta face ! » (Gn 17 : 18), comme pour dire : mais tu m'as déjà exaucé en me donnant Ismaël ! Or Yahvé insiste : « Non ! mais ta femme Sara va te donner un fils. Tu l'appelleras Isaac. J'établirai mon alliance avec lui comme une alliance perpétuelle pour être son Dieu et celui de sa descendance après lui » (Gn 17 : 19). Avec la promesse divine et l'alliance, la descendance assume de plus la fonction de perpétuer l'invocation de Yahvé, et donc de transmettre un héritage spirituel : Dieu dans la mémoire en même temps que dans l'histoire. Cependant Dieu ajoute à propos d'Ismaël, sachant l'affection qu'Abraham lui porte : « Mais du fils de la servante aussi je ferai un grand peuple, car il est de ta descendance » (Gn 21 : 13).

Ces deux lignées, à en croire Sara à laquelle Dieu donne raison – selon la relation de Gn 21 : 12 – ne doivent pas se mélanger[3]. Elles apparaissent cependant l'une et l'autre également essentielles au projet divin en son universalité à travers, précisément, leur distinction et leur complémentarité.

> Sara aperçut le fils né à Abraham de l'Egyptienne Agar, qui jouait avec son fils Isaac, et elle dit à Abraham : « Chasse cette servante et son fils, il ne faut pas que le fils de cette servante hérite avec mon fils Isaac. » Cette parole déplut beaucoup à Abraham à propos de son fils mais Dieu lui dit : « Ne te chagrine pas à propos du petit et de ta servante ; tout ce que Sara te demande accorde-le, car c'est par Isaac qu'une descendance perpétuera ton nom... » (Gn 21 : 9-12).

Le texte laisse pressentir le durcissement d'un exclusivisme dans la lecture des héritiers de la promesse. Cette interprétation se retrouvera jusque chez l'auteur de l'Epître aux Romains qui déclare : « Pour être postérité d'Abraham, tous ne sont pas ses enfants "car c'est d'Isaac que tirera son nom ta postérité..." » (Rm 9 : 7).

Par rapport à cette continuité linéaire de la lecture exclusiviste de la promesse, le Coran, faisant retour (ta'wîl) au père commun, Abraham, restaure la complémentarité des deux lignées, en critiquant l'interprétation du privilège comme exclusion de l'autre. C'est là l'un des thèmes récurrents du Coran par rapport à ceux qu'il nomme les « Gens du Livre », juifs et chrétiens. Cette dimension du message coranique, en conséquence de son orientation vers la source, l'origine, est essentielle et tout à fait centrale.

Si l'on complète le récit biblique par celui que propose le Coran, on apprend alors que, si Ismaël a été chassé de la demeure de la promesse (Gn 21 : 10), c'est pour construire, ensemble avec son père Abraham, le premier Temple au désert (celui de la Mekke, C 2 : 127). Ce disant, le Coran ne fait qu'expliciter un sous-entendu biblique, à savoir que ces deux lignées accordées par Dieu à Abraham n'ont pas pour vocation première la transmission d'un héritage matériel, mais essentiellement spirituel. Et ce serait réduire la riche complexité du texte biblique dans une perspective qui ne paraît pas être la sienne que de prétendre que seul Isaac serait dépositaire de cet héritage spirituel alors que son aîné ne bénéficierait pas, parallèlement, d'une telle tradition. Nous verrons combien ces vocations typologiques marqueront de leur signe respectif, alterné ou contemporain, tout le cours de l'histoire de la révélation.

A ce stade de notre démarche retenons que le Dieu de vie manifeste avec éclat sa puissance, par contraste, sur fond de stérilité, et que même cette stérilité revêt deux formes paradigmatiques : l'infécondité de la femme d'une part et celle du sol d'autre part. Les épouses des premiers patriarches de la lignée de la promesse sont, dans la Bible, toutes décrites comme étant stériles, Dieu levant par intervention spéciale leur stérilité, ce qui n'est pas le cas des patriarches de la lignée du désert dont les épouses sont naturellement fécondes.

C'est ainsi que, selon la Genèse, Isaac dut implorer son Seigneur pour qu'il guérisse son épouse Rébecca qui était stérile. Son Seigneur l'exauça, dit le texte, et sa femme devint enceinte (Gn 25 : 21). « Or, les enfants se heurtèrent en elle », car c'étaient des jumeaux. Inquiète « elle alla consulter Yahvé » (v. 22) qui lui répondit : « Il y a deux nations en ton sein ; deux peuples issus de toi se sépareront ; un peuple dominera un peuple, l'aîné servira le cadet » (v. 23). Le fait que cet antagonisme commence dès le sein maternel constitue la preuve qu'il s'agit d'une intention expresse du Créateur, de la même façon que Dieu décida que ce fût d'une fille qu'accouchât la femme de 'Imrân (C 3 : 36). Nous constatons qu'à chaque étape la thématique s'enrichit : alors que jusqu'ici, selon la tradition, l'aîné bénéficiait de droits préférentiels indiscutés, voilà que les hiérarchies naturelles ou traditionnelles vont être inversées. Cette inversion, comme l'illustre le récit biblique, donne dès lors prédominance au cadet, préféré de la mère, sur l'aîné, privilégié par le père. C'est là une première façon de tempérer le système patriarcal par un (discret) matriarcat. Nous soulignons le fait, car il s'inscrit dans le même schéma que celui qui préside aux initiatives de la femme de 'Imrân. La lignée patriarcale, caractérisée par une certaine violence virile, se trouve vouée au désert, alors que la lignée « matriarcale », par le cadet, moins belliqueuse mais plus rusée, est promise à une sédentarité prospère. La lignée par laquelle s'accomplit et se transmet la promesse semble donc réaliser principalement le dessein de la mère et, de ce fait, n'est donc plus purement « patriarcale ». Les garçons grandirent – poursuit le récit – et Esaü devint un habile chasseur courant la steppe, alors que Jacob (second venu) était un homme tranquille demeurant sous les tentes. « Isaac préférait Esaü car le gibier était à son goût, mais Rébecca préférait Jacob » (Gn 25 : 28). Il était déjà dit d'Isaac que lorsqu'il prit Rébecca pour femme, « il l'aima et que cela le consola de (la perte de) sa mère » (Gn 24 : 67).

Lorsque Isaac devint vieux, il songea à transmettre l'héritage spirituel et matériel de la promesse à son aîné. Il appela donc Esaü : qu'il aille lui chasser du gibier et qu'il le lui apprête avant que de recevoir cette bénédiction qui assure la tradition des valeurs. Rébecca usa de ruse, car Isaac était aveugle, pour qu'il bénît le cadet, le prenant pour l'aîné. Isaac bénissant alors Jacob en croyant qu'il s'agissait d'Esaü proclama : « Oui, l'odeur de mon fils est comme celle d'un champ fertile que Yahvé a béni. Que Dieu te donne la rosée du ciel et les gras terroirs, froment et moût en abondance ! » (Gn 27 : 27-28).

On peut rapprocher cette bénédiction de la promesse que, selon le Deutéronome, Dieu fait à son peuple, au seuil de la Terre promise (en contraste avec le rappel mémorial qui la suit). Il s'agit d'un grand discours récapitulatif (Dt 4 : 41 à

11 : 32 et 26 : 16 à 30 : 20), mis dans la bouche de Moïse. Le chapitre 7 : 1 commence : « Lorsque Yahvé ton Dieu t'aura fait entrer dans le pays dont tu vas prendre possession... », et le chapitre 8 : 1 poursuit : « Vous garderez tous les commandements que je vous ordonne aujourd'hui de mettre en pratique afin que vous viviez, que vous vous multipliiez et que vous entriez dans le pays que Yahvé a promis par serment à vos pères et le possédiez. »

Le verset suivant (8 : 2) s'ouvre par l'équivalent hébraïque du *udhkur* coranique : « Tu te souviendras alors des marches que Yahvé ton Dieu t'a fait faire pendant quarante années dans le désert afin de t'humilier, de t'éprouver et de connaître le fond de ton cœur : allais-tu ou non garder ses commandements ? » Cette réflexion deutéronomique sur l'histoire est tout à fait originale, très différente de la véhémence d'un discours prophétique ; elle fait ressortir la complémentarité oppositionnelle des deux sites. Alors que pour Ismaël et sa descendance le désert constitue le lieu conaturel, austère certes et violent, de réalisation, il représente pour la lignée de l'alliance, promise à la sédentarité aisée, une humiliation et une épreuve révélatrices de la résolution de ces élus. Et ce texte, si riche en approfondissement de la réflexion sur les signes, continue au verset 4 en faisant observer à ceux qui s'apprêtent à prendre pied en Terre promise que, durant ces quarante ans d'errance au désert, leurs vêtements ne se sont pas usés, car le désert – peut-on ajouter en explicitation – est le lieu des permanences inaugurales, sans perspectives de déploiement ni d'usure par le temps. C'est à ce titre que le désert et ceux qui en sont natifs sont investis d'une vocation à témoigner de l'origine alors que les élus de l'alliance et de la promesse ont en charge l'histoire, en constante et imprévisible évolution. Les deux vocations apparaissent comme également essentielles au déploiement équilibré de l'humanité, en nécessaire complémentarité.

Poursuivons encore la lecture de ce texte, central pour

notre propos, dans la mesure où le Coran – même s'il n'y fait pas allusion directe, ni explicite ni tacite – paraît le présupposer. Le Deutéronome continue, s'adressant aux Hébreux qui ont désormais le désert dans leur dos et sont arrivés au seuil de la réalisation de la promesse :

> Mais Yahvé ton Dieu te conduit vers un heureux pays : pays de torrent et de sources, ... pays de froment et d'orge, de vigne, de figuiers et de grenadiers, pays d'oliviers, d'huile et de miel... (8 : 7-8).
> Garde-toi alors d'oublier Yahvé... Garde-toi de dire en ton cœur : « C'est ma force... qui m'a procuré ce pouvoir » (8 : 11-18).

(Nous retrouvons donc le thème que reprendra Paul de la mise en regard du mérite et de la grâce.)

Même la Terre promise apparaît ainsi à son tour – pour ceux auxquels elle a été dévolue – comme terre d'épreuve, à travers la tentation de suffisance et d'oubli de l'Unique Auteur de tout don [4].

Ce long détour par la Bible était indispensable pour comprendre la constellation récapitulative des signes qui se dessine à partir de cette commémoration de Zacharie, le prêtre voué au culte dans le Temple de Jérusalem et auquel sera annoncé un fils qui sera témoin du désert et dont la vocation sera d'attester d'une parole venue de Dieu, identifiée à Jésus ('Isâ). Il s'agit en l'occurrence de la composition, unique dans l'ensemble des Ecritures du monothéisme abrahamique, de deux constellations typologiques jusque-là séparées et parallèles. Nous avons relevé déjà l'intention explicite du Coran de faire retour à la religion d'Abraham, référence du pur monothéisme originel dans la reconnaissance du Créateur et le total abandon à Sa volonté. Remonter au patriarche signifie également dépasser en amont, vers l'origine, les dualités oppositionnelles. Nous avons évoqué plus haut l'usurpation de la bénédiction patriarcale d'Isaac par son fils Jacob au détriment d'Esaü l'aîné. Lorsque ce dernier revint vers son père et comprit la ruse du cadet, il s'exclama désespéré : « Est-ce donc là ta seule bénédiction, mon père ? Bénis-moi aussi, mon père ! » Mais Isaac resta silencieux et Esaü éclata alors en sanglots. Son père Isaac prit donc la parole et lui dit : « Loin des gras terroirs sera ta demeure, loin de la rosée qui tombe du ciel. Tu vivras de ton épée. Tu serviras ton frère. Mais quand tu t'affranchiras, tu secoueras son joug de dessus ton cou. » (Gn 27 : 38-40)

Ce moment est décisif, c'est pourquoi il se trouve – même matériellement (quant au nombre de versets) – au centre du livre de la Genèse qui célèbre la Geste du Créateur à l'aube de la création. C'est en effet, dans la Bible, l'unique bénédiction du désert, l'unique bénédiction formulée en termes soustractifs plutôt que d'abondance, de croissance et de progrès. Relevons (à propos du père) qu'il s'agit d'Isaac, du fils de la promesse voué à l'histoire, et non d'Ismaël. C'est néanmoins lui qui, par un jeu d'inversion réciproque, bénit la lignée du désert et annonce son émancipation à venir sans en faire la conséquence de l'écrasement de l'autre. Il s'agit, en dernière analyse, de la rencontre des deux lignées, dont vient témoigner le nouvel acte de l'histoire du salut qui, selon Luc et la sourate 19, s'inaugure avec Zacharie. C'est dans ce cadre mémorial que nous venons de rappeler à grands traits que s'inscrit en effet la double présentation coranique de la figure centrale de Maryam, introduite par celle de Zacharie.

Le *Magnificat* entonné par Marie selon l'Evangile de Luc (florilège de citations de l'Ancien Testament) célèbre en Jésus qu'elle porte en son sein la réalisation de la miséricorde promise par Dieu à Abraham et sa descendance. « Il a porté secours à Israël son serviteur, se souvenant de sa miséricorde en faveur d'Abraham et de sa descendance à jamais » (Lc 1 : 54-55). De façon symétrique, le premier verset de la sourate « Maryam » proclame : « Mémorial de la miséricorde de ton

Seigneur envers son serviteur Zacharie... » (C 19 : 2). Dans le même contexte, lors de la circoncision de Jean (Baptiste), Luc prête à Zacharie un cantique d'action de grâce (le *Benedictus*) où il remercie Dieu « de s'être souvenu de son alliance sainte, du serment fait à Abraham... » (Lc 1 : 72-73). La similitude des deux figures d'Abraham et de Zacharie dans le Coran est telle qu'il arrive que seul le contexte permette de savoir duquel il est question. Or de semblables analogies se prolongent à travers leurs fils respectifs : Ismaël et Yahya (Jean).

La manifestation du Dieu Vivant

La naissance de Jean –Yahya dans le Coran – en réponse à la supplique de Zacharie apparaît à son tour symétrique à celle d'Ismaël premier fils d'Abraham ; or l'un et l'autre, pour des raisons diverses, seront voués au désert. Dans le cas de Yahya, les deux formes typologiques de la stérilité s'additionnent : celle de la femme (à laquelle s'ajoute par la vieillesse celle de l'homme) et celle du désert.

La stérilité du désert, laquelle est plus souvent évoquée que celle de la femme par le Coran, introduit à la figure du Dieu Créateur qui, universellement, donne la vie par une première naissance, puis la redonne après la mort. La stérilité de la femme ou du couple, plus fréquente dans la Bible, ouvre sur l'image du Dieu fidèle à Sa promesse. C'est dans le cadre de cette lignée de la promesse et de l'alliance que le miracle de Dieu venant lever l'épreuve de la stérilité est parfois précédé d'une annonciation qui en explicite la signification.

Le comportement divin à l'égard, respectivement, des deux paradigmes de la stérilité n'est pas le même : celle du désert n'est jamais levée – sinon en idéal eschatologique pour illustrer des temps totalement autres : « Quand le loup habitera avec l'agneau, quand la panthère se couchera près du chevreau ; quand veau et lionceau paîtront ensemble sous la conduite d'un petit garçon... Quand le lion mangera de la paille comme le bœuf, quand le petit enfant s'amusera sur le trou du cobra... » (Is 11 : 6-8). La stérilité de la femme apparaît au contraire comme une épreuve temporaire en vue de mettre en relief la gratuité du don de la vie et la liberté du Dieu Créateur à l'égard de tout conditionnement, en même temps que la fidélité de Dieu à Sa promesse.

Le Coran en tirera la leçon que les continuités, vues comme naturelles, n'en demeurent pas moins sans cesse suspendues au seul bon vouloir divin. Une nature « suffisante », du point de vue du monothéisme abrahamique, serait un leurre et une erreur [5].

Le Coran ne sépare pas les deux modalités de l'action de Dieu *ad extra*, ses deux manifestations ordonnées et finalisées : de création et de révélation. Le signe de la création par lequel déjà Dieu se fait connaître à travers son œuvre est premier, la révélation ne vient que l'expliciter. Dieu est d'ailleurs appelé le Vrai, le Réel (*al-Haqq*) ainsi que le Vivificateur (*al-Muhyî*). Sa manifestation la moins contestable aux yeux des hommes, dont la connaissance procède à partir des sens par comparaison et par contraste, se déploie sur fond de désert ou de stérilité. Stérilité de la terre, disions-nous, et de la femme qui se répondent et s'additionnent dans le Coran comme dans la Bible, même si avec des insistances respectivement diverses. Deux versets coraniques mis en regard illustrent cette symétrie. D'une part :

Considère les traces de la miséricorde de Dieu (*'unzur 'ilâ athâri rahmati allah*), comme Il fait revivre la terre après sa mort. Celui-là fait assurément revivre les morts (C 30 : 50 et 41 : 39).

Et, d'autre part :

Mémorial de la miséricorde de ton Seigneur (*dhikru rahmati rabbika*) envers Son serviteur Zacharie/ Quand celui-ci adressa à son Seigneur une requête secrète... (C 19 : 2-3)[6].

La création est envisagée comme la trace tangible, offerte au regard de tous, de la miséricorde de Dieu. Et la création déjà offre l'exemple d'une mort suivie d'une vie nouvelle. Si le Coran ne distingue pas un monde surnaturel d'un monde de nature, c'est pour deux raisons cumulées. Du point de vue créationnel, tout ce qui existe et advient se trouve également et unanimement dans la même dépendance immédiate et incessante à l'égard de l'unique Source de toute vie. Par ailleurs, le Coran n'envisage pas, à la façon de la théologie chrétienne, la grâce, vie irriguant l'ordre « surnaturel », comme participation créée à la nature incréée de Dieu d'un point de vue personnel. Le Coran se déploie intégralement sous le signe du Dieu Créateur, sans rien exclure de Son mystère personnel, mais sans chercher à le pénétrer pour l'expliciter et encore moins pour le définir. Ce caractère tacite n'est pas négation mais silence au seuil du mystère.

La stérilité vue par l'homme et par la femme

Considérée du point de vue sociologique, la stérilité du couple dans la Bible ne semble pas revêtir la même portée ni les mêmes conséquences pour la femme et pour l'homme. Ce que redoute avant tout ce dernier, c'est l'extinction du nom ressentie en quelque sorte comme une mort collective (de la lignée). Mourir sans enfant induit également pour le défunt qu'il ne survivra ni dans le sang ni dans la mémoire de descendants, et que, par conséquent, personne ne continuera d'intercéder pour lui à travers le culte. A ces raisons communes s'ajoute, pour la lignée biblique de l'alliance, la crainte de devoir renoncer à des accomplissements privilégiés (messianiques). Quitter ce monde sans laisser de descendance pouvait, en conséquence et dans ce contexte, susciter chez l'homme une angoisse réelle : celle d'une solitude absolue, d'une véritable déréliction. D'où ce cri déchirant de Zacharie vers Dieu en C 21 : 89 :

> Ne me laisse pas solitaire (*fard*)[7] même si Tu es le meilleur des héritiers.

Il est troublant de voir Zacharie le prêtre, médiateur attitré dans le culte et témoin dans la foi, ainsi désemparé et disant à Dieu à peu près ceci : certes, je sais que Toi seul suffis, que tout à Toi fera retour ; et pourtant, fais que je ne sois pas alors seul face à Toi !

Lorsque ce sont les femmes qui demandent à Dieu de lever leur stérilité, leur motivation ne paraît pas ressortir exactement du même ordre. Dans la plupart des cas évoqués par la Bible, il apparaît que c'est avant tout afin d'exister aux yeux de leur mari qui les délaisse et, plus encore, pour échapper au mépris de la communauté qui voit dans leur situation, soit une malédiction divine, soit la sanction d'une faute. En conséquence, leur supplique n'a ni la même coloration ni les mêmes accents que celle des hommes ; plusieurs exemples en témoignent[8].

Rappelons que le Coran fait moins fréquemment référence que la Bible à cette thématique de la stérilité du couple dans la mesure où sa révélation n'est pas polarisée par la Promesse messianique. A la différence de la Bible, on n'y trouve pas d'autre demande d'une descendance que celle de Zacharie, ni d'autre annonciation que celles à Maryam et à Zacharie. En dehors de cet accomplissement exceptionnel par Maryam, proposé en signe pour les univers, prévaut le signe commun et universel de création que les messages prophétiques répétitifs viennent rappeler et dont ils réactualisent l'interpellation.

Ajoutons à ce constat ce que le texte coranique dit à propos de Muhammad et de son temps. En arabe, le terme *'abtar* signifie « sans descendance ». Il apparaît une seule fois dans le Coran, dans un passage où Dieu paraît réconforter le Prophète face à certains détracteurs qui arguaient du fait qu'il n'avait pas lui-même de descendance mâle :

> Oui, Nous t'avons accordé l'abondance (*al-kawthar*)/ Prie donc en l'honneur de Ton Seigneur et ne sacrifie (*'anhar*) qu'à Lui/ Celui qui te veut du mal c'est lui l'impuissant (*al-abtar*, ou le mutilé) (C 108 : 1-3).

Le verset 40 de la sourate 33 « Les factions » éclaire ce dernier en relevant :

> Muhammad n'est le père d'aucun parmi vos hommes (*rijâl*) mais il est par contre l'Envoyé de Dieu et le sceau des prophètes. Or Dieu, de toute chose, est parfaitement connaissant (C 33 : 40).

Muhammad lui-même s'inscrit donc dans cette « lignée » de la non-continuité des générations et du signe de la rupture que ses contemporains lisaient encore en termes de malédiction. Les versets 45-46 de la même sourate poursuivent :

> Prophète ! Nous t'avons envoyé comme témoin (*shâhid*) et annonciateur (*mubashshir*)/ pour donner l'alarme (*nadhîr*), pour appeler à Dieu, sur Son ordre et être un brillant flambeau (*sirâja munîr*).

Bien que défini comme strict transmetteur du message, le prophète de l'islam se trouve ainsi lui-même impliqué, au présent, dans la tradition qu'il vient rappeler aux siens.

Les deux faces de l'héritage

Alors que Zacharie est au Temple pour y remplir son office liturgique, sa rencontre avec Maryam le porte à une réflexion très personnelle qui s'exprime dans une prière silencieuse. Il se sent solitaire en le secret de Dieu et craint de ne le pouvoir transmettre ; mais ce n'est pas là sa seule motivation et l'environnement sociologique n'est sans doute pas sans influencer cette requête par laquelle s'ouvre la sourate « Maryam » (C 19 : 3-6). Rappelons une fois encore son appel : « Seigneur ! Ne me laisse pas solitaire (sans descendance) même si Tu es le meilleur des héritiers (*wârithûn*) » (C 21 : 89).

Comme dans la Bible, le thème de l'héritage revêt ici une importance décisive en son ambivalence (expulsion et relais) et son ambiguïté (d'ordre matériel ou d'ordre spirituel). Il est exprimé dans le Coran par la racine *WRTh*, dont le parallèle hébraïque *YRSh* signifie également le fait de chasser, d'expulser [9] : l'héritier n'entrant dans son droit qu'en conséquence du départ (de la mort) de celui dont il hérite [10]. Il s'agit d'une thématique inhérente à la condition humaine, en vue de la survie de l'espèce à travers la durée, faite de dépossessions successives en même temps que d'héritages en une forme de relais. Dans la Genèse, c'est la racine proche *GRSh*, que l'on rencontre sous forme verbale, pour dire l'expulsion de l'homme hors du jardin d'Eden (Gn 3 : 24) ; puis celle de Caïn loin des terres cultivables (Gn 4 : 14) [11] et enfin celle d'Agar et de son fils exclus à la fois de la maison et de la promesse (Gn 21 : 10) et voués au désert.

Cependant, dans la Bible déjà, où dès les origines se manifeste la bipolarité élection/exclusion, Dieu n'abandonne jamais l'exclu. Si ce dernier paraît évincé d'un certain domaine (celui de la promesse en ses modalités particulières), il ne l'est point par rapport à l'essentiel : l'agrément divin. On peut aller jusqu'à user de l'expression de « banni béni ».

Caïn est le premier bénéficiaire d'une protection particulière de Dieu (Gn 4 : 15) ; Ismaël deviendra un grand peuple comme son frère (Gn 17 : 20 et 21 : 13, 18) ; Esaü recevra ultimement de son père une bénédiction originale, une bénédiction du désert (Gn 27 : 39-40). La valorisation sacrale du désert apparaît comme une caractéristique de la révélation abrahamique en ses trois versions. Même si, à la différence de la Bible et de l'Evangile, le Coran, répétons-le, n'oppose jamais la lignée de la promesse à celle du désert, il suggère discrètement, par des rapprochements allusifs, la proximité spirituelle des figures d'Abraham et de Zacharie d'une part, d'Ismaël et de Yahya de l'autre.

Dans le cadre des annonciations qui ponctuent l'histoire de la promesse, il convient de rappeler que l'ange apparaît également à Agar, à deux reprises, au désert, même si ce n'est pas pour lui annoncer qu'elle concevra un fils (puisqu'il a déjà été « naturellement » conçu), mais très particulièrement pour manifester l'attention bienveillante de Dieu à l'égard de l'exclu de la promesse qui ne se trouve pas, de ce fait, voué à l'abandon.

En ce cas également, à l'instar des annonciations, c'est l'ange qui impose le nom de l'enfant à naître, pour signifier le rôle singulier qu'il aura à jouer dans la réalisation du plan éternel de Dieu : « Tu lui donneras le nom d'Ismaël, car Yahvé a entendu ta détresse » (Gn 16 : 11). Ce nom signifie soit « Dieu a écouté », soit « Que Dieu entende ! ».

La figure d'Ismaël dans le Coran, souvent associée et jamais opposée à celle de son frère Isaac, revêt un relief tout particulier du fait de son lien avec le désert et son point de vue qui se traduit à travers la culture nomade. C'est lui qui, avec son père, aurait restauré au désert les fondations du Temple originaire de la Mekke, auquel correspond à Jérusalem, en site urbain, l'autre Temple, celui où Zacharie accueillit Maryam. Jusque dans leurs plus hautes expressions sacrales, le Coran ne laisse pas percevoir la moindre opposition entre les deux points de vue, les deux lignées du désert et de la promesse, et souligne au contraire leur complémentarité[12]. À la différence des affirmations pauliniennes de l'Epître aux Galates dont la lecture typologique est adversative. « Il est dit qu'Abraham eut deux fils, l'un de la servante, l'autre de la femme libre ; mais celui qui est né de la servante est né selon la chair, celui de la femme libre en vertu de la promesse. Il y a là une allégorie : ces femmes représentent deux alliances ; la première se rattache au Sinaï et enfante pour la servitude : c'est Agar (car le Sinaï est en Arabie) (*sic*) et elle correspond à la Jérusalem actuelle » (Ga 4 : 22-25).

Le signe des naissances

Le terme hébreu *'âqâr*, qui exprime la stérilité féminine, apparaît trois fois seulement dans le livre de la Genèse, une fois à chaque génération patriarcale[13]. Son équivalent arabe *'âqir* n'apparaît également que trois fois dans le Coran (sous cette forme tout au moins[14]), mais dans les trois cas, c'est à propos de la femme non nommée de Zacharie. Le Coran récapitule ainsi toute la thématique biblique de la stérilité féminine dans la seule figure de la femme de Zacharie, au seuil de la conception de Jésus par Maryam, demeurée vierge.

Venant corroborer notre lecture du jeu alterné des deux modalités de la stérilité, de la femme et de la terre, on peut observer qu'il n'est jamais question de stérilité féminine dans les récits de l'Exode, alors que les Hébreux font précisément l'expérience concrète du désert et de son aridité. Le thème réapparaît par contre dès leur installation en Terre promise, au temps des Juges. Le contexte politique, culturel et religieux est très différent et c'est à travers des personnages charismatiques (les Juges) que Dieu veille à la fois à l'accomplissement de sa promesse en même temps qu'à la cohésion de son peuple en train de prendre pied en Terre promise. L'accent porte alors, dans l'élection divine de ces chefs, moins sur la continuité généalogique que sur la ponctualité des interventions décisives de Dieu dans l'histoire. C'est dans ce cadre que s'inscrit la naissance de Samson (Jg 13 : 1-24).

Le texte biblique introduit le récit pour faire le point de la situation : les Hébreux, en voie de sédentarisation, avaient commencé à faire ce qui déplaît à Yahvé, lequel, pour les punir, les avait livrés aux mains des Philistins pour quarante années[15] (Jg 13 : 1). Puis, afin de les en délivrer, Yahvé suscita un homme qui fut son instrument et son représentant auprès du peuple. Or, en cette situation inédite, c'est encore par une femme que Dieu introduit la réalisation de son projet, et cette femme, à son tour, est décrite comme stérile. Le texte biblique commence cependant, selon le mode traditionnel (sociologique), par mentionner le mari, alors même que c'est à la femme directement que l'ange s'adresse :

> Il y avait un homme de Tsoréa, du clan de Dan, nommé Manoah. Sa femme était stérile et n'avait pas eu d'enfant. L'Ange de Yahvé apparut à cette femme et lui dit : « Tu es stérile (*'âqâr*) et tu n'as pas d'enfants. Mais désormais prends bien garde ! Ne bois ni vin ni boisson fermentée et ne mange rien d'impur. Car tu vas concevoir et enfanter un fils. Le rasoir ne passera pas sur sa tête car l'enfant sera *nazîr* de Dieu dès le sein de sa mère. C'est lui qui commencera de sauver Israël de la main des Philistins » (Jg 13 : 2-5).

Après celle à Abraham, c'est là la deuxième annonciation angélique que relate la Bible.

Cette annonciation venue de l'initiative de Dieu, sans qu'il soit fait mention de quelque demande préalable, s'adresse donc à une femme. C'est elle qui rapportera l'épisode à son mari : « Un homme de Dieu m'a abordée qui avait l'apparence de l'ange de Dieu tant il était majestueux. Je ne lui ai

pas demandé d'où il venait et il ne m'a pas dit son nom »
(v. 6).

Le mari, dubitatif, demande alors à Dieu une confirmation de ce que lui a rapporté son épouse : qu'il envoie encore
une fois Son ange qui veuille bien préciser ce qu'il conviendra
de faire lorsque l'enfant sera né. Yahvé accède à la demande
du mari. L'ange revient, et apparaît à nouveau à la femme
en l'absence de son époux qu'elle va aussitôt quérir. Après
s'être fait répéter par l'ange les mêmes consignes données
auparavant à sa femme, Manoah veut le retenir pour qu'il
partage avec eux le repas. Mais l'ange, qui s'y refuse, arguant
qu'il ne se nourrit pas de cette nourriture, l'incite par contre
à offrir à Dieu un holocauste. Après coup, l'homme en y
réfléchissant prend peur et se dit : « Mais si nous avons vu
l'ange de Yahvé, alors nous allons mourir ! » Faisant preuve
de bon sens, son épouse le rassure en lui disant : « Si Yahvé
avait voulu notre perte, il n'aurait pas accepté l'holocauste
que nous lui avons offert » (v. 23).

Le rôle prépondérant reconnu ici à la femme est exceptionnel dans la Bible et fait penser à l'initiative de l'épouse de
'Imrân selon le Coran (C 3 : 35). Le rapprochement entre
les deux situations est plus manifeste encore par la consécration de l'enfant à Dieu dès le sein maternel – c'est la même
racine sémitique *NZR* qui exprime cette consécration de part
et d'autre, dans la Bible et dans le Coran. Que la mère soit
elle-même soumise aux prescriptions du naziréat l'associe
intimement à la vocation de son enfant. Ces prescriptions
révèlent une grande concordance avec la symbolique sacrale
des Sémites nomades : respect de la vie et défiance à l'égard
de l'intervention humaine qui en altérerait ou estomperait le
signe pur de création. Attitude qui s'avère également fort
proche de celle que préconise le Coran à l'égard de la nature
telle que sortie des mains du Créateur (*fitra*) et à laquelle se
réfère ce qu'il appelle la religion originelle – ou de toujours –
ad-dîn al-qayyim :

Acquitte-toi du culte en croyant originel (*hanîf*), selon la nature (*fitra*) que Dieu a donnée aux hommes en les créant, sans qu'il y ait de substitution possible à la création de Dieu : c'est là la droite religion (ou la religion de toujours), mais la plupart l'ignorent ! (C 30 : 30).

L'histoire de Samuel

Dernier jalon sur la trajectoire biblique des naissances proposées en signe contrasté sur fond d'infécondité, celle de Samuel dont nous pourrons constater les nombreuses symétries avec ce que le Coran dit de la consécration de Maryam dans le Temple, auprès de l'arche dans le Saint des saints. La comparaison porte cependant tout d'abord sur l'attitude et l'initiative des deux mères, l'épouse de 'Imrân et celle d'El-qana, dont il est dit qu'il avait deux femmes (1 S 1 : 2-7). Anne, sa préférée, demeurait stérile alors que l'autre, Peninna, avait des enfants. En conséquence – selon les mœurs du temps et du lieu – Anne était en butte à d'incessantes humiliations. Chaque année, la famille montait, pour y sacrifier, au sanctuaire de Silo où, au temps des Juges, l'arche était déposée. Cette fois-ci, le rite accompli, Anne demeura dans la chambre du sanctuaire, « devant Yahvé », est-il dit, et laissa éclater son amertume. Elle fit alors ce vœu véhément : « O Yahvé ! Si tu voulais considérer la misère de ta servante, te souvenir de moi, ne pas oublier ta servante et lui donner un petit d'homme, alors je le consacrerai à Yahvé pour toute sa vie et le rasoir ne passera pas sur sa tête » (1 S 1 : 11). On relèvera, dans ce cas encore, la proximité des initiatives d'Anne et de la femme de 'Imrân en C 3 : 35-36 : de fait, seule la naissance d'un fils enlevait l'opprobre de la stérilité féminine. Malgré donc l'émergence de la lignée des femmes, perceptible à travers plusieurs indices, c'est toujours un enfant mâle qu'elles espèrent. Une nouvelle fois, l'enfant à venir est consacré par sa mère avant même sa conception. Et lorsque la prière d'Anne fut exaucée, elle entonna un cantique d'action de grâce dont Luc reprendra plusieurs expressions pour le *Magnificat* de Marie face à sa cousine Elisabeth (Lc 1 : 45-53).

Il est dit que Samuel, l'enfant voué à Yahvé, couchait dans le sanctuaire « là où se trouvait l'arche de Dieu » (1 S 3 : 3) est-il spécifié, donc dans une même proximité avec le sacré que celle de Maryam au Temple de Jérusalem, dans le Saint des saints, auprès de la même arche (C 3 : 37). Ce comportement dénote une profonde transformation dans la conception et perception du sacré depuis le temps de l'Exode où, selon la Bible, quiconque hormis les prêtres se serait approché de l'arche devait être mis à mort (Nb 1 : 51 ; 3 : 10, 38). La terreur sacrée était d'ailleurs invoquée comme l'une des justifications de la fonction des prêtres et des lévites.

Quels que soient les manquements d'Israël et particulièrement de ses prêtres (en ce cas, les fils d'Eli 1 S 2 : 22), c'est comme si, envers et contre tout, le rapprochement de Dieu avec les hommes continuait de progresser par le biais des médiations institutionnelles. C'est ainsi que, de l'arche, Yahvé réveille Samuel en l'appelant durant la nuit. Samuel qui croit que c'est Eli, le prêtre, qui l'a appelé se rend auprès de lui pour lui demander ce qu'il désire. Le même scénario se répète à trois reprises ; à chaque fois Eli dit à l'enfant : « Je ne t'ai pas appelé, retourne te coucher ! » Finalement le prêtre, se doutant que ce pourrait être Yahvé, dit à Samuel : « Va te coucher et, si on t'appelle encore tu diras : "Parle, Yahvé, ton serviteur écoute" » (1 S 3 : 9). Sans reprendre ici la suite du récit qui nous écarterait de notre propos, relevons l'insistance du texte sur l'intime proximité de l'élu avec son Dieu, à côté même du médiateur institutionnel, comme cela ressort aussi du récit coranique décrivant Maryam dans le Temple à côté de Zacharie. Mais en l'occurrence, à la différence du prêtre qui n'y venait que pour l'office rituel, Maryam y était à demeure.

Parcourant la trajectoire du thème complexe de la stérilité bénie et féconde, des naissances proposées en signes en même temps que de l'émergence de la lignée des femmes (laissant en quelque sorte sur le bord du chemin les hommes qui ne comprennent souvent pas la portée universelle des événements-signes), on ne saurait passer sous silence la prophétie d'Isaïe. Elle ne constitue certes pas une annonciation au sens traditionnel, mais une annonce solennellement adressée au peuple entier en attente d'un signe messianique.

> Ecoutez, maison de David, ne vous suffit-il pas de fatiguer les hommes, que vous en veniez à fatiguer mon Dieu ? C'est donc le Seigneur qui va vous donner un signe. Voici : la jeune fille (*'âlmah*) est enceinte et va enfanter un fils qu'elle appellera Emmanuel (ce qui signifie « Dieu avec nous ») (Is 7 : 13-14).

Cette prophétie est rappelée par Matthieu (Mt 1 : 23) qui l'applique au double mystère de la Vierge enfantant et de Dieu se faisant homme en Jésus (qui devint ainsi effectivement *Emmanuel*, « Dieu avec nous »). Même si le mot hébreu *'âlmah* ne désigne pas à proprement parler une « vierge » mais une « jeune fille », la tradition messianique, dès la version grecque de la Septante (ou *'âlmah* est traduit par *parthénos*), prolongée par l'Evangile, l'interprétera dans le sens de « vierge », substituant au thème de la stérilité subie celui de la virginité librement choisie.

Le Coran assumera à son tour cette tradition en désignant la mère du Messie 'Isâ (Jésus) comme « celle qui fortifia sa virginité[16] » (C 21 : 91 et 66 : 12). Pour le Coran, qui ne se situe pas dans une perspective de rédemption, le signe exceptionnel de 'Isâ consiste essentiellement dans le fait qu'il soit le fils de la Vierge, une Parole de Dieu insufflée en elle. 'Isâ est donc né de la consécration et non de la stérilité bénie et guérie. Comme les Evangiles, le Coran souligne la chasteté de Maryam et de son fils 'Isâ ainsi que celle de Yahya.

Zacharie entre confiance et doute

Nous nous sommes longuement arrêté à cette forme de constellation messianique que compose à travers la Bible la thématique des stérilités bénies. Elle y apparaît tout à fait centrale malgré sa dissémination et le Coran y fait référence à la fois explicitement et implicitement. Il faut remarquer que cette typologie dans la Bible – dont nous avons relevé que le point de vue est principalement celui de l'histoire et donc des continuités généalogiques – est d'autant plus étonnante qu'elle « fait signe » par la rupture. Par ce procédé, la Bible laisse entendre que se déroulent parallèlement deux histoires : celle des continuités créationnelles, et celle de la promesse, suspendue à l'intervention expresse de Dieu.

Or, dans la mesure où il assume plus spécialement le point de vue nomade du désert, le Coran s'attache davantage à l'intervention immédiate de Dieu en rupture avec les continuités (trompeuses parce que sécurisantes) de l'histoire.

Mais même dans la Bible, nous l'avons souligné à propos des premières générations patriarcales, la continuité de la promesse, du fait de la stérilité des épouses, n'est pas « naturellement » garantie. Même pour cette lignée élue, la continuité n'est assurée, moyennant la foi, que grâce à l'intervention immédiate de Dieu. Par conséquent, même la Bible, témoin des continuités de l'histoire, considère celle-ci comme suspendue aux interventions, attendues mais imprévisibles, de Dieu. La différence de perspective entre le Coran et les révélations antérieures, de ce point de vue, se manifeste surtout dans le fait que, pour le Coran, qui dénie toute suffisance à la nature, il n'existe pas à proprement parler de miracle (comme nous l'avons vu), à moins que l'on ne considère tout événement comme miracle parce que donné d'en haut et non émané des continuités créationnelles.

Cette thématique de la stérilité rendue féconde par l'intervention divine est donc essentielle du point de vue du messianisme abrahamique et de ses signes. Elle l'est plus particulièrement dans le Coran – dont nous avons rappelé qu'il ne partage pas la conception chrétienne d'une incarnation rédemptrice – qui reconnaît néanmoins la messianité de 'Isâ qu'il appelle « le Messie 'Isâ-fils-de-Maryam ». Cette messianité s'inscrit dans la perspective de la promesse et de l'attente biblique, jalonnée par les femmes et les stérilités guéries, pour aboutir à la conception du Messie par l'instrument de la virginité consacrée de sa mère. Le Coran relève – et met ainsi en exergue – le fondement biblique de la messianité. Ce faisant, il se situe lui-même au carrefour de ce que les chrétiens désignent comme Ancien et Nouveau Testaments pour en manifester l'articulation. Ce fait n'est, dans l'ensemble, pas suffisamment pris en considération par les islamologues chrétiens qui insistent de préférence sur la non-reconnaissance par le Coran de la divinité de Jésus. En prenant position en ce lieu de rencontre et de divergence des révélations antérieures, le Coran non seulement se situe par rapport à elles, mais fait ressortir – d'un point de vue proche du point de vue chrétien – leur cohérence.

Faisons retour à l'annonciation dont bénéficia Zacharie : selon le Coran, à peine sa demande formulée intérieurement, l'ange vient lui porter la bonne nouvelle d'un garçon dont le nom sera Yahya (Jean) (C 19 : 7 et 3 : 39). La prière de Zacharie témoigne de sa foi confiante en Celui qu'il invoque : comme il le reconnaît, il n'a jamais été déçu par son Seigneur. Et pourtant, lorsque l'ange lui apporte la réponse positive de Dieu à sa requête, voilà que, soudain, il commence à douter : « Mon Seigneur, comment aurais-je un garçon quand la vieillesse m'a atteint et que ma femme est stérile ? » (C 3 : 40). Obnubilé par l'âge et les échéances qui y sont inéluctablement attachées, il en vient à mettre en cause la puissance de Dieu. Son attitude est d'autant plus incompréhensible qu'elle se manifeste au cours d'un dialogue avec

Dieu ou Ses envoyés. Comment donc lui qui s'entretient avec Dieu, qui perçoit Sa voix et Lui parle, peut-il douter de Lui ?

L'objection de Zacharie est également relatée par la sourate 19 (v. 8-9), ce qui manifeste l'importance de sa leçon pour la révélation coranique (à la façon du doute de Thomas concernant la résurrection de Jésus, selon l'évangile de Jean 20 : 24-29). Dans la sourate 3, le Messager se borne à répondre : « C'est comme ça ! Dieu fait ce qu'Il veut » (v. 40)), alors que dans la sourate 19, Dieu lui-même rappelle à Zacharie que s'Il a été capable de le créer à partir de rien, Il est également capable de lui accorder un enfant dans la vieillesse (C 19 : 9).

Cet épisode du doute de Zacharie demande à être mis en parallèle, dans le Coran, avec un autre récit dont Abraham est l'acteur (ce qui, une fois de plus, marque la parenté typologique des deux personnages). Il s'agit, dans la sourate 2, d'une série de paraboles ayant trait à la résurrection (toujours la question centrale de la vie et de la vivification). « Quand Abraham dit : "Mon Seigneur, fais-moi voir comment tu ressuscites les morts" Dieu dit : "Sans cela tu ne croirais pas ?" Lui : "Mais si ! ce n'est que pour tranquilliser mon cœur..." » (C 2 : 260) [17] Dieu lui accorde alors un signe positif, celui de la vie redonnée par le rassemblement de ce qui, auparavant, avait été brisé et dispersé (image même de la temporalité et de l'histoire). En preuve Dieu dit à Abraham : « Prends quatre oiseaux, serre-les contre toi ; (découpe-les en morceaux) place chacun de ces morceaux sur des collines séparées puis, appelle (ces oiseaux). Ils te reviendront à tire-d'aile » (C 2 : 260) [18].

Selon Luc, Zacharie dubitatif rétorque à l'ange qui lui apporte la bonne nouvelle de Jean : « Qu'est-ce qui m'en assurera ? car je suis un vieillard et ma femme est avancée en âge. » La réponse de l'ange est claire : « Eh bien ! tu vas être réduit au silence, sans pouvoir parler jusqu'au jour où ces

choses s'accompliront, pour ne pas avoir cru à mes paroles »
(Lc 1 : 18 et 20).

Dans les sourates 3 et 19 comme dans l'Evangile de Luc,
Zacharie ne se satisfait pas de la réponse qui lui est donnée
et demande en caution un signe de Dieu. (Nous verrons
qu'au contraire l'attitude de Marie, dans le Coran comme
dans l'Evangile, sera de remise intégrale de soi à Dieu en
toute foi et confiance.) De part et d'autre, le signe accordé
se traduit par la mutité de Zacharie qui ne pourra plus s'exprimer que par gestes (C 3 : 41). Mais alors que chez Luc la
peine ne sera levée qu'à la circoncision, lors de l'imposition
du nom à l'enfant, dans le Coran elle ne dure que trois jours.
Cette durée, à travers une lecture intertextuelle des Ecritures,
rappelle le signe de Jonas retenu trois jours dans le ventre de
la baleine en punition de sa pusillanimité. Lui également
avait douté de la puissance et de la miséricorde divines.

Selon les Evangiles synoptiques, Jésus lui-même répond
aux scribes et pharisiens qui lui demandent un signe pour
authentifier sa mission : « Génération mauvaise et adultère !
Elle réclame un signe, et de signe il ne lui sera donné que
celui du prophète Jonas [19]. En effet, de même que Jonas fut
dans le ventre du monstre marin durant trois jours et trois
nuits, de même le Fils de l'homme sera dans le sein de la terre
durant trois jours et trois nuits » (Mt 12 : 39-40). Temps de
silence et d'obscurité préparant à une nouvelle naissance, à
une résurrection.

Qu'il s'agisse de Jonas, de Zacharie ou des pharisiens, dans
les trois cas, la demande d'un signe traduit un manque de
foi. C'est pourquoi le signe accordé en réponse prend forme
d'épreuve avant que de preuve. Il est néanmoins temporaire
et débouche sur la vie : la non-destruction de Ninive au
temps de Jonas (Jon 3 : 10 et C 37 : 148), la résurrection de
Jésus selon les Evangiles, l'imposition du nom au précurseur selon le Coran : Yahya, qui signifie « Que Dieu vivifie » [20].

L'Evangile de Luc nous dit que, pendant que Zacharie accomplissait son service dans le Temple, le peuple attendait à l'extérieur et « s'étonnait qu'il s'attardât dans le sanctuaire » (Lc 1 : 21). Ces gens pressentaient que quelque chose d'extraordinaire avait dû se passer et attendaient que Zacharie s'en expliquât. Mais voilà qu'il ne pouvait le faire : « ils comprirent alors qu'il avait eu quelque vision dans le sanctuaire. Quant à lui, il leur faisait des signes et demeurait muet » (Lc 1 : 22).

La sourate 19 dit simplement : « Zacharie sortit du Sanctuaire, se présenta à son peuple et leur fit comprendre qu'ils devaient célébrer (Dieu) matin et soir » (v. 11). Comme si la mutité de Zacharie était elle-même reçue comme un signe et un rappel.

Ce signe du silence, en annonce et préparation de la venue de 'Isâ, Verbe insufflé par Dieu en Maryam (C 21 : 91), domine de façon significative l'ensemble de la sourate 19 : silence volontairement recherché de Maryam s'enfonçant dans la retraite, silence imposé et subi de Zacharie. Le silence prépare et exalte, par rupture et contraste, la nouveauté de l'avènement attendu : la prise de parole de 'Isâ.

3.

Deux versions de l'annonciation : au Temple et au désert

> « Quand les anges dirent : "Maryam, Dieu te fait porter la bonne nouvelle d'un Verbe venu de Lui dont le nom est le Messie 'Isâ-fils-de-Maryam..." » (C 3 : 45)

Les annonciations angéliques, peu nombreuses, discrètes et lumineuses, jalonnent le parcours de la révélation monothéiste en ses trois versions et en articulent l'intime unité. Après avoir constaté que l'homme est décidément trop hâtif (*'ajûl*) (C 17 : 11-12), Dieu l'appelle à prêter davantage attention aux signes qu'Il a aménagés, répartis et articulés avec tant de soin et de rigueur[1]. De même la conclusion de la sourate « Joseph » déclare : « Ce (Coran) n'est pas une affabulation mais une avération des Ecritures déjà en vigueur, une articulation de tout en détail, une direction et une miséricorde pour un peuple qui croit » (C 12 : 111). Or voici que le Coran – si rigoureusement articulé – propose deux versions de l'annonce à Maryam[2] (qui focalise, en les récapitulant, l'ensemble des annonciations antérieures consignées dans la Bible et l'Evangile), en deux cadres éminemment symboliques : le désert et le Temple. Ces deux sites sont emblématiques de deux situations paradigmatiques de l'homme sur terre, en même temps que de deux moments

93

déterminants de l'histoire d'Israël illustrant typologiquement deux modalités de la présence de Dieu à son peuple.

Temple et désert, localisations plus spirituelles que topographiques, de grande portée[3], représentent respectivement la voie des médiations et celle de l'immédiateté, de l'institution d'une part et de la prophétie d'autre part. Du point de vue anthropologique, ces deux sites représentent également deux façons d'être au monde et de le comprendre : en statut de sédentarité ou de nomadité. Situations trop communément envisagées dans la seule perspective diachronique de progrès : la nomadité, relevant d'un âge révolu, se voyant inexorablement vouée à disparaître, absorbée par la sédentarité. Les révélations du monothéisme abrahamique laissent pourtant clairement entendre que ces deux façons d'être au monde et de l'envisager concourent toutes deux, dans leur complémentarité, à une réalisation plénière de l'homme en son universalité. Le progrès technique ou technologique ne suffit pas à mesurer ni à définir le progrès de l'humain. De ce point de vue, la nomadité apparaît comme une contre-référence essentielle, une permanence en rappel de l'origine qui surplombe axialement le déroulement de la durée et de l'histoire.

C'est ce que le Coran vient notamment rappeler par la duplication de l'événement focal de l'annonciation à Maryam.

L'histoire biblique nous apprend que c'est en situation d'exil, en terre étrangère, loin de son Temple (loin d'ailleurs aussi du désert des origines), qu'Israël prit conscience de la richesse des diverses modalités de la relation à son Dieu. C'est en situation d'exil que les prophètes firent du temps de l'Exode au désert une nouvelle lecture, le découvrant alors comme l'âge d'or d'Israël. La dialectique Temple/désert fonctionne dans la Bible comme un instrument privilégié de la réflexion sur l'histoire.

Le Temple lui-même était centré sur l'arche d'alliance,

sacrement de la présence divine au désert. Cependant, autre est ce désert liturgique et mémorial, autre le désert physique comme espace et vacuité, désigné par son éloignement qui le coupe des repères de la sédentarité (*makânan qasiyyan*, lieu coupé, selon l'expression de C 19 : 22, pour caractériser – comme nous allons le voir – le lieu où Maryam se retira pour accoucher de l'enfant qu'elle portait en son sein).

Chaque site induit une symbolique, un climat, une lumière et un rythme propres, ce qui ressort avec évidence de la mise en regard des sourates 19 et 3 où se trouvent développées ces deux versions de l'annonciation.

L'annonciation au Temple (selon la sourate 3)

L'annonce à Maryam, dans la sourate 3, suit sans solution de continuité celle faite à Zacharie par laquelle les anges lui apportaient la réponse divine à sa prière : qu'il allait avoir un fils du nom de Yahya dont la mission serait d'attester d'un Verbe venu de Dieu. Cette naissance annoncée ouvre sur des accomplissements que la prière de Zacharie ne pouvait envisager : elle apparaît tout orientée vers une autre naissance dont les anges vont faire part à Maryam, celle de ce Verbe venu de Dieu et dont le nom sera « le Messie 'Isâ-fils-de-Maryam ». C'est donc dans le Temple que, selon la sourate 3, les anges apparaissent à Maryam.

Le Temple ne constitue pas seulement le centre symbolique de la médiation ; il constitue également, par nature, le lieu de la transposition liturgique, à l'horizon du temps et de l'éternité : *tempus/templum*, sublimation du temps et des temps, anticipation de célébrations éternelles en même temps que reprise de l'histoire en son signe. Cette dimension cultuelle impose sa démarche et son rythme ample à la scène décrite ; et les versets qui relatent l'annonciation, dans cette

95

sourate hiératique et lumineuse comme une icône, comptent parmi les plus beaux du Coran.

A la différence de toutes les autres annonciations relatées dans l'ensemble des Ecritures, la description de celle-ci traduit d'abord, de façon saisissante, l'émerveillement des messagers face à celle à laquelle ils sont envoyés. Dans les autres cas, il est vrai, l'annonce d'une conception miraculeuse venait le plus souvent pallier une déficience naturelle, la stérilité ou les méfaits de l'âge. Dans le cas de Maryam, il s'agit d'une jeune fille (celle dont Isaïe proposait le signe) qui a choisi librement de se garder chaste pour Dieu. Nous sommes dès lors dans l'ordre des références non pas d'abord physiques, mais spirituelles. Avant même de transmettre le message qu'ils ont mission de porter, les anges commencent par exprimer leur éblouissement face à la virginité de Maryam, signe de l'élection divine[4]. Les anges qui s'adressent solennellement à Maryam, commencent en effet par la rendre attentive à la prédilection divine dont elle est l'objet. Or le verbe dont ils usent pour exprimer cette mise à part, *'istafâ*, est le même qui, au verset 33 de cette sourate 3, était utilisé à propos d'Adam, de Noé, ainsi qu'à propos de la famille d'Abraham et de celle de 'Imrân.

Une élection au sein de la famille de 'Imrân

Que ce soit ce même verbe *'istafâ* qui, à dix versets d'écart, vienne exprimer l'élection de Maryam, à la façon de celle d'Adam, n'a rien de fortuit et vient souligner l'unité du plan divin dès l'origine jusqu'en ses accomplissements actuels. Comme dans l'Evangile, l'histoire entière paraît converger vers cet instant, ce lieu, cette personne : Maryam « élue audessus des femmes des univers » (v. 42). Dans l'Evangile sa cousine Elisabeth s'exclame : « Tu es bénie entre toutes les femmes et le fruit de ton sein est béni ! Et comment m'est-il donné que la mère de mon Seigneur vienne à moi ? » (Lc 1 : 42-43).

Après celle d'Abraham, la famille de 'Imrân était élue, privilégiée par Dieu en son ensemble. Or voici qu'à l'intérieur de cette famille une nouvelle préférence divine vient mettre à part Maryam qui est même déclarée deux fois élue : la première élection est absolue, par rapport à Dieu qui consacre Maryam, et la purifie en vue de ce privilège ; la seconde est conséquente, relative, par rapport à toutes les autres femmes.

> O Maryam, Dieu t'a élue et t'a purifiée, Il t'a élue au-dessus des femmes des univers (C 3 : 42).

Cette élection, absolument unique, de Maryam peut toutefois être rapprochée de celle de Moïse, son frère selon le Coran, et donc également membre de la famille élue de 'Imrân. A la fois proches et symétriques, elles ne sont cependant pas superposables, chacune exprimant avec un accent singulier une relation très personnalisée de Dieu à son élu(e). A Moïse, Dieu dit : « Moïse, Je t'ai choisi (*istafâ*) par-dessus les humains (*an-nâs*) pour recevoir Mon message (*risâlatî*) et Ma parole (*kalâmî*)[5]. Prends ce que Je te donne et sois parmi les reconnaissants » (C 7 : 144).

Pas plus qu'il n'oppose en leur dualité les lignées abrahamiques du désert et de l'alliance (d'Ismaël et d'Isaac), le Coran n'oppose, au sein de la descendance de 'Imrân, la lignée des hommes à celle des femmes, celle de Moïse à celle de Maryam. Aucune allusion n'est faite, dans le Coran, aux revendications de la Miryam biblique face à son frère.

Le Coran use d'une large palette de verbes pour exprimer l'élection divine, qui suscite – par grâce et non au titre du mérite – l'inégalité entre les hommes et même entre les élus. Le plus usité (dix-huit fois) est *faddala*[6] qui dit la préférence de Dieu en termes d'arbitraire fondant des hiérarchies, alors que *'istafà* l'exprime davantage en termes de quintessence, d'excellence et de pureté[7].

Sitôt après cette salutation émerveillée, les anges poursuivent en restituant Maryam à la classe commune des serviteurs de Dieu lui disant :

> Maryam, sois pieuse envers ton Seigneur, adore-(Le) et prosterne-toi (devant Lui) avec ceux qui se prosternent (C 3 : 43).

En Luc 1 : 38, c'est Marie qui spontanément répond à l'Envoyé en se déclarant la « servante du Seigneur » ou son adoratrice et fait acte d'*islam* (pour user de l'expression coranique), c'est-à-dire de soumission confiante à Dieu : « Qu'il m'advienne selon ta parole ! »

Nous le relevions, à titre d'exemple, à propos de certaines caractéristiques du récit coranique : soudain, de façon abrupte, le discours des anges se trouve interrompu et c'est le Révélateur qui interpelle le Prophète, pour le rendre attentif à sa propre situation face au mystère de la révélation : « Ce récit appartient aux récits du mystère que Nous te révélons. Tu n'étais pas parmi eux quand ils jetaient leurs calames... » (C 3 : 44). Une interpellation similaire interrompt la relation de la rencontre de Moïse avec son Seigneur sur le flanc du Mont (Sinaï) (C 28 : 44-46).

Ainsi se poursuit le parallèle coranique entre Maryam et Moïse, car c'est à leur propos uniquement, à l'aube de leur mission respective, que Dieu attire l'attention de Muhammad sur le fait de l'origine transcendante de la révélation comme telle. Une formule semblable apparaît cependant également à propos de l'histoire de Joseph et ses frères, dans la sourate qui porte son nom et dont nous avons suggéré qu'elle pouvait figurer la révélation coranique comme retour à la référence originelle : *ta'wîl*. Il y est dit, au verset 102 : « cela relève des récits du mystère que Nous te révélons (directement) ; tu n'étais pas auprès d'eux (les frères de Joseph) lorsqu'ils se réunirent pour comploter. »

Le verset 44 de la sourate 3 est capital et c'est vraisembla-blement la raison pour laquelle il vient interrompre le dis-cours angélique : il ne s'agit là de rien de moins, en effet, que d'affirmer l'autonomie du Coran par rapport aux révéla-tions qui l'ont précédé. Ces mystères fondateurs du christia-nisme et, antérieurement, du judaïsme, se trouvent ainsi « réoriginés », « descendus » (révélés) à nouveau immédiate-ment à partir du même Exemplaire céleste (*umm al-kitâb*), pour être livrés à d'autres destinataires, en dehors de leur aire de réception première, afin de pallier toute appropriation limitative et exclusive ; afin peut-être également que ces récits du mystère reçoivent par cette extension – et non pas par ce transfert – des éclairages inédits et une ouverture non moins divinement garantie.

Mais il importe, en ce domaine de l'intertextualité des révélations qui les rend plus complexes encore et moins réductibles à l'univocité, de tenir ensemble des assertions en apparence contradictoires. Ainsi, en même temps que le Coran affirme l'autonomie de la révélation en source, *umm al-kitâb*, par rapport à ses réalisations historiques, Dieu dit au Prophète : « Au cas où tu aurais un doute quant à la révélation que Nous faisons descendre sur toi, alors interroge ceux qui psalmodient (ou récitent) le Livre depuis avant toi... » En ce cas, la tradition antérieure se voit invoquée en garantie. Même si le fait est rare dans le Coran, il mérite d'être relevé. Le recours à la confirmation par les détenteurs plus anciens de la révélation semble avoir pour fonction, d'une part, de rassurer le Prophète craignant de tomber dans quelque illusion subjective, et d'autre part de témoigner, en ce cas, à partir de l'histoire pourtant peu fiable, de l'unité en source de la révélation.

Après cette interruption du verset 44 invitant à réfléchir sur la façon dont Dieu distribue les événements et leurs signes à Son gré, sans être Lui-même lié par quoi que ce soit, le discours des anges reprend son cours. Les termes en sont d'une force et d'une richesse théologique remarquable :

> Quand les anges dirent : « Maryam, Dieu te fait porter la bonne nouvelle d'un Verbe venu de Lui dont le nom est le Messie 'Isâ-fils-de-Maryam. Il sera prodigieux en cette vie et dans l'autre ; il est de ceux que Dieu S'est rendus proches. » (v. 45).

C'est l'unique récit d'annonciation dans le Coran qui porte explicitement sur la naissance d'un « Verbe venu de Dieu ». Lors de l'annonce de Yahya (Jean), il n'est question que d'un « garçon » (*ghulâm* ou *walad*), nommé ou non. Or ici, ce Verbe venu de Dieu et qui prend corps en Maryam porte un nom et une titulature, de toute éternité, qui est pour la première fois prononcé dans l'histoire (par l'ange) : « le Messie 'Isâ-fils-de-Maryam ». Prêtons attention à l'association de ces termes qui déclinent l'identité de l'enfant à naître :

– « un Verbe venu de Dieu » (remarquons la forme indéfinie : un verbe de Dieu, à la différence de l'Evangile de Jean qui parle « du Verbe », l'Unique, par qui tout a été fait (Jn 1 : 3) ;

– par contre le Coran dit « le Messie » (et non pas « un messie »), l'unique annoncé et attendu à travers toute l'histoire biblique (ici la forme est au contraire définie, car le Messie relève du monde créationnel et de l'histoire, à la différence du mystère inconnaissable de Dieu) ;

– « 'Isâ-fils-de-Maryam » : son nom est indéfectiblement et de toute éternité associé à celui de Maryam, sa mère, de laquelle il tiendra son identité sur terre, puisque né sans père. Cette seule désignation est par elle-même si forte que les qualifications qui suivent en paraissent presque pâles.

Ce Verbe de Dieu devenu homme en Maryam n'est pas un enfant – au sens étymologique (qui n'a pas l'usage de la parole) – puisque comme le déclare l'ange lors de l'annonciation : « Il parlera aux hommes, dès le berceau, comme un homme mûr » (v. 46). Sa prise de parole ne dépendra donc

100

pas des maturations de l'âge. Le verset 48 vient encore le confirmer : c'est Dieu lui-même qui, sans médiation, lui enseignera le Livre, la Sagesse, la Torah et l'Evangile. Le caractère exceptionnel de cette précocité ressort avec plus d'évidence encore si l'on compare les paroles de l'ange à ce qui est dit ailleurs de Joseph, le fils de Jacob, dans la sourate 12, verset 22 : « Lorsqu'il eut atteint sa majorité Nous lui octroyâmes sagesse et science. Car c'est ainsi que Nous récompensons ceux qui agissent droitement. » Dans ce dernier cas, sagesse et science arrivent à leur heure, même si c'est un don de Dieu. Ces dons octroyés à Joseph dans le développement de l'âge sont d'ailleurs envisagés comme récompense, alors qu'à propos de Jésus, ils paraissent inhérents à sa nature même.

A la question de Maryam : comment pourrais-je avoir un enfant puisque je suis consacrée à Dieu, l'ange répond (v. 47) : « C'est comme ça ! Dieu crée ce qu'Il veut. S'Il décide une chose il Lui suffit de dire à cette chose : "Sois !" et elle est ! » Il suffit à Dieu d'appeler une chose à l'être pour que, de par Sa seule parole, elle existe. Le verset 35 de la sourate 19 dit de même : « Il ne serait pas convenant pour Dieu – à Sa transcendance ne plaise – de Se prendre un enfant, alors que, s'Il décide une chose, Il n'a qu'à dire : "Sois !" et cela est... » Observons que ces divers moments essentiels à la présentation coranique des mystères fondateurs du christianisme sont tous immédiatement référés à l'action créatrice de Dieu, sans faire allusion ni à l'histoire ni surtout à la rédemption.

Selon une cohérence toute coranique dans la mise en exergue des signes, il revient à 'Isâ lui-même, Verbe de Dieu insufflé en Maryam, d'avoir l'initiative de la parole et de se présenter lui-même à ceux auxquels il est envoyé. C'est pourquoi au verset 49, sans que rien ne l'introduise, la parole de Jésus interrompt et prend le relais de celle de l'ange qui, au verset précédent, déclarait : « Il (Dieu) lui enseignera (à 'Isâ) le Livre et la Sagesse, la Torah et l'Evangile. »

101

« En tant qu'envoyé aux fils d'Israël ('Isâ dit) : moi, je viens à vous muni d'un signe de votre Seigneur... » (C 3 : 49) puis 'Isâ annonce les miracles que, par permission divine, il lui sera donné d'accomplir. Mais nous quittons alors l'annonciation à Maryam, même si les discours de l'ange et de Jésus se suivent sans solution de continuité.

Pour souligner le parallélisme qu'entretient par ailleurs le Coran entre Moïse et 'Isâ, notons que le premier usait, presque mot pour mot, de la même formule pour se présenter à Pharaon : « Je suis venu à vous muni d'un signe de votre Seigneur. » Il disait d'abord : « O Pharaon, je suis un envoyé du Seigneur des univers avéré pour ne dire sur Dieu que le Vrai » (C 7 : 104-105).

Ainsi, interrompu par la prise de parole de 'Isâ, l'annonce à Maryam, ou plus exactement le discours des anges, ne comporte pas de conclusion, sinon la mise en œuvre abrupte de ce qu'ils annonçaient. Une même disposition impromptue des signes se retrouve à propos de Yahya dans la sourate 19 où, sitôt après l'annonce de l'ange, le verset 12 interpelle celui qui n'était qu'annoncé : « Yahya, saisis-toi du Livre avec résolution ! » A l'instar de l'action créatrice, les signes du Coran ne présupposent pas le support des continuités temporelles.

L'annonciation sur le chemin du désert (selon la sourate 19)

La sourate « Maryam » (19) baigne dans une lumière d'intimité et de réminiscence silencieuse qui rappelle ce que Luc notait dans l'Evangile : que « Marie conservait avec soin tous ces souvenirs et les méditait en son cœur » (Lc 2 : 19). Cette impression de clôture contemplative sur la mémoire du cœur trouve son expression formelle dans la rime en *yan* qui semble sceller cette sourate sur elle-même comme un jardin clos. L'intimité sereine qui en émane est cependant austère, même rude. A la différence des larges espaces d'immobilité rituelle et contemplative que suggère par sa forme la sourate 3, ici au contraire Maryam est sans cesse en mouvement, comme aspirée vers un dépouillement toujours plus intégral, dans la voie soustractive des ruptures et des renoncements. Le contraste est saisissant entre la sérénité de l'expression et la rigueur spirituelle qu'elle traduit, sans la moindre concession. La ferveur de cette sourate 19 n'est pas celle, lumineuse, des grandes liturgies et des hymnes que peut évoquer la sourate 3, mais celle, cachée, du renoncement et du silence, d'un désert choisi.

La première moitié de la sourate « Maryam », qui compte quatre-vingt-dix-huit versets, est scandée par six appels à la commémoration de personnages exemplaires. Par là, une fois encore, se trouve proposée une lecture de l'histoire du salut jalonnée de grands témoins avec, pour centre, les figures de Maryam et de son fils. Le premier rappel, au verset 2, concerne Zacharie et Yahya. Le deuxième, plus largement déployé, est consacré à Maryam et 'Isâ. Le suit immédiatement, au verset 41, le récit d'Abraham en son expatriement. Puis, au verset 51, c'est au tour de Moïse et d'Aaron d'être évoqués, précédant Ismaël cité au verset 54 et Idrîs au verset 56. Chacun des passages consacrés à ces figures emblématiques s'ouvre sur l'impératif : *udhkur fi'l-kitâb...*, « fais mémoire dans le Livre de... ». Le verset 58 conclut cette première partie de la sourate – qui particulièrement ici nous intéresse – en ces termes :

> Tels sont ceux que Dieu gratifia parmi les prophètes de la descendance d'Adam et parmi ceux que Nous transportâmes (dans l'arche) avec Noé, et parmi la postérité d'Abraham et d'Israël, et parmi ceux que Nous avons élus (*ijtaba*) et guidés. Lorsque étaient récités sur eux les versets-signes du Tout-Miséricorde, ils tombaient prosternés, en pleurs.

Cette récapitulation du verset 58 qui répond à celle, introductive, de la sourate 3, inclut donc Maryam parmi les prophètes et les grands patriarches, seule figure féminine dans cet ensemble masculin. C'est l'unique endroit dans le Coran où Maryam se voit ainsi assimilée à l'ordre prophétique. Par là est aussi discrètement rappelé que la mère de 'Isâ assume également la figure de la Miryam biblique, la prophétesse de l'Exode liée à la thématique du désert.

La note la plus surprenante de cette évocation réside cependant dans la caractéristique commune de ces personnages exemplaires : le don des larmes[8] et l'émotion qu'ils éprouvent à l'écoute des versets descendus du Tout-Miséricorde. Cette attitude s'accorde bien avec le ton général de la sourate et son récit, fait de tendresse et d'épreuves. On ne peut s'empêcher de songer ici à l'épisode, que nous rapportions en introduction, de la première hégire des premiers musulmans vers l'Abyssinie où, à la psalmodie de cette sourate « Maryam », les évêques eux-mêmes auraient été émus jusqu'aux larmes. L'anecdote aurait-elle été forgée pour illustrer ce verset, comme cela semble avoir été le cas de nombreux hadîth[9] destinés à éclairer, parfois par la simple paraphrase, certains versets coraniques ? Ce qui est certain c'est que le récit de cette hégire des plus humbles parmi les premiers croyants, ainsi que le ton de cette sourate, sont très proches d'une atmosphère que l'on serait tenté de qualifier d'« évangélique ».

Voici en quels termes est décrite l'annonciation selon la sourate 19, celle dont les exilés de la Mekke auraient, selon la tradition, récité quelques versets au monarque d'Abyssinie, aux premiers temps de l'islam :

> Et fais mémoire dans le Livre de Maryam, quand elle prit ses distances d'avec les siens vers un site oriental./ Elle se sépara d'eux encore par un voile ; c'est alors que Nous lui dépêchâmes Notre Esprit qui, pour elle, revêtit l'apparence d'un humain parfait (v. 16-17).

La sourate 3 associait Maryam au Temple, comme si celui-ci constituait son lieu « naturel » de prédestination : n'avait-elle pas été consacrée à Dieu par sa mère dès avant sa naissance ? Si l'on ne peut pas simplement dire, de façon symétrique, que son lieu, dans la sourate 19, soit le désert, puisque Maryam s'y dirige mais n'y demeure pas, il constitue pour le moins celui de son attraction spirituelle irrésistible et de sa réalisation (par la naissance de 'Isâ). C'est pourquoi, en ce cas, le récit rejoint Maryam au moment où elle se sépare des siens et se retire vers ce lieu qu'elle ne connaît pas, mais que le Coran qualifie d'« oriental » (*sharqiyy*). Il s'agit en l'occurrence d'une direction symbolique du temps plus que de l'espace : lieu abstrait (« orientatoire ») des aurores et des recommencements ; présence lumineuse de l'origine au sein de la durée.

Le mot arabe *sharq* qui désigne l'orient évoque en premier lieu l'aurore, l'éclat de la lumière déchirant les ténèbres. Le geste de Maryam rompant avec les siens vers une vocation qu'elle-même ne connaît pas encore, mais qui s'accomplira dans la mise au monde du Messie son fils, se trouve admirablement saisi par l'image de ce lieu oriental de rupture et de lumière.

Abraham, le patriarche paradigmatique, avait lui aussi, sur ordre divin, rompu avec les siens pour se mettre en route vers une destination qu'il ne connaissait pas (Gn 12 : 1). Agar, mère d'Ismaël, avait dû se réfugier au désert parce que chassée de la maison de ses maîtres (Gn 16 : 6). Maryam est la première à quitter sa famille et se diriger vers le désert de sa propre initiative, comme mue par une exigence intérieure. La sourate 19 la présente comme fascinée par le désert dans lequel elle s'enfonce par retraits successifs toujours plus radicaux. Le désert se trouve assimilé, dès les temps bibliques, au lieu idéal d'où fuse la parole prophétique dont une des fonctions est de critiquer les immobilisations appropriatives et sédentaires.

S'orienter vers l'origine (formule qui, en l'occurrence, confine au pléonasme) implique la rupture d'avec la lignée, d'avec même la perspective de perpétuer le cycle des générations. La rupture qu'opère Maryam est plus radicale que toute autre, motivée par nul accident ni incident, sinon par la volonté d'accomplir le geste symbolique de « réoriginement ». Il ne s'agit pas alors pour elle de servir de relais dans la suite des générations, mais de se mettre par sa virginité en situation et disponibilité de création par Dieu. Choix d'une consécration sous l'égide de Dieu seul, dans l'immédiateté absolue de la dépendance, par quoi se définit l'adorateur, esclave et serviteur (*'abd*) de Dieu. C'est là, par excellence, un attribut marial [10], même si, à la différence de Lc 1 : 38 et 48, Maryam ne se voit en aucun passage du Coran qualifiée de « servante-adoratrice de Dieu »(*'abdat Allah*).

Maryam parachève sa prise de distance d'avec les siens par un voile (*hijâb*) symbolique qui la réserve au mystère auquel elle s'est vouée et qu'elle va porter en elle. Le mot *hijâb*, voile, se rencontre huit fois dans le Coran, avec toujours cette signification d'une séparation d'ordre sacral. Comme encore en C 42 : 51, où il est déclaré : « Aucun humain n'a capacité que Dieu lui parle si ce n'est par révélation, ou de derrière un voile, ou par l'envoi d'un envoyé... » [11].

« C'est alors – poursuit le texte de la sourate 19 – que Nous lui dépêchâmes Notre Esprit. » Ni Temple ni ange comme dans la sourate 3, mais rencontre avec l'Esprit de Dieu dans la solitude et l'isolement, sur le chemin du désert.

Ce n'est qu'après qu'elle eut rompu avec les siens que Dieu lui accorda un fils comme il l'avait fait déjà pour Abraham : « Après qu'il (Abraham) eut pris ses distances avec eux... Nous lui donnâmes Isaac et Jacob et de chacun d'eux Nous fîmes un prophète » (C 19 : 49). Il faut relever que Maryam n'avait pas sollicité de Dieu une descendance. C'est en quelque sorte sa consécration qui se trouve rendue féconde à travers 'Isâ qui, à son tour, n'aura qu'une descendance spirituelle (mais à un titre différent de sa mère).

Alors que Maryam marque sa consécration à Dieu seul en mettant entre elle et les siens un voile symbolique, l'Esprit de Dieu, faisant chemin en sens inverse, revêt une apparence humaine pour se manifester à elle. L'annonciation apparaît alors comme la rencontre de deux protagonistes voilés. Mais Maryam se montre méfiante à l'égard des apparences humaines du messager divin et marque un nouveau retrait en cherchant refuge en Dieu (le Dieu sans image) contre toute semblance. Pour dire que l'Esprit de Dieu a pris apparence humaine, le texte coranique use du verbe *tamaththala*, issu de la même racine *MThL* que le mot par lequel sont désignées les idoles (*timthâl*) du clan d'Abraham (C 21 : 52). L'allusion discrète est claire cependant, puisque le Coran met précisément en parallèle typologique les deux situations. Maryam dit à l'envoyé : « Moi, je cherche refuge en le Tout-Miséricorde, contre toi, même si tu viens en craignant-Dieu » (C 19 : 18). A l'instar de la femme de 'Imrân, sa mère, Maryam insiste sur son initiative : « C'est moi qui (cherche refuge en le Tout-Miséricorde...) » et use du même verbe *'a'âdha* dont avait usé sa mère lorsqu'elle la mettait, elle et sa descendance, sous la protection expresse de Dieu contre les attaques du Satan maudit (C 3 : 36). Cet instant de l'annonciation vient donc répondre au geste prophétique à portée universelle de sa mère, la femme de 'Imrân.

La réaction de Maryam peut néanmoins être interprétée aussi comme une impatience théologale, comme le refus, face à Dieu, de tout intermédiaire. Comme Moïse, son frère qui, selon le Coran, venu au rendez-vous (*mîqât*) de Dieu sur la Montagne, s'exclama : « Mon Seigneur ! laisse-moi voir que je Te contemple », Dieu lui répondit : « Tu ne me verras pas ; mais regarde la Montagne : si elle restait ferme à sa place, alors tu me verrais. » Et le verset poursuit (C 7 : 143) : « Quand son Seigneur se fut manifesté de façon éclatante sur la Montagne, Il la pulvérisa et Moïse tomba foudroyé. Puis, quand il fut revenu à lui, il dit : "O Transcendance ! Je me

107

repens en Toi ! Je suis le premier des croyants." » Ce verset semble faire écho au passage de Ex 33 : 18-20, où, à la demande de Moïse : « Fais-moi voir Ta gloire ! » Dieu avait répondu : « Tu ne peux pas voir ma face, car l'homme ne peut me voir et demeurer en vie. » Que l'on se rappelle également l'impatience du prophète Isaïe s'adressant à Dieu : « Ah si tu déchirais les cieux et descendais ! » (Is 63 : 19).

Dans cette présentation coranique, on discerne chez Maryam, à la fois une soif et une impatience de la rencontre avec celui auquel elle s'est vouée, mais en même temps une prudence extrême à l'égard de tout leurre, de toute semblance, de toute figuration.

L'annonciation dans le Temple, telle que relatée dans la sourate 3, revêtait une grande solennité ; l'ange et sa gloire y était presque attendus dès le décor posé. Dans la sourate 19, au contraire, sa venue surprend Maryam qui ne l'attendait pas et l'ange semble vouloir s'excuser de son intrusion :

> Je ne suis qu'un envoyé de ton Seigneur (chargé de) te faire don d'un garçon pur (C 19 : 19).

Maryam ne met pas en doute les paroles de l'ange, mais interroge son interlocuteur sur le « comment », puisqu'elle a voué à Dieu sa virginité. Le Coran souligne la chasteté de Maryam en deux autres passages où Dieu parle explicitement de « celle restée vierge, en laquelle Nous insufflâmes de Notre Esprit, et de qui nous fîmes, ainsi que de son fils, un signe pour les univers » (C 21 : 91 et 66 : 12). Le parallèle entre ces deux passages et la sourate 19 est évident puisque, dans cette dernière, l'ange poursuit (v. 21) : « C'est ainsi ! Ton Seigneur dit : C'est pour Moi chose facile ! Nous voulons en faire un signe pour les hommes et une miséricorde venue de Nous. » Le signe ainsi aménagé par Dieu, que le Coran met en exergue, consiste à la fois dans le miracle de cette conception virginale et dans les personnalités conjuguées du fils et de sa mère.

Relevons la symétrie et la différence avec la réponse faite par l'ange à Zacharie au verset 9 de la même sourate 19 :

C'est ainsi ! Ton Seigneur dit : C'est pour Moi chose facile, ne t'ai-je pas créé naguère, alors que tu n'étais rien ?

Alors qu'à Zacharie le signe donné en caution est ainsi celui de sa propre création, à Maryam, c'est celui de l'enfant à naître qui, en son être même, sera signe et miséricorde divins. Le verset 21, qui commençait par l'affirmation abrupte : « C'est ainsi ! », conclut non moins abruptement : « C'est d'ailleurs chose décrétée (ou chose faite) ! » Et le verset suivant poursuit sans rupture : « Elle le conçut, et s'isola avec lui en un lieu coupé de tout (*makânan qasiyyan*). »

L'hégire de Maryam se poursuit. La nouvelle étape est cependant très différente de la précédente, puisque, dès lors, elle porte en elle 'Isâ et que c'est avec lui qu'elle s'isole. Nouvel esseulement donc, vers un lieu qualifié non plus d'oriental, mais de « coupé de tout » (*qasiyy*), figure du désert comme éloignement paradigmatique. Que l'on se souvienne, dans l'Apocalypse de Jean 12 : 1-6 [12], de l'image eschatologique de la femme au désert avec l'enfant.

L'usage, en ce lieu du Coran, du qualificatif *qasiyy*, éloigné, mérite notre attention. On le retrouve au superlatif, *aqsâ*, au premier verset de la sourate 17. Il s'agit alors du miracle de la translation nocturne du Prophète, de la mosquée sacrée (de la Mekke) (*al-masjid al-harâm*) à la mosquée « très éloignée » ou « la plus éloignée » (*al-masjid al-'aqsâ*), expression qui peut désigner soit l'au-delà (absolu), soit, comme l'a interprété le plus souvent la tradition, le Temple de Jérusalem. Ce transfert nocturne et miraculeux du Prophète, du Temple du désert (la Mekke) érigé par Abraham et Ismaël au Temple de Jérusalem, lieu de l'annonce à Maryam, représente une authentification de la nouvelle révélation en son universalité.

C'est là, dans ce grand éloignement (*makânan qasiyyan*) [13] du désert – en site inaugural de création, de mort et de résurrection – que la surprennent les douleurs qui l'obligent à s'adosser au tronc « du » palmier, comme le dit le Coran ; et non pas « d'un » palmier. Le singulier déterminé qui pose cet arbre comme s'il était unique n'est pas sans rappeler l'arbre dont il était interdit à Adam et son épouse de s'approcher (C 2 : 35 ; 7 : 19). Ultime travail de gestation, ultime dépouillement de soi pour que puisse se manifester une vie nouvelle, le Coran prête alors ces paroles à Maryam : « Que ne suis-je morte avant cela ! Que ne suis-je (, moi), vouée à l'oubli, totalement oubliée (*nasiyyan mansiyyan*) ! » (C 19 : 23).

Faut-il entendre ce cri comme un regret, l'expression d'une souffrance trop grande, voire d'un désespoir ? Sans l'exclure de façon péremptoire, il ne semble cependant pas que ce soit dans cette direction que pointe le texte. Pour la raison précisément qu'à la différence de tous les exemples bibliques de personnages éprouvés au désert, la démarche de Maryam est une démarche librement choisie, volontaire, de sereine détermination, sans autre motivation que l'accomplissement de sa consécration exclusive à Dieu.

L'attitude de Maryam, qui appelle l'oubli, est l'exact inverse de celle d'Anne, la mère de Samuel, qui disait dans sa prière : « O Yahvé ! Si tu voulais considérer la misère de ta servante, te souvenir de moi, ne pas oublier ta servante et lui donner un petit d'homme... » (1 S 1 : 11).

Chaque nouvelle distance prise à l'égard du monde, chaque nouvelle étape dans l'esseulement, rapprochent Maryam plus singulièrement de Dieu, d'où les degrés successifs de son retrait. Ses paroles ne jaillissent pas seulement – ni vraisemblablement d'abord – de la douleur de l'enfantement. Elles expriment le souci d'avoir bien été jusqu'au bout de l'abandon, du dessaisissement de soi et de l'effacement, afin que se manifeste en plénitude le signe divin, en ce cas : 'Isâ, « signe et miséricorde de Dieu » (v. 21). Cette démarche exemplaire de Maryam, portant l'effacement testimonial à son comble (C 19 : 29), appelle comme en écho la parole que l'évangéliste Jean prête à Jean Baptiste à propos de Jésus : « Il faut que lui grandisse et que moi je diminue. Celui qui vient d'en haut est au-dessus de tous... » (Jn 3 : 30-31).

Alors qu'au moment d'enfanter Maryam appelle de ses vœux l'ultime effacement d'elle-même[14], la voici soudain rappelée à une autre dimension de la réalité. Le Coran dit simplement (v. 24) : « Il l'appela de sous elle... », sans que soit précisé le sujet du verbe : s'agit-il de l'ange ou du nouveau-né ? Gardons-nous de trancher ce que, à dessein, le texte laisse ouvert ! Le verbe arabe *nâda*, appeler, est le même qui, au verset 3, exprimait l'invocation secrète de Zacharie, comme ailleurs l'appel de Dieu à Moïse lors de l'épisode du buisson ardent[15].

Si l'identité de celui qui appelle n'est pas précisée, le texte attire par contre l'attention sur la situation à partir d'où il parle : *min tahtiha*, « de sous elle ». De même, dans la Bible, lorsque Agar s'enfuit au désert avec Ismaël et fut en proie au désespoir, il est dit que Dieu entendit les cris de l'enfant « là où il était » (Gn 21 : 17) et que l'ange de Dieu appela Agar « du ciel ». Pareillement à propos de Moïse est-il précisé que Dieu l'appela « du milieu du buisson » (Ex 3 : 4). Cet épisode se trouve d'ailleurs également évoqué dans la sourate 19, au verset 52, où Dieu dit à propos de Moïse : « Nous l'avons appelé (toujours le même verbe *nâda*) du versant sud du Mont (Sinaï) et l'avons fait s'approcher de Nous tel un confident » (appel de loin pour convier à une proximité, à une intimité inédite)[16]. Le point de jaillissement de la parole divine est, par lui-même, prégnant de signification et fait partie intégrante du message. S'agissant de Maryam, en cette circonstance, cet appel venu « de sous elle », marquerait une ultime étape de la démarche soustractive, dans la perspective de ce que Paul a décrit en termes de kénose[17].

La voix qui interpelle Maryam « de sous elle », l'ayant invi-

tée à ne point s'affliger (voir le parallèle avec Agar en Gn 21 :
18-19), attire en même temps son attention sur la nouvelle
manifestation divine : « Ton Seigneur a suscité en dessous de
toi (une fois encore *tahtaki*) une gloire (ou un ruisseau
caché) » (C 19 : 24). Cette gloire ou cette eau (*sary* ou *sarw*)
au désert se trouve dès lors identifiée, de par sa situation, à
l'origine de la voix qui interpelle, ce qui renvoie également,
par-delà le récit d'Agar, aux descriptions de l'avènement messianique à travers les Prophètes, les Psaumes et l'Apocalypse [18]. Rappelons également que la Miryam biblique était
identifiée par la tradition au rocher-source qui accompagnait
les Hébreux durant l'Exode.

Le Coran fait parler une voix dont on ne sait à qui elle
appartient et propose pour en définir l'origine une métaphore
exprimée par un mot à double lecture plutôt qu'une matéria-
lisation de l'indicible : *sarw* ou *sary*, ruisseau ou gloire.

A Agar, désespérée de voir son enfant Ismaël mourir de
soif au désert, l'ange avait dessillé les yeux pour lui faire
remarquer la proximité d'une source (Gn 21 : 19). Dans le
cas de Maryam, l'enfant et l'eau se trouvent identifiés, ce qui
fait penser aux paroles de Jésus selon l'Evangile de Jean qui
déclarait : « Si quelqu'un a soif, qu'il vienne à moi et qu'il
boive ! » (Jn 7 : 37). Une autre lecture est néanmoins possible : ce ne serait plus alors l'eau que Dieu aurait disposée sous
Maryam, mais une gloire, un foyer lumineux de générosité
(puisque telles sont les significations attachées à cette double
racine *SRW* ou *SRY*[19]).

L'hégire inversée de Maryam : du désert vers sa famille

La même voix, semble-t-il, qui avait attiré l'attention de
Maryam sur la manifestation nouvelle, poursuit (v. 25-26) :

Secoue vers toi le fût du palmier ; tu feras tomber sur toi des dattes mûres et toutes cueillies./ Mange et bois et rends sa fraîcheur à ton œil. Au cas où tu rencontrerais quelque humain (sur ton chemin) dis(-lui) : « J'ai voué au Tout-Miséricorde un jeûne et je ne parlerai donc à personne aujourd'hui. »

Un nouvel ordre de départ est sous-entendu ; le parcours de Maryam n'est pas achevé. Le fils dont elle vient d'accoucher dans le plus grand isolement, elle doit maintenant le présenter aux siens, ou plutôt, nous y avons déjà fait allusion, le mettre en situation de se présenter lui-même. Le chemin qu'elle va entreprendre alors, de retour vers sa famille, sera accompli dans le jeûne, qui, dans la Bible déjà, préparait à une révélation nouvelle de Dieu.

Cette hégire inversée de Maryam, du désert vers son peuple, va la confronter à une nouvelle épreuve, un nouveau dépouillement, à travers le rejet et la calomnie de ceux vers lesquels elle fait retour. Comme il lui avait été prescrit (C 19 : 26), elle devra garder alors le silence et renoncer à se justifier. Silence de purification ultime, ascétique plus que contemplatif, mais ouvrant sur la prise de parole de 'Isâ, comme un couronnement.

De façon récurrente dans les Ecritures, avant ses manifestations les plus importantes, Dieu demande à ses témoins de s'y préparer par le jeûne et le silence. Dès la rencontre de Moïse avec Dieu sur la Montagne (nouveau parallélisme avec Maryam), lors du don des dix Paroles, il est dit que « Moïse demeura en ce lieu avec Yahvé quarante jours et quarante nuits, sans manger ni boire... » (Ex 34 : 28 ; Dt 9 : 9).

Alors que le Coran ne fait aucune allusion au jeûne de Jésus au désert – de quarante jours également – en prélude à sa vie publique (Lc 4 : 1-2), c'est en revanche sa mère, Maryam, qui est invitée à jeûner, à la façon d'Elie[20].

Arrivée auprès des siens, sans répondre à leurs insultes, elle se borne à faire vers l'enfant un signe muet, comme pour lui donner la parole. C'est alors que, contre toute attente, l'enfant se présente lui-même à la famille de sa mère et inaugure en quelque sorte sa « vie publique[21] » (pour reprendre la terminologie chrétienne). Selon le Coran, pour lequel le signe prévaut sur l'histoire, il n'y a pas de « vie cachée » de 'Isâ ; l'intimité familiale de Nazareth n'entre pas dans la catégorie des signes qu'il sélectionne en fonction de son message.

Par contre, comme pour insister une fois de plus et de la façon la plus explicite sur la double figure de Maryam, en tant que mère de 'Isâ et fille de 'Imrân, le Coran relate que lorsqu'elle revint vers les siens avec l'enfant 'Isâ (v. 27), ceux-ci l'interpellèrent en ces termes :

> Maryam, tu as commis une chose épouvantable !/ (Toi), la sœur d'Aaron ! Ton père n'était (pourtant) pas un époux indigne ni ta mère une prostituée ! (C 19 : 27-28).

A travers le récit de cet épisode, le Coran veut-il également signifier le refus par les fils d'Israël de reconnaître Jésus, ce qui trouverait confirmation dans la sourate 4 (v. 156-157), où Dieu les condamne explicitement pour avoir proféré sur Maryam une calomnie monstrueuse et avoir prétendu avoir tué son fils 'Isâ.

Le long passage narratif de la sourate 19 consacré à Maryam et à son fils conclut au verset 34 :

> Tel se présente 'Isâ-fils-de-Maryam en dire de vérité (ou Parole de Vérité) à propos duquel ils controversent.

Le Coran se borne ici à constater la controverse entre juifs et chrétiens, sans y prendre part. Il ne fait que relater les faits comme « récit venu du mystère », signes descendus immédiatement de la Source unique de toute révélation.

Tout ce que nous te narrons des récits des envoyés contient de quoi affermir ton cœur ; Cette histoire-ci porte le Vrai, une morale et un rappel aux croyants/... A Dieu appartient le mystère des cieux et de la terre. De Lui relève l'intégralité du décret. Adore-Le ! Remets-t'en à Lui... (C 11 : 120 et 123).

4.

Le Messie 'Isâ-fils-de-Maryam

> « A Moïse Nous avons donné le Livre.../
> Du fils de Maryam et de sa mère Nous avons
> fait un signe... » (C 23 : 49-50)

Dans leur grande sobriété et concision, les deux versets proposés en exergue, prégnants de significations essentielles quant à la vision coranique de l'histoire du salut et de ses signes, mettent en parallèle Moïse d'un côté, 'Isâ-fils-de-Maryam et sa mère ensemble de l'autre. Au premier Dieu a confié la Torah, avec mission d'en instruire son peuple et de le guider. « Moïse ! Je t'ai choisi par-dessus les humains pour recevoir Mon message et Ma parole... », déclare Dieu dans le verset 144 de la sourate 7, et le verset 145 poursuit : « ... Saisis (ces tables) avec fermeté et ordonne à ton peuple d'en appliquer le meilleur (ou la splendeur). »

En comparaison, il n'est pas question de mission ni d'instruction confiées à 'Isâ-fils-de-Maryam, mais uniquement du signe existentiel qu'il forme avec sa mère. Le rapprochement des deux vocations en fait apparaître avec force la différence. Alors que Moïse se voit chargé d'un message, de paroles inscrites par Dieu sur des Tables de pierre (C 7 : 145, 150, 154), Maryam porte en son sein un Verbe venu de Dieu dont, toujours vierge, elle enfantera : 'Isâ.

117

Le signe que forment ensemble et indéfectiblement le fils de la Vierge et sa mère est un signe existentiel, ontologique. L'essentiel de leur mission ne consiste pas dans quelque enseignement (même s'il est dit ailleurs qu'à 'Isâ fut donné l'Evangile (C 57 : 27)), ni en quelque autre fonction particulière : c'est en leur être même et leur relation miraculeuse (la vierge qui enfante un fils sans père) qu'ils ont été ensemble institués par Dieu comme signe offert aux univers, par-delà les seules circonstances de lieux et de temps.

C'est à la fois leur relation réciproque et leur identité respective qui constituent le signe donné. Le Coran ne fait, par ailleurs, nulle référence à une mission rédemptrice du fils à laquelle, sur un autre mode, serait associée sa mère. Ce silence ou ce non-dit est significatif, car il manifeste que le Coran n'envisage pas dans la même perspective que les Evangiles la mission de 'Isâ et de sa mère. Le Coran ne prend pas explicitement position contre la version chrétienne pour la critiquer, mais, en cohérence avec sa propre perspective, se borne à souligner le caractère incomparable voire transcendant du signe ainsi donné par Dieu. Alors que pour l'Evangile le signe majeur est celui de la croix, pour le Coran le signe récapitulatif central et universel est celui de la Vierge et de son fils. Par là, le Coran se montre fidèle à sa polarisation exclusive par le signe de création, puisque c'est sur le seul impératif créateur : *Kun fayakûnu*, « Sois ! » (C 3 : 47, 59 ; 19 : 35) que Maryam conçoit 'Isâ.

Le signe en miroir que forment 'Isâ et Maryam commence à se réaliser dans le temps à travers l'annonciation (quelle qu'en soit la version, au Temple ou au désert). Il est celui-là même qu'avait annoncé le prophète Isaïe : « Voici que le Seigneur lui-même va vous donner un signe ; voici : la vierge est enceinte et va enfanter un fils... » (Is 7 : 14 ; repris en Mt 1 : 23).

Cette vocation de Maryam au signe se trouve affirmée par les anges, à l'occasion de l'annonciation, de la façon la plus explicite. A la question de Maryam interrogeant sur le « comment » de cet avènement alors qu'elle est vierge et résolue à le demeurer, Dieu répond que cela Lui est facile, et que Son but est précisément de faire de cette singularité un signe pour les hommes en même temps qu'une miséricorde de Sa part, et il conclut : « C'est d'ailleurs chose décrétée (ou chose faite) ! » (C 19 : 21). Et la sourate 3 (v. 47) précise que Dieu crée ce qu'Il veut et qu'Il n'a qu'à dire : « Sois ! » pour que Sa volonté se réalise. Par conséquent, ce signe exceptionnel, donné par Dieu dans l'histoire, la transcende en même temps dans la mesure où il renvoie au miracle absolu et fondateur de la création. A travers les paroles divines rapportées dans le Coran, le signe de la Vierge mère et de son fils, dans leur relation réciproque en même temps que dans leur relation personnelle respective avec Dieu, réitère, sous une modalité inédite, le signe de la création.

L'enfant à naître est création nouvelle, issu du seul décret divin. De toute éternité, il porte un nom auquel est exclusivement et indéfectiblement associé celui de sa mère : 'Isâ-fils-de-Maryam. Cette dénomination *ab aeterno*, de toute éternité[1], est spécifiquement coranique et n'apparaît pas sous cette forme dans les Evangiles.

L'originalité coranique du signe conjoint de Maryam avec son fils ressort également de la présentation qu'en propose la sourate 21 « Les prophètes ». Ce signe s'y trouve à la fois en continuité et en contraste avec celui de Zacharie et de sa famille. Le verset 90, en effet, parle de Zacharie en sa prière secrète ainsi que de la famille exemplaire qu'ils formaient ensemble avec son épouse et leur fils Yahya. Dieu dit :

> Nous l'exauçâmes et lui donnâmes Yahya après avoir rendu son épouse capable d'enfanter./ (Tous trois) s'empressaient à faire le bien et Nous invoquaient avec amour et crainte. Ils étaient humbles devant Nous » (C 21 : 90).

Au verset suivant et en contraste, s'agissant de Maryam, l'accent est mis sur la seule virginité féconde qui fonde le caractère unique du signe qu'elle constitue avec son fils 'Isâ :

> Et celle qui fortifia sa virginité et en qui Nous avons insufflé de Notre Esprit, Nous fîmes d'elle et de son fils un signe pour les univers (C 21 : 91).

Relevons, une fois encore, que la femme de Zacharie est en quelque sorte guérie par Dieu d'une infirmité, sa stérilité, et que ce signe diffère radicalement de celui de la virginité choisie et consacrée de Maryam que Dieu visite pour y jeter un Verbe venu de Lui et la gratifier d'une fécondité d'un tout autre ordre, absolument unique.

Rien n'est dit, dans ce verset, d'un comportement exemplaire de Maryam et de 'Isâ[2] – ni l'un ni l'autre ne sont d'ailleurs nommément désignés, l'argument reposant sur la seule virginité de Maryam – ni qu'ils formaient une « sainte famille », à l'instar de celle de Zacharie proposée en exemple au verset précédent. La césure sémantique entre les deux versets cités (C 21 : 90 et 91) – dont la continuité est par ailleurs évidente – réside dans le fait que le premier, à propos de Zacharie, propose en exemple un comportement moral, alors que le second, à propos de Maryam, en réfère exclusivement à l'ordre théologal, à l'action divine. Si l'image de la sainte famille ne convient pas à Maryam et à son fils, c'est aussi parce qu'ils ne constituent précisément pas à proprement parler une famille et qu'en cela réside une dimension essentielle de leur signe : c'est la Vierge qui a enfanté, et l'enfant n'a pas de père. Dans cette différence d'accent, particulièrement en comparaison avec l'Evangile de Luc, on peut voir un autre indice de l'originalité du regard porté par le Coran sur le mystère que les chrétiens désignent du terme d'incarnation. Le personnage de Joseph, fiancé à Marie et père nourricier de Jésus selon les Evangiles, n'est même pas mentionné par le Coran. D'ailleurs, dans la sourate « Maryam » (19), alors qu'il est dit de Yahya qu'il était pieux envers ses père et mère (v. 14), il est précisé à propos de 'Isâ que Dieu l'avait fait pieux « envers sa mère » (v. 32). Le Coran ne parle pas non plus d'une « vie cachée » de Jésus à Nazareth, qui aurait précédé sa « vie publique », mais focalise toute son attention sur la vocation conjuguée du fils et de sa mère à constituer un signe pour les univers. La dimension ontologique première du signe, ainsi que sa soustraction aux circonstances et conditionnements temporels, apparaissent également dans le fait que 'Isâ prendra la parole dès le berceau et que ce sera pour se présenter lui-même et annoncer les miracles que Dieu lui donnera d'accomplir en attestation de son identité et de sa mission.

La relation de filiation entre Maryam et 'Isâ est néanmoins essentielle également dans le Coran, même si c'est de façon très différente de ce qu'elle représente communément pour l'ensemble des mortels. C'est précisément l'« exceptionnalité » signifiée par cette non-conformité sociale, de Maryam restée vierge et de 'Isâ son fils qui n'a pas de père, qui est proposée par Dieu en signe et que la famille de Maryam refusera de reconnaître lorsque celle-ci fera retour vers eux avec l'enfant, traitant, à mots à peine voilés, la sœur d'Aaron de prostituée (C 19 : 27-28). C'est cette filiation miraculeuse qui les rattache l'un et l'autre respectivement et ensemble, selon une modalité absolument unique, au mystère de Dieu qui fait d'eux un signe pour les univers.

Le signe élevé

La sourate 23 reprend ce thème central du signe, non plus pour en situer l'origine dans l'histoire, à l'annonciation, mais pour en manifester, symétriquement, la dimension eschatologique :

Du fils de Maryam et de sa mère Nous avons fait un signe (*âya*), Nous les avons tous deux recueillis sur une colline de fraîcheur et de sources jaillissantes (C 23 : 50).

C'est dès lors, après leur passage sur terre, depuis la colline paradisiaque où Dieu les a accueillis tous deux, que le fils de Maryam et sa mère surplombent les univers et l'histoire. En C 3 : 55, Dieu s'adresse à 'Isâ en ces termes : « C'est Moi qui vais te recouvrer (*tawaffa*), t'élever auprès de Moi (*rafa'a*)... », expression que vient confirmer la sourate 4 (v. 158) qui affirme que les juifs ne font que conjecturer en affirmant avoir tué 'Isâ alors que « tout au contraire, Dieu l'a élevé (*rafa'a*) vers Lui ».

La thématique du « signe élevé » n'est pas propre au Coran et traverse l'ensemble des Ecritures, à partir des péripéties des Hébreux au désert au temps de l'Exode. En punition de l'indocilité et de l'impatience de son peuple regimbant face à l'épreuve du désert, Dieu lui avait envoyé des serpents venimeux – les brûlants (*saraph*) – qui firent de nombreuses victimes dans ses rangs. Selon un schéma répétitif dans la Bible, les Hébreux prièrent alors Moïse d'intercéder auprès de Dieu pour qu'il éloigne d'eux ce fléau. En réponse, Dieu ordonna à Moïse de façonner, en airain, un de ces brûlants et de le fixer sur un étendard : « Quiconque aura été mordu et le regardera restera en vie » (Nb 21 : 8).

Paul fait allusion à cet épisode en 1 Co 10 : 9-10, mais c'est d'abord Jésus qui, selon l'Evangile de Jean, met en relation ce signe avec son propre destin.

Comme Moïse éleva le serpent au désert, ainsi faut-il que soit élevé le fils de l'homme, afin que tout homme qui croit ait, par lui, la vie éternelle (Jn 3 : 14-15).

Et moi, élevé de terre, j'attirerai à moi tous les hommes (Jn 12 : 32).

(Et le verset suivant précise : « Il signifiait par là de quelle mort il allait mourir... ») Toujours selon Jean, Jésus rappelle encore à ce propos la prophétie de Zacharie : « ils regarderont vers celui qu'on a transpercé... » (Za 12 : 10 et Jn 19 : 37).

L'élévation de Jésus en signe pour les hommes ne revêt donc, dans l'Evangile et dans le Coran, ni la même figure ni la même signification, dans la mesure précisément où le Coran ne s'inscrit pas dans une perspective de rédemption[3]. C'est le signe de la virginité féconde de Maryam que le Coran propose en signe récapitulatif et non pas, comme le Nouveau Testament, la croix de Jésus. C'est pourquoi Maryam est immédiatement associée à son fils – et réciproquement – en cette élévation ou exaltation en signe pour les univers.

Pour ne rien omettre de la vigueur des assertions coraniques, n'oublions pas que, dans le champ des signes et de leur mise en relation, Maryam, la mère de 'Isâ, est simultanément la sœur de Moïse et d'Aaron, et que, par là, la référence à l'Exode à travers le « signe élevé » prend une portée autre que purement mémoriale.

Ce miracle de l'Exode est l'unique dans la Bible où le seul regard transforme celui qui le porte et où la seule contemplation montre son efficace. La présentation coranique du signe du fils de Maryam et de sa mère sur la colline paradisiaque se trouve en implicite relation avec ce miracle. Le point de vue coranique selon lequel la foi est essentiellement témoignage, dans une forme d'objectivité extérieure, a pour corollaire une valorisation de l'exemplarité. La théologie chrétienne, pour sa part, se fondant également sur les Ecritures, envisage davantage le rapprochement de la créature avec Dieu en termes de participation transformante (à travers la grâce). Cette différence est liée à des conceptions diverses de la transcendance divine, différence qui retentit jusqu'en la proposition du signe de la Vierge avec son fils.

Le Coran qui, tout en l'exaltant, demeure implicite et allusif quant au mystère de Maryam et de son fils écarte cependant de la façon la plus explicite tout ce qui pourrait s'apparenter à quelque associationnisme, c'est-à-dire à tout ce qui mettrait autre que Dieu sur le même plan que Dieu. La sourate 4 est des plus claire à ce sujet :

> O Gens du Livre, ne vous portez pas à l'extrême dans votre religion. Ne dites sur Dieu que le Vrai : que le Messie 'Isâ-fils-de-Maryam était l'Envoyé de Dieu, Sa Parole projetée en Maryam et un Esprit venu de Lui. Croyez (donc) en Dieu et aux Envoyés, (mais) ne dites pas « Trois » ; cessez de le dire : mieux cela vaudra pour vous ! Dieu est une divinité unique. A Sa transcendance ne plaise qu'Il eût un fils (*walad*[4]) ! A Lui tout ce qui est aux cieux et sur la terre. Là-dessus qu'il suffise de Dieu comme garant (C 4 : 171 ; voir aussi C 5 : 73, 116 ; 3 : 79).

Avec non moins de vigueur le Coran met en même temps en exergue, à travers certains faits (annonciations, miracles et autres signes), le caractère absolument exceptionnel de la mère et de son fils, leur statut unique dans le plan de Dieu. Si le Coran met en garde contre toute forme d'association-nisme, il n'exprime par contre aucune crainte (à la différence du dogme et de la liturgie catholiques) que la vénération envers la mère puisse porter ombrage à celle due au fils, ni qu'ils soient équiparés. Le fait que Maryam soit accueillie par Dieu avec son fils sur une colline céleste peut en revanche être interprété comme une allusion à l'assomption de Marie (qui faisait partie de la croyance traditionnelle mais que l'Eglise catholique n'a définie, comme dogme et article de foi, qu'au XIXe siècle).

La perpétuation du signe de la chasteté consacrée parmi les chrétiens

La subtile et rigoureuse distinction que propose le Coran entre les différentes figures exemplaires, à partir notamment de ce qui leur a été attribué par Dieu et à partir du signe qu'elles constituent en elles-mêmes, trouve un autre exemple dans la sourate 57 dont le verset 26 déclare d'abord :

> Oui, Nous avons envoyé Noé et Abraham et Nous avons établi dans leur descendance la prophétie et le Livre.../ Après quoi Nous fîmes suivre leurs traces à Nos envoyés. Nous les fîmes suivre à 'Isâ-fils-de-Maryam auquel Nous donnâmes l'Evangile et Nous avons mis au cœur de ceux qui le suivent tendresse et miséricorde, et la vie monastique qu'ils ont instaurée... (C 57 : 26-27).

Ce verset 27 ne dit rien du contenu des Evangiles, mais poursuit en prolongeant le signe existentiel de 'Isâ à travers le comportement de ses disciples. Ce déchiffrement du signe de l'envoyé à travers une filiation spirituelle est à son tour tout à fait exceptionnel dans le Coran, réservé à 'Isâ exclusivement. Il est certes dit en C 60 : 4 : « Vous avez un beau modèle (*'uswa*) en Abraham et en ceux qui crurent avec lui... » quand ils se séparèrent des leurs. De même est-il déclaré en C 33 : 21 à propos de Muhammad : « Vous avez dans l'Envoyé un beau modèle (*'uswa*) pour quiconque espère en Dieu et au dernier jour et invoque souvent le nom de Dieu... »

Mais ce n'est qu'à propos de 'Isâ qu'il est dit que c'est Dieu lui-même qui infuse au cœur de ses disciples ces vertus-signes, à commencer par la tendresse ou l'indulgence (*ra'fa*[5]). Quant à la vie monastique (*rahbaniyya*), en dehors du retrait du monde, elle se distingue par la chasteté consacrée dont Maryam ainsi que Yahya et 'Isâ ont donné l'exemple. Le

125

témoignage de la chasteté consacrée prend un relief singulier dans le contexte coranique où le signe récapitulatif de la révélation chrétienne n'est pas la croix, mais celui de la virginité féconde.

Même si en d'autres passages et à un autre niveau du discours le Coran fustige les mauvais moines (C 9 : 34), les associant aux docteurs de la Loi qui abusent les fidèles et écartent du chemin de Dieu, cette description coranique de la vie monastique est l'indice d'une profonde reconnaissance spirituelle. La sourate 5 (parmi les dernières descendues) va dans le même sens : « Tu découvriras que les gens... les plus proches des croyants (= musulmans) sont ceux qui disent : Nous sommes chrétiens. C'est parmi eux que l'on rencontre des prêtres et des moines ; or ces gens ne s'enflent pas d'orgueil » (C 5 : 82). Et le verset suivant constate que cette reconnaissance bienveillante entre religieux chrétiens et croyants musulmans est réciproque. La sourate 24 (v. 36-37) « La lumière » parle encore plus explicitement de ces hommes, retirés en des oratoires[6] où le nom de Dieu est célébré de l'aube au crépuscule, que nul commerce ne distrait de la seule invocation de Dieu et de la pratique de l'aumône purificatrice.

Il est par ailleurs précisé dans le verset C 57 : 27 que la perpétuation monastique du signe de 'Isâ et de sa mère, par une vie de chasteté, ne répond pas à l'accomplissement d'un précepte venu de Dieu ou de 'Isâ, mais à une exigence intérieure de quelques chrétiens en quête de la satisfaction divine.

> ... et la vie monastique ils en prirent l'initiative : Nous ne la leur avions pas prescrite, sauf pour rechercher le contentement de Dieu (*ridwan Allah*) (C 57 : 27 sq.)[7].

Cette pratique d'abstinence, dans le Coran, n'a cependant pas valeur ascétique et morale de renoncement, mais valeur de consécration par seule fascination et attrait. C'est à ce titre d'ailleurs que le signe de la chasteté consacrée est considéré comme anticipation de la vie future, représentée dans le cas de 'Isâ et sa mère par la métaphore d'une colline paisible aux sources jaillissantes.

'Isâ brossait son propre portrait en se présentant à la famille de sa mère en ces termes : « Il (Dieu) m'a assuré de Sa bénédiction où que je sois et m'a ordonné la prière et l'aumône purificatrice tant que je demeurerai en vie,/ ainsi que la piété filiale envers ma mère. Il n'a pas fait de moi un violent ni un malheureux » (C 19 : 31-32). Selon le Coran, ces mêmes vertus évangéliques de paix, de douceur, de miséricorde sont celles que Dieu a mises également dans le cœur de ses disciples, chargés de garder présent et vivant le signe de 'Isâ parmi les hommes.

L'exception 'Isâ selon le Coran

Le Coran répète avec insistance qu'un croyant authentique et cohérent (un vrai musulman), dans la mesure où il s'en remet totalement à Dieu, n'a pas à distinguer, ni à choisir et encore moins à établir de hiérarchie entre les Envoyés de Dieu. On lit en C 3 : 84 : « Dis : Nous croyons en Dieu et en ce qui est descendu sur nous, et en ce qui est descendu sur Abraham et Ismaël, Isaac, Jacob et sur les tribus,/ en ce qui fut octroyé à Moïse, à Jésus et aux prophètes de la part de leur Seigneur. Nous ne distinguons pas un seul d'entre eux (dans la mesure) où nous nous en remettons à Lui (*muslimûna*). » Une formule identique se rencontre en C 2 : 136 et 285. Le Coran assimile ceux qui, tout en se prétendant croyants, choisissent et par là divisent, séparent (*alladhîna yufarriqûna*), aux impies et aux dénégateurs (*al-kâfirûn*) :

... ceux qui veulent dissocier Dieu de Ses envoyés en disant : Nous croyons en certains et pas en certains autres, et cherchent

ainsi à se ménager une voie de compromis.../ ceux-là sont en
réalité des dénégateurs... (C 4 : 150-151).

La règle coranique universelle qui stipule que l'homme, en
bénéficiaire reconnaissant du don de Dieu, n'a pas à choisir
n'exclut cependant pas que le projet de Dieu pour Sa création
comporte diversité et hiérarchie. Il n'appartient toutefois pas
à l'homme d'en décider. Dans la sourate 2 (v. 253), Dieu
déclare avoir placé certains envoyés au-dessus de certains
autres. A quelques-uns Il a parlé, alors qu'Il en a élevé d'autres en hiérarchie. Ce même verset poursuit en proposant
l'exemple de 'Isâ, comme pour illustrer sa position à part,
exceptionnelle dans l'économie divine : « Nous avons confié
les preuves à 'Isâ-fils-de-Maryam et Nous l'avons conforté de
l'Esprit de Sainteté[8]. »

Au verset 110 de la sourate 5, « La table servie », Dieu
déclare :

> « 'Isâ-fils-de-Maryam, rappelle-toi Mon bienfait sur ta mère
> et sur toi, quand Je te confortai de l'Esprit de Sainteté, te faisant
> parler dès le berceau comme à l'âge adulte ; quand Je t'enseignai
> l'Ecriture et la Sagesse, la Torah et l'Evangile et que tu créas
> d'argile une forme d'oiseau et quand, avec Ma permission, tu y
> soufflas de sorte qu'avec Ma permission cela devint un vrai
> oiseau (vivant)... »

Dans la ligne de nombreux commentateurs musulmans,
relevons le lien explicite entre l'Esprit de Sainteté (Esprit
venu de Dieu) et la première manifestation de Jésus par sa
prise de parole, encore tout enfant, ainsi que son pouvoir,
participé de celui du Créateur, d'insuffler la vie et de créer.
'Isâ se trouve ainsi être, en dehors de Dieu, l'unique dans le
Coran à être sujet (actif) du verbe créer (*khalaqa*). La seule
mais radicale différence réside dans la nécessaire permission prérequise de la part de Dieu, l'Unique Créateur. C'est
pourquoi nous parlions d'un pouvoir participé, car 'Isâ n'est

pas un dieu à côté de Dieu[9] ; mais de tous les hommes il est l'unique à se voir associé de la sorte au Créateur.

Dans l'esprit du Coran, il serait plus approprié de parler de « manifestations » plutôt que de « miracles », lorsque l'on traite des actions accomplies par 'Isâ. C'est son être même, sa nature exceptionnelle, qui se manifeste à travers son agir hors du commun. Le Coran évite d'ailleurs avec une grande attention de décrire ces manifestations comme répondant à quelques besoins circonstanciels extérieurs, comme c'est le plus souvent le cas dans les Evangiles. Les gestes miraculeux de 'Isâ y sont annoncés ou rappelés comme manifestation irrécusable de son identité mystérieuse et non comme action philanthropique. Dans ce cas encore, la dimension exemplaire du signe l'emporte sur le critère de l'efficacité.

Dans les Evangiles, les miracles de Jésus se trouvent décrits, plus ou moins systématiquement et arbitrairement, en fonction de l'optique dominante de chacun d'eux. Le choix des miracles retenus et la signification qui leur est attribuée ne sont pas identiques, par exemple, dans l'Evangile de Matthieu, qui cherche avant tout à faire sentir la tendresse de Dieu pour les hommes, et dans celui de Jean, qui les envisage surtout comme signes théophaniques. Ces accentuations respectives n'ont bien entendu rien d'exclusif, mais en ce cas encore, la présentation coranique très épurée du signe du Messie 'Isâ-fils-de-Maryam s'avère plus particulièrement proche du quatrième Evangile, celui de Jean.

Si, dans l'ensemble des Ecritures, 'Isâ n'est pas le seul ni le premier parmi les hommes à avoir échappé à la mort (on connaît les exemples bibliques d'Enoch – Idrîs dans le Coran – et d'Elie), il est par contre l'unique, selon le Coran, à qui Dieu, lorsqu'Il le rappelle auprès de Lui, déclare : « C'est moi qui vais... te purifier (du contact) de ceux qui dénient » (C 3 : 55). Si l'apparence de 'Isâ était comme l'apparence d'Adam (C 3 : 59), s'il se nourrissait comme se nourrit le commun des mortels (C 5 : 75), il était en revanche doté d'une pureté telle que la seule impureté dont, selon le Coran, Dieu ait eu à le blanchir était celle, tout extérieure, résultant de la promiscuité avec l'incroyance environnante. Le Coran adopte en l'occurrence une position antithétique de celle des Evangiles qui affirment que Jésus est venu pour prendre sur lui le péché des hommes afin de l'expier.

'Isâ-fils-de-Maryam est également l'unique dans le Coran à assumer en son être même, en tant que Messie, une dimension proprement eschatologique, le seul dont il soit dit : « Il est une science de l'Heure » (C 43 : 61). Or comme les Evangiles, le Coran ne cesse de répéter que nul ne connaît l'Heure, sinon Dieu seul. La précision est d'importance : il n'est pas dit ici que 'Isâ possède la science de l'Heure mais qu'il l'incarne, qu'il l'est (ordre ontologique, une fois encore). Par lui-même et en lui-même, il constitue un signe de la fin des temps et du Jugement.

Dans la même perspective, relevons qu'en aucun passage le Coran ne dit que la révélation soit « descendue » sur Jésus, comme il le dit des autres envoyés et notamment de Muhammad. Dans la mesure précisément où il est révélation, en son être même, le Coran ne fait nul écho à un message particulier que 'Isâ aurait apporté à travers l'Evangile. Considéré dans le cycle ou dans l'économie d'ensemble de la révélation plutôt qu'en son statut propre – clairement établi par ailleurs – il est dit à propos de 'Isâ : « ... Nous lui avons donné l'Evangile où se trouve direction et lumière pour confirmer ce qui était en cours de la Torah... » (C 5 : 46). Par rapport aux claires affirmations d'une révélation dans l'être même, ontologique, qui désignent 'Isâ comme fils de la Vierge, comme signe proposé, avec elle, aux univers et comme science de l'Heure, le fait que l'Evangile lui ait été confié paraît en retrait et relativement terne. C'est sans doute pour les mêmes raisons que le Coran ne relate aucun « sermon » de Jésus, aucun enseignement particulier hormis les quelques rares occasions où, prenant la parole, il explicite lui-même le signe qu'il constitue et ses manifestations. Sans forcer le texte, il est permis de penser que ce n'est pas l'Evangile comme message qui vaut à 'Isâ la place si exceptionnelle et unique qui est la sienne dans le Coran [10].

Le « Messie fils de Maryam »

La prophétie d'Isaïe (Is 7 : 14) que nous avons rappelée concernant la vierge qui donnerait naissance à un fils fut de tout temps entendue, dans la tradition multiple des Ecritures successives, comme un signe messianique (Michée reprendra la même image quelque trente ans après Isaïe, Mi 5 : 2). C'est dans cette même ligne que s'inscrit le Coran.

A onze reprises, 'Isâ est désigné dans le Coran comme le Messie. Le mot français, calqué sur l'hébreu *mâshîah*, est dérivé du verbe *mâshâh*, oindre, enduire, qui, dans la Bible, est d'un usage relativement tardif. Il y apparaît pour la première fois à propos de Saül, premier roi choisi par Dieu pour mener son peuple. C'est le prophète Samuel qui est chargé par Dieu de lui conférer l'onction, dans le secret d'abord, avant Son sacre officiel. L'onction constitue dans la Bible une forme de sacrement, ou signe extérieur efficace, du choix de Dieu qui met à part une personne en vue de diriger son peuple. A travers l'épreuve de l'Exil, la conscience d'Israël chargea le terme de significations inédites, puisque le peuple humilié n'avait plus alors de chef. Les figures du Messie-serviteur ainsi que du Serviteur souffrant se superposèrent à celle du Messie-roi, sans néanmoins se substituer à elle. Par ailleurs, la venue d'un Messie sauveur, à l'horizon de l'histoire, fut indéfiniment différée au point qu'Israël fut amené à projeter dans un au-delà du temps la réalisation des promesses divines [11]. Dans la mesure cependant où la nouvelle figure (du Messie) n'abolissait pas la précédente, nombre de croyants continuèrent d'espérer du Messie à venir un salut politique, en même temps que s'affirmait, de plus en plus, sa dimension eschatologique, par-delà l'histoire, en conclusion des temps.

Vu la charge temporelle du messianisme politique, malgré les épreuves – ou peut-être davantage encore à partir d'elles – Jésus, selon les Evangiles, marqua une grande réticence à l'égard de cette titulature, sinon à travers sa passion et sa résurrection l'intronisant dans une messianité ultime, eschatologique.

Par la bouche du prophète Nathan, Dieu avait dit à David (« Son oint ») : « J'affermirai pour toujours son trône royal. Je serai pour lui un père et il sera pour moi un fils » (2 S 7 : 13-14). Dès lors, le thème de l'onction inclut également une dimension adoptive de la part de Dieu, duquel il est dit qu'Il ne fait pas que choisir un chef pour Son peuple, mais veut également que cet élu Lui soit le plus proche en termes de filiation spirituelle. Une expression parallèle se retrouve dans le Coran (C 3 : 45), lorsque l'ange annonce à Maryam que ce Messie qu'elle enfantera sera « de ceux que Dieu s'est rendus proches (*muqarrabûn*) » [12].

Certains commentateurs musulmans choisirent de faire dériver le substantif *masîh*, messie, non pas du verbe arabe *masaha*, oindre, mais du verbe *sâha*, errer – ce qui est grammaticalement justifiable. Dans cette optique, le Messie se définirait comme l'errant par excellence, celui qui jamais ne s'arrête ni ne se fixe. Interprétant le titre messianique en ce sens, ces commentateurs ont alimenté une image islamique de 'Isâ comme l'éternel proscrit. Dans l'Evangile, Jésus lui-même ne déclare-t-il pas à qui veut le suivre : « Les renards ont des tanières et les oiseaux du ciel ont des nids, mais le Fils de l'homme, lui, n'a pas où poser la tête » (Mt 8 : 20 et Mc 9 : 58). Une fois de plus, nous rencontrons cette double approche, si présente dans l'ensemble des Ecritures du monothéisme abrahamique : alors que l'onction royale évoque l'installation sédentaire et l'institution stable, l'errance rattache la titulature messianique à une approche relevant davantage de ce que nous désignons du terme de « nomadité » (comme vision du monde et idéal, et non comme simple mode de vie).

En dehors de cette lecture originale du terme *masîh*, le verbe *sâha* apparaît trois fois dans le Coran, une fois avec le sens (actif) de voyager, parcourir librement la terre (en relation avec la trêve sacrée du pèlerinage islamique, en C 9 : 2) et deux autres fois pour désigner (une fois au masculin, en C 9 : 112, et une fois au féminin, en C 66 : 5) ceux et celles qui ont choisi d'être itinérants pour Dieu. Dans les deux cas cités, ce statut se trouve mentionné parmi les plus hautes réalisations du vrai croyant : « ceux qui se repentent, ceux qui adorent, s'en remettent à Dieu et chantent Sa louange, ceux qui ont choisi la non-installation (ou l'errance) (pour Dieu) (*as-sâ'ihûna*), ceux qui s'inclinent et se prosternent... » (C 9 : 112). L'errance dont il est ici question relève d'une consécration, regardant immédiatement Dieu et non quelque ministère, à l'instar de la chasteté et de la virginité. L'interprétation du terme de Messie (*masîh*) dans ce sens ne se substitue pas au symbolisme de l'onction, mais l'enrichit d'un autre éclairage en le relativisant. Ce Messie ne serait par conséquent pas attaché à une institution, ni lié à un territoire, ni même à un peuple. Le signe de son errance ou de sa non-installation revêt cette titulature d'une dimension universelle, théologale et eschatologique de référence immédiate à Dieu seul en Sa transcendance.

La non-mort de 'Isâ

La formule complète « le Messie 'Isâ-fils-de-Maryam » n'apparaît qu'en trois passages du texte coranique, mais en des contextes particulièrement significatifs.

En C 4 : 155-158, Dieu s'en prend aux juifs qui n'ont pas

cru en Ses signes, se sont montrés rebelles jusqu'à tuer les prophètes « à contre-vérité » (v. 155) ; qui ont proféré sur Maryam une calomnie abominable (*buhtân*), la traitant comme une prostituée (C 19 : 27-28) et qui ont assuré : « Nous avons tué 'Isâ le Messie fils de Maryam, l'Envoyé de Dieu ! Alors qu'ils ne l'ont pas tué, qu'ils ne l'ont pas crucifié, mais que l'illusion les en a possédés... ils n'ont pas là-dessus de certitude, ils ne font que suivre leur conjecture. Ils ne l'ont pas tué en certitude » (C 4 : 157).

La titulature de 'Isâ le Messie fils de Maryam se trouve ici enrichie par l'adjonction d'« envoyé de Dieu », terme qui situe 'Isâ clairement dans la catégorie des prophètes et non pas dans celle des rois et des prêtres. Mais ce verset surtout suggère que, pour le Coran, la prétention des juifs d'avoir tué le Messie serait une faute plus grave même que celle de l'avoir éventuellement fait. Le Coran associe en quelque sorte la non-reconnaissance par son peuple du signe de Maryam Vierge mère et la non-reconnaissance du signe et du mystère de son fils 'Isâ qu'ils ont prétendu avoir tué. N'oublions pas que le signe central de la révélation chrétienne, pour le Coran, est celui de 'Isâ avec sa mère, rappelés par Dieu sur la colline où ils forment ensemble un seul et même signe infrangible. Selon le Coran, les fils d'Israël ne sont pas déicides à un double titre : en effet, d'une part 'Isâ n'est pas Dieu et, d'autre part, ils ne l'ont pas réellement tué. En revanche, le reproche que le Coran leur adresse, c'est d'avoir récusé les signes de Dieu et prétendu avoir prise sur eux. Or, comme il est affirmé dans la sourate 12 « Joseph », c'est le dessein de Dieu qui, en toute circonstance, prévaut (C 12 : 21) [13].

Ce verset peut être éclairé par cet autre qui paraît s'adresser à la fois aux chrétiens et aux juifs : « Dénégateurs sont ceux qui assimilent le Messie fils de Maryam à Dieu. Dis : "Si Dieu voulait anéantir le Messie fils de Maryam et sa mère ainsi que tous les habitants de la terre jusqu'au dernier, qui pourrait tant soit peu l'en retenir. Dieu possède la souveraineté des cieux et de la terre et de leur entre-deux. Il crée ce qu'Il veut. Il est omnipotent" » (C 5 : 17). On relèvera, jusque dans cette hypothèse extrême, l'affirmation du lien infrangible qui unit le Messie et sa mère.

A plusieurs reprises nous avons attiré l'attention sur le fait que la « christologie » coranique n'est pas rédemptrice. En effet, le Coran ne fait pas que passer sous silence la passion et la mort de Jésus sur la croix, il en conteste fermement la réalité. Rappelons à ce propos que dès le IIe siècle, certains gnostiques mettaient en question (voire niaient) cette mort humiliante du Messie. Irénée de Lyon, dans son traité *Contra Haereses* (I, XXIV, 4), cite entre autres l'exemple de Basilide selon lequel c'est Simon de Cyrène qui aurait été crucifié à la place de Jésus[14]. Ce qui est surprenant dans le Coran, c'est que dans sa contestation il ne s'en prend guère aux chrétiens pour lesquels la mort-résurrection de Jésus constitue un mystère central fondateur, mais uniquement à la prétention des juifs d'avoir été les auteurs de sa mort.

La position du Coran à l'égard du Messie 'Isâ-fils-de-Maryam s'avère extrêmement subtile et complexe. Se gardant d'affirmer l'indicible en termes de définitions limitatives, il se borne à condamner des formulations erronées, éventuelles ou réelles, que récuserait d'ailleurs également, pour sa part, l'Eglise catholique[15].

Le Messie 'Isâ et le secret de Dieu

Pour le Coran, le Messie 'Isâ-fils-de-Maryam, ensemble avec sa mère, relève directement du mystère et du secret de Dieu. D'où la troisième occurrence de la titulature complète en C 4 : 171 :

> O Gens du Livre, ne vous portez pas à l'extrême dans votre religion. Ne dites sur Dieu que le Vrai : que le Messie 'Isâ-fils-

de-Maryam était l'Envoyé de Dieu, Sa Parole projetée en
Maryam et un Esprit venu de Lui. Croyez (donc) en Dieu et
aux Envoyés, (mais) ne dites pas « Trois ! » ; cessez de le dire :
mieux cela vaudra pour vous ! Dieu est une divinité unique. A
Sa transcendance ne plaise qu'Il eût un fils !

L'ardeur et la hauteur de l'argumentation suggère qu'il
s'agit là d'une formulation essentielle, décisive. Le Coran va
très loin dans l'affirmation positive et interpelle les Gens du
Livre : n'est-ce pas assez de reconnaître une telle identité au
Messie 'Isâ-fils-de-Maryam ? Prétendre en faire une divinité
à côté de Dieu, l'associer en une Trinité, c'est exagérer dans
l'exaltation (*la taghlû*, « ne soyez pas fanatiques ! » C 4 : 171).
Cette critique coranique se fait plus précise encore dans le
verset 116 de la sourate 5, où Dieu lui-même s'adresse à 'Isâ
et l'interroge : « 'Isâ-fils-de-Maryam, est-il vrai que tu aies
dit aux hommes : "Tenez-nous, ma mère et moi pour deux
dieux en place de Dieu ?" »
Reconnaître 'Isâ comme le Messie – ce que fait très clairement le Coran – veut dire qu'il s'inscrit dans la continuité
des révélations antérieures, en assume les attentes et les
accomplissements. Cela implique également que le fils de
Maryam n'est pas un envoyé comme les autres, puisque la
figure du Messie, quelle que fût son évolution dans les traditions antérieures, n'a jamais cessé de récapituler toutes les
attentes, historiques et eschatologiques. Autrement dit, le
Coran assume le caractère unique et récapitulatif de la figure
de 'Isâ, même s'il en envisage la fonction selon une économie
différente de celle de la Bible et des Evangiles. A ce titre
également, la lecture élargie de la titulature de Messie en une
forme de typologie transcendante de la non-fixation s'avère
de grande portée théologique.
A l'encontre de toute déviation ou formulation malheu-
reuse, le Coran professe l'absolue et stricte orthodoxie monothéiste, non susceptible de compromis, sans pour autant

renoncer à proclamer les prérogatives du Messie et de Maryam, sa mère [16]. Même des formulations telles que celle du verset 75 déjà cité de la sourate 5 peuvent êtres comprises à l'intérieur du paradoxe que représente la personne de 'Isâ dans le Coran :

> Il n'était, le Messie fils de Maryam, rien d'autre qu'un envoyé – des envoyés sont passés avant lui – et sa mère qu'un être de vérité (une avératrice ou une sainte, *siddîqa*), l'un et l'autre devaient se nourrir (C 5 : 75).

Le lecteur chrétien s'étonnera peut-être de cette insistance coranique à « réduire » la figure de 'Isâ à la norme commune (bien qu'il l'exalte comme signe exceptionnel) : c'était un envoyé comme les autres, un homme comme les autres. En effet, pour les chrétiens, bien qu'il fût un vrai homme, Jésus n'est néanmoins pas réductible à cette seule dimension, puisqu'il est simultanément reconnu, dans la foi, comme la deuxième personne de la Trinité.

Ce même Messie fils de Maryam est néanmoins déclaré par le Coran Verbe de Dieu jeté en Maryam, Esprit de Dieu, Serviteur de Dieu et Envoyé de Dieu, association d'attributs qui ne se rencontre qu'à son propos, exclusivement, et qui lui donne son statut éminent et unique.

Le signe de la table servie au désert

Des miracles-signes accomplis par 'Isâ, il en est un qui occupe une place à part dans la révélation coranique. Il est le seul à n'être mentionné ni par 'Isâ lors de l'annonciation dans son discours-programme qui fait suite à celui de l'ange (C 3 : 49), ni par Dieu lorsqu'Il rappelle à 'Isâ tous Ses bienfaits à son égard et à l'égard de sa mère.

Lorsque Dieu dit : « 'Isâ-fils-de-Maryam, rappelle-toi Mon bienfait envers ta mère et envers toi (*wâlida*), quand Je te confortai de l'Esprit de Sainteté, te faisant parler dès le berceau comme à l'âge adulte ; quand Je t'enseignai l'Ecriture et la Sagesse, la Torah et l'Evangile et que tu créas d'argile une forme d'oiseau et quand, avec Ma permission, tu y soufflas de sorte qu'avec Ma permission cela devint un vrai oiseau (vivant) ; quand, avec Ma permission, tu guéris l'aveugle et le lépreux ; et quand, avec Ma permission, tu ressuscitas les morts... (C 5 : 110).

Alors que tous ces miracles-signes sont présentés uniquement hors histoire, soit en annonce, soit en rappel, celui de la « table servie » est le seul à être relaté en son déroulement. Il est par ailleurs également le seul que 'Isâ accomplisse en réponse à une demande de ses disciples. Ce miracle relaté dans la sourate 5 « La table servie » (*al-Mâ'ida*) évoque allusivement, en évitant de cerner le mystère par l'explicitation, l'institution de l'eucharistie que ne mentionne, dans le Nouveau Testament, que l'Evangile de Jean. Dans l'Evangile déjà, mais également dans le Coran, ce miracle est mis en relation avec celui de la manne descendue sur les Hébreux au désert, auquel faisait référence, dans la sourate 3 (v. 37), la réponse de Maryam à Zacharie. Voici la relation coranique de ce miracle unique, non assimilé aux autres manifestations de 'Isâ :

v. 112 : Les disciples (*al hawâriyyûna*) dirent : « 'Isâ-fils-de-Maryam, ton Seigneur est-il capable de faire descendre du ciel sur nous une table servie ? » Il dit : « Craignez Dieu de crainte révérencielle, si vous êtes croyants ! »

v. 113 : « Nous voulons en manger, reprirent-ils, pour apaiser nos cœurs, pour être sûrs que tu nous as dit la vérité et pour que nous soyons à son sujet (de la table servie) parmi ceux qui témoignent. »

v. 114 : 'Isâ-fils-de-Maryam dit (alors) : « O Dieu, notre Sei-

gneur, fais descendre sur nous du ciel une table servie qui soit
pour nous une fête (annuelle) – pour le premier d'entre nous
comme pour le dernier – en tant que signe venu de Toi. Pour-
vois-nous, Toi qui es le meilleur des pourvoyeurs. »

v. 115 : Dieu dit : « Je vais Moi-même la faire descendre
sur vous, mais après cela, quiconque d'entre vous déniera, Je
le châtierai d'un châtiment sans précédent dans les univers »
(C 5 : 112-115).

C'est l'un des passages du Coran où le non-dit se trouve
le plus solennellement mis en exergue, entouré d'une constellation de références discrètes. L'image de la table miraculeuse,
offerte par Dieu en réponse à la demande des hommes, invite
au rapprochement avec le Psaume 78 qui propose une large
fresque mémoriale de l'histoire d'Israël où alternent bienveil-
lances divines et révoltes humaines. Le psaume évoque
notamment ces tireurs d'arc, fils d'Ephraïm (v. 9) qui ne
gardèrent pas l'alliance et se rebellèrent contre Dieu qui,
pourtant, avait fendu le rocher au désert pour les abreuver
(v. 15) : « Ils le bravèrent dans le lieu aride (*tsiyâh*) et le
mirent sciemment à l'épreuve en demandant à manger pour
eux-mêmes (ou pour leurs âmes ; c'est la même expression
en hébreu) (v. 18). Ils parlèrent contre Dieu et dirent : "Dieu
est-il capable de dresser une table au désert ?" [17] »

La Bible situe l'épisode explicitement au désert, ce que ne
fait pas le Coran, pour lequel le désert ne représente pas un
site d'exception, mais de normalité. Le Psaume 78 fait référence à Ex 16 : 3-4 où il est dit que toute la communauté
d'Israël se mit à murmurer dans le désert contre Moïse et
Aaron, évoquant avec regret le confort de l'Egypte, malgré la
servitude : « Yahvé dit à Moïse : Je vais vous faire pleuvoir
du pain du haut du ciel. Les gens sortiront et en recueilleront
au jour le jour leur ration quotidienne. Je veux ainsi les mettre à l'épreuve pour voir s'ils se conformeront ou non à Mes
ordres » (v. 4). Même si Maryam la mère de 'Isâ n'est pas
évoquée par le Coran à cette occasion, l'allusion à l'Exode

rappelle la fonction de la sœur de Moïse lors des situations de pénurie au désert.

Dans l'épisode biblique, le désert est le lieu de la contestation dans la mesure même où il est le lieu qui exige l'incontournable abandon à Celui qui seul pourvoit. Cet épisode constitue l'exemple typologique par excellence de l'exigence d'*islam* ou de remise active de soi à Dieu, en un sens transcendant, non confessionnel. Cette attitude d'abandon confiant implique en outre un devoir d'imprévoyance ou, plus précisément, de non-anticipation : c'est pourquoi chacun ne devait recueillir de la manne que pour son besoin journalier et celui qui voulait en faire provision la retrouvait immangeable, dégageant une odeur nauséabonde (Ex 16 : 20) [18].

C'est l'un des épisodes bibliques où se trouve le plus clairement enseigné le devoir d'abandon et d'imprévoyance. C'est pourquoi son exemple est repris, dans la Bible déjà, à travers les Psaumes et le Deutéronome. La sœur de Moïse, en ce cas, n'est pas mentionnée par la Bible, mais il convient de se souvenir, une fois encore, de la réponse de Maryam à Zacharie, dans le Temple : « D'où cela te vient-il ? – D'auprès de Dieu ! car Dieu pourvoit qui Il veut sans tenir compte » (C 3 : 37). La mère de Jésus n'est pas davantage mentionnée ni dans l'Evangile lors de la Cène et de l'instauration de l'Eucharistie ni dans le Coran à propos du miracle de la « table servie ».

A la différence de l'Evangile – et pour cause –, le Coran ne met pas ce repas miraculeux en relation symbolique avec le sacrifice de Jésus. Selon une cohérence avérée, le Coran renvoie cet accomplissement évangélique au désert de l'Exode.

Le mot « manne » vient du verbe hébreu *mânâh* qui signifie soit séparer, compter, soit destiner, accorder. Le substantif qui en est issu désigne la part, la portion, le lot (avec, semble-t-il, une prévalence du sens de mesure sur celui de don).

En arabe, le même verbe *manna* signifie uniquement être bienveillant, accorder une faveur et le substantif *mann* désigne, outre la manne, plus largement le don. Le récit biblique stigmatise la propension de certains à vouloir abuser, ne se contentant pas de ce qui leur échoit ; avidité qui voit la mesure d'abord comme limite et pousse à la transgresser. Le Coran, en revanche, insiste sur le fait que tout don vient de Dieu et que Dieu pourvoit chacun selon la mesure (*bi qadrin*) qui lui est proportionnée. Loin d'apparaître dans ce cas comme une limite, la mesure est envisagée comme une grâce de plus accordée par Celui qui seul sait ce qui convient à chacun.

Le miracle de la manne a été largement repris dans le Nouveau Testament comme préfiguration de la table eucharistique et du pain de vie. Le chapitre 6 de l'Evangile de Jean lui est consacré, à l'occasion du miracle de la multiplication des pains. Jésus reproche à ses auditeurs de ne l'avoir suivi que parce qu'il leur avait donné à manger à satiété, et non mus par la foi.

> Ils dirent : « Quel signe vas-tu nous faire voir pour que nous croyions ? Quelle œuvre accomplis-tu ? Nos pères ont mangé la manne au désert, selon le mot de l'Ecriture : "Il leur a donné à manger du pain venu du ciel" (Ps 78 : 24). » Jésus leur répondit : « En vérité je vous le dis, ce n'est pas Moïse qui vous a donné le pain du ciel ; c'est mon Père qui vous le donne, le pain du ciel, le vrai ; car le pain de Dieu c'est celui qui descend du ciel et qui donne la vie au monde » (Jn 6 : 30-33).

Jean insiste d'abord sur le fait qu'il ne s'agit pas d'un miracle de Moïse, mais d'un don qui relève de l'initiative immédiate de Dieu (le Coran, pour sa part, ne cesse de répéter également que c'est Dieu seul qui pourvoit). Or la marque caractéristique de ce pain donné pour la vie du monde, c'est qu'il est « descendu » (C 5 : 114). Selon Jean, Jésus déclare lui-même : « le pain de Dieu c'est celui qui descend du ciel »

(Jn 6 : 33). Alors que le psaume situe explicitement ce miracle au désert, mais évoque une table « dressée » (et donc érigée), le verset coranique, sans mentionner le désert, se contente de parler d'une table « descendue », en concordance avec la vision johannique. Remarquons encore qu'à la différence des Evangiles synoptiques, Jean ne relate pas l'institution de l'eucharistie comme événement, mais en développe largement la portée théologique. Là encore – bien que ce soit toujours de façon allusive – le Coran semble dans une plus grande proximité avec la tradition johannique.

A la différence de l'Evangile de Jean cependant, dans lequel, comme dans la Bible, ce sont les incrédules qui demandent un tel miracle, dans le Coran ce sont les disciples de Jésus qui en font la demande. Et ils en précisent la motivation (C 5 : 113) : d'abord, le désir d'être parmi les convives invités à cette table – dont il n'est rien dit d'autre, mais qui paraît renvoyer implicitement à l'eucharistie et à la communion[19] – ensuite le besoin de tranquilliser leur cœur (à la façon d'Abraham selon C 2 : 260, quand il demandait à Dieu un signe en caution de la résurrection des morts) ; et enfin en authentification du message de 'Isâ, afin qu'ils puissent ensuite témoigner de ce miracle, face au monde[20]. C'est le seul miracle de Jésus relaté par le Coran qui revêt explicitement une valeur testimoniale si déterminante.

On peut se demander, à ce propos, comment et en quoi la « table servie » descendue par Dieu constitue une authentification des paroles de 'Isâ. Là encore, et sur un point aussi capital, puisqu'il s'agit du témoignage, le Coran préfère le silence à toute explicitation. Mais si l'on prolonge le parallèle avec C 2 : 260, où Abraham demande à Dieu une preuve de la résurrection des morts, il pourrait s'agir directement de la vie, comme dans l'Evangile de Jean (Jn 6 : 33) : « Car le pain de Dieu c'est celui qui descend du ciel et qui donne la vie au monde. » Selon le Coran également, cette table descendue pourrait constituer un signe eschatologique.

Remarquons enfin la mise en garde divine[21] : si Dieu a accédé à la demande de 'Isâ et des disciples en faisant descendre cette « table servie » pour que les hommes y participent, désormais la responsabilité des croyants s'en trouvera accrue et ceux qui dénieront, après avoir été témoins de ce miracle-signe, se voient menacés d'un châtiment comparable à nul autre (C 5 : 115).

Le signe de la Cène ou de la « table servie » est le plus récapitulatif du monothéisme abrahamique, même si dans le Coran il n'assume pas la référence abrahamique et chrétienne au sacrifice du fils, de l'unique. Il exprime un lien direct avec la vie, la vie comme don venu d'en haut, ainsi qu'avec l'attitude d'*islam* dont Maryam – non nommée en ce cas – constitue, avec Abraham, le paradigme par excellence.

Ce signe de la « table servie », qui occupe, dans l'une des dernières sourates descendues, une place tout à fait surprenante, doit être entendu dans le cadre général de l'économie du Coran, c'est-à-dire sans dimension sacrificielle, ni rédemptrice ni participative (sinon du don de la vie). Le Coran traite de ce signe comme il traite du signe de 'Isâ et de sa mère, sans polémique oppositionnelle, dans le respect tacite du mystère qu'ils représentent.

Le réoriginement qu'il opère, dans ce cas tout particulièrement, passe par le désert où le sacrifice pascal, comme action de grâce rendue au Créateur, représentait l'un des premiers actes cultuels monothéistes[22].

5.

La figure de Yahya :
désert et avération

« Nous avions aménagé pour les fils d'Israël
un site de véracité et Nous les y pourvoyions
du meilleur » (C 10 : 93).

Le désert ne relève pas de la topographie ordinaire dans la
mesure où il n'appartient pas à l'*oikouménè*, la terre habitée,
humanisée. C'est à ce titre d'ailleurs qu'il est généralement
projeté par le sédentaire comme le cadre de l'altérité la plus
radicale (dont participe le nomade qui le hante).

Ce site typologique qui revêt une dimension métaphysique
peut être envisagé soit comme site théophanique par excellence, où Dieu se manifeste dans un cadre cosmique
inchangé, témoin persistant de la création première et anticipation eschatologique ; soit comme lieu initiatique où
l'homme se trouve confronté à lui-même dans le silence, la
solitude et le dépouillement.

Pour les nomades, dont c'est le milieu naturel de vie, le
désert ne constitue pas un signe d'étrangeté, mais représente
la situation concrète dans laquelle l'homme ne peut vivre et
survivre que grâce au don qui vient d'en haut, de la pluie et
de la vie. Cette conscience de contingence radicale se traduit,
au plan théologal, par la reconnaissance vécue de l'Unique
Créateur et Pourvoyeur.

C'est à ces divers titres cumulés que le désert se voit désigné, par le Coran, comme site de véracité (toujours à travers la même racine *SDQ* : *mubawwa'a sidqin*, selon C 10 : 93, cité en exergue). Si Dieu a conduit les enfants d'Israël au désert – à partir de l'Egypte où ils étaient esclaves – ce n'est, selon le Coran, ni pour les punir ni pour les éprouver, mais pour les mettre en site et situation d'avération. C'est pourquoi le même verset précise aussitôt que Dieu les y pourvoit du meilleur (sans médiation ni mérite).

Le désert se trouve ainsi intimement associé à tout réoriginement de la révélation divine ; toute nouvelle étape doit passer par ce point zéro du dépouillement absolu et de la remise totale de soi. Cette loi non écrite se vérifie éminemment à propos de la nouvelle révélation donnée à travers le signe du fils de Maryam et de sa mère. Le Coran, plus que les autres révélations, veille à ne pas distraire par quelque anecdote, même significative, du caractère absolu de ce signe essentiel.

L'expression « site de véracité », en dehors du verset cité en exergue, se rencontre également en C 54 : 55, à propos des bienheureux qui, au paradis, dans des jardins bruissants de sources, sont les hôtes du Souverain Tout-Puissant. Le parallèle ainsi suggéré entre paradis et désert porte, dans les deux cas, sur la situation de vérité qui découle de la proximité divine sans médiation.

Dans les Evangiles, la figure de Jean Baptiste se trouve associée avec insistance au désert, aux diverses étapes de sa vie et de sa mission, à la différence de Marie qui n'y est jamais mentionnée en relation à ce site emblématique. Il en va différemment du Coran où, dès l'annonciation, la sourate 19 nous montre Maryam en route vers le désert où aura lieu la naissance de 'Isâ. Sans parler du fait que la sourate 3 présente la future mère de 'Isâ comme sœur de Moïse. Yahya, au contraire, n'y est rattaché par nul événement, mais uniquement par les attributs (typologiques) qui caractérisent, dès son annonciation, sa figure spirituelle.

Dans le Coran comme dans les Evangiles, la figure de Yahya (Jean) est indissociable de celle de 'Isâ (Jésus) et de celle de Maryam (Marie). Il est d'ailleurs, dans le Coran, avec Maryam la seule personne de l'entourage proche de 'Isâ à être désignée par son nom. Aucun apôtre ni disciple de Jésus – ni Pierre ni Jean l'Evangéliste – n'y est nommément mentionné. Cette parcimonie rigoureuse dans l'usage des dénominations dans le Coran fonctionne par elle-même comme signe d'évidence : ces noms sont l'expression d'une prédestination exceptionnelle. Mais c'est à propos du nom de Yahya uniquement que le Coran, comme les Evangiles, insiste sur le signe de sa nouveauté à travers toute une mise en scène.

Dans la riche tradition chrétienne, tant d'Orient que d'Occident, Marie et Jean Baptiste sont fréquemment mis en parallèle comme archétypes du féminin et du masculin, ou encore comme symbole, en leur proximité et parenté[1], de l'Ancien et du Nouveau Testament. L'éclairage que le Coran projette sur ces figures est différent et tout entier focalisé par le désert.

Il est certes possible de lire la sourate 19 à la façon des récits évangéliques de l'enfance, à la seule différence que Maryam, au lieu de se diriger vers Bethlehem, est en marche vers une autre destination, en l'occurrence le désert. Le Coran induit néanmoins une lecture autre, qui transcende l'anecdote. Le lieu vers lequel se dirige Maryam, après qu'elle se fut séparée des siens, n'est pas un lieu qui s'inscrit dans la topographie des hommes. Elle se dirige vers un lieu typologique qualifié, une fois d'« oriental » (C 19 : 16) et, une autre fois, de « très éloigné » ou « coupé de tout » (C 19 : 22), dénominations qui font référence à une localisation spirituelle absolue.

Maryam et le désert

Réunissant en une seule figure la mère de 'Isâ et la fille de 'Imrân, avant même que Moïse n'entre en scène, le Coran procède à un retour aux origines dans la durée au même titre qu'il opère un réoriginement dans le lieu en situant la naissance de 'Isâ au désert. En choisissant le désert pour cadre de cet avènement, le Coran en inscrit le signe dans une temporalité autre que celle de l'histoire continue et des généalogies. A travers la métaphore de la terre assoiffée qui reprend soudain vie sous l'ondée, le désert constitue dans le Coran le paradigme de la vie redonnée après la mort, comme une résurrection. La référence exemplaire que propose le Coran à travers cette métaphore n'est pas celle d'un projet ou d'une promesse divine se réalisant dans le déroulement progressif et continu de l'histoire, mais celle d'alternances contrastées.

La fille de 'Imrân, consacrée par sa mère (alors que celle-ci ne savait pas que ce serait d'une fille qu'elle allait accoucher), confiée au Temple aux soins de Zacharie et qui se dirige vers le désert pour y mettre au monde ce Verbe jeté en elle par Dieu, relève d'une autre temporalité que celle de l'histoire et récapitule tous les temps dans la mesure même où elle ne se trouve pas conditionnée par eux et les transcende. La perspective du Coran n'envisage pas la venue de 'Isâ comme une incarnation, une entrée personnelle de Dieu dans le quotidien des hommes ; ni non plus, comme le font les Evangiles, comme accomplissement des promesses et annonces antérieures. Il présente cet avènement comme une manifestation inaugurale, absolue, qui invite l'homme à lire différemment les signes qui se dessinent sous une lumière nouvelle et s'inscrivent dans un contexte inédit, à commencer par la reconnaissance du signe de sa mère, la Vierge Maryam, en laquelle Dieu réinstaure (ou restaure) Sa création.

A travers la fille de 'Imrân, le désert de l'Exode se trouve dans le Coran assumé et transposé à un autre niveau de signification. Il n'est plus alors le lieu de l'épreuve et de la contestation comme dans le Pentateuque, mais le lieu de l'intimité avec Dieu et de la fidélité mis en valeur par la réflexion des prophètes. La Bible déjà témoigne de cette différence de point de vue entre histoire sainte et prophétie. Selon sa vocation propre, le Coran se situe résolument et exclusivement sur le versant prophétique de la révélation. Et cette dimension prophétique du désert est si essentielle à la figure coranique de Maryam que, même recluse dans le Temple, où elle réalise sa consécration, Dieu pourvoit immédiatement à son nécessaire, comme jadis avec les fils d'Israël au désert. A travers le service devenu inutile de Zacharie, c'est en quelque sorte le Temple qui se trouve relativisé[2].

Yahya et le désert

Jean/Yahya ne représente pas, ni dans les Evangiles et la tradition chrétienne ni dans le Coran, une personne parmi d'autres de l'entourage le plus proche de Jésus/'Isâ. Il s'y trouve d'ailleurs non pas au titre de disciple – que 'Isâ aurait rencontré sur sa route – mais à celui de précurseur et avérateur. L'annonce à Zacharie de sa naissance précède et, en quelque sorte, introduit l'annonciation faite à Maryam, et c'est là le signe de l'association de ces trois figures ('Isâ, Maryam et Yahya) dans le projet de Dieu. Les trois sont voulues ensemble par Dieu, selon une relation par Lui choisie de toute éternité. Signalons à ce propos que jusqu'au XVe siècle, Jean Baptiste était, avec Jésus et Marie, le seul personnage dont l'Eglise commémorât les trois anniversaires : celui de sa conception, celui de sa naissance et celui de sa mort[3]. Par cette exception rituelle l'Eglise signifiait leur association éternelle dans une même prédestination divine. Une telle considération des signes dans leur site d'éternité plutôt (ou avant) qu'historique est celle que pratique très habituellement le

Coran. Dans le même esprit, les Eglises orientales commémorent, aujourd'hui encore, en une seule fête, l'épiphanie (le 6 janvier), la naissance de Jésus[4], l'hommage des nations, son baptême par Jean Baptiste au Jourdain et sa transfiguration au mont Thabor.

Alors que Maryam fut de toute éternité prédestinée à être la mère de 'Isâ, né de l'intervention de Dieu, sans père, Yahya, lui, le fut à témoigner de la véracité du signe unique de la Vierge et de l'enfant.

Le Coran exprime de façon limpide et subtile la relation de ces figures dans le projet de Dieu en présentant Maryam comme celle qui conçut par un Esprit de Dieu et donna réalité en les avérant aux décrets de son Seigneur en même temps qu'aux Ecritures (C 66 : 12). C'est en un sens éminent qu'elle est dite avératrice (*siddîqa* : C 5 : 75), car son avération participe à la création par Dieu de 'Isâ ; c'est jusque-là que va le réalisme du signe ontologique dans le Coran (sans que, pour autant, il s'agisse d'une incarnation au sens de la théologie chrétienne). Or selon C 3 : 39, lors de l'annonce à Zacharie, la première chose que disent les anges à propos de Yahya, c'est qu'il sera – certes à un autre titre – avérateur (*musaddiq*) d'un Verbe (celui-là même qui est jeté en le sein virginal de Maryam). L'avération mariale, en sa sereine obéissance (le *fiat* de l'Evangile de Luc), constitue l'instrument de cette réalisation extraordinaire. L'avération de Yahya sera comme le sceau de cette manifestation, de cette naissance au désert (alors qu'en sens inverse la famille de Maryam refusera le signe de la Vierge mère).

'Isâ est l'unique personnage, dans le Coran, dont l'entrée en scène soit si attentivement aménagée, préparée d'aussi loin et si largement déployée : du vœu de la femme de 'Imrân et la naissance de Maryam, en passant par l'annonce à Zacharie et la naissance de Yahya, à l'annonciation faite à Maryam puis à la naissance de 'Isâ dans la solitude aride du désert. Cette suite d'annonces et de naissances extraordinaires est tout entière focalisée par la manifestation de 'Isâ. Il s'agit là d'une forme de convergence et d'accomplissement unique dans le Coran, qui projette une lumière dont il importe de tenir compte dans l'évaluation de la place et de la fonction qu'y occupe « le Messie 'Isâ-fils-de-Maryam » [5].

Chacun des quatre Evangiles développe plus ou moins amplement, selon sa propre perspective, ces introductions à la nativité de Jésus. Celui de Jean remonte au mystère du Verbe éternel de Dieu par lequel tout fut créé et qui était la lumière des hommes. Et sitôt après ce portique d'éternité ouvrant sur la création, il mentionne Jean Baptiste, envoyé par Dieu pour rendre témoignage à la lumière du Verbe venu dans ce monde de ténèbres (Jn 1 : 1-6 [6]). C'est sans doute le texte évangélique qui met le plus explicitement la mission du Précurseur en lien direct avec le plan de Dieu touchant la création. Le point de vue qu'illustre l'Evangile de Jean est théologiquement le plus élaboré, le plus théorique (au sens étymologique de science de la contemplation) ou théophanique (de la manifestation divine). Le premier témoignage rendu à Jésus que relate l'Evangile de Jean est donc celui de Jean Baptiste et non celui des bergers ou des mages d'Orient (comme en Lc 2 : 8-20 et Mt 2 : 1-12) : « Jean (Baptiste) lui rend témoignage en proclamant : "Voici celui dont j'ai dit : Celui qui vient après moi est passé devant moi, parce qu'avant moi il était" » (Jn 1 : 15). Une fois encore la proximité du texte coranique avec le quatrième Evangile est indéniable, indice d'une réelle parenté de vision.

Le nom de Jean Baptiste se retrouve quatre-vingt-quatorze fois mentionné dans l'ensemble du Nouveau Testament, alors qu'il n'apparaît que cinq fois dans le Coran. Dans les Evangiles son nom est même beaucoup plus fréquemment cité que celui de Marie, la mère de Jésus. L'importance des situations et fonctions respectives, dans les Evangiles et dans le Coran, n'est donc pas proportionnelle au nombre de mentions, et cette disparité est surtout l'indice d'une diversité de perspectives.

151

A la différence des Evangiles, le Coran ne dit rien du déroulement de la vie de Yahya, même pas qu'il aurait rencontré celui dont sa mission était pourtant de témoigner. Tout ce qui est dit à son sujet figure exclusivement dans les paroles de l'ange qui annonce à Zacharie que sa prière a été exaucée (C 3 : 39 ; 19 : 7, 13 ; 21 : 90).

Yahya n'y est l'auteur d'aucune action : ni retraite au désert, ni ascèse exemplaire, ni baptême, ni prédication comme le relatent les Evangiles. Tout ce qui est dit de lui l'est sous la forme d'attributs quasi ontologiques. A la différence encore de l'Evangile il n'assume pas non plus, dans le Coran, de mission critique et purificatrice à l'égard des déviances de ses contemporains. La mission qui lui est assignée, de toute éternité (C 3 : 39), est entièrement et exclusivement ordonnée à l'attestation du mystère de 'Isâ. Le Coran désigne cette fonction testimoniale et introductive de Yahya d'un seul terme : *musaddiq*, avérateur (C 3 : 39). Même sa naissance (il n'est pas question de circoncision) n'y est assortie d'aucune déclaration prémonitoire à la façon du *Benedictus* entonné par Zacharie son père selon Lc 1 : 68-79. A une exception près (C 19 : 12), où Dieu l'interpelle à l'impératif, Yahya n'y est mentionné qu'à la troisième personne, objet du discours de l'ange annonçant sa naissance ou objet du rappel divin (C 19 : 13-15 ; 6 : 85 ; 21 : 90) – jamais il n'y figure en tant que sujet d'un verbe actif. L'épure coranique de la figure de Yahya, qui ne participe d'aucune narration événementielle, met d'autant plus en valeur la force des attributs qui le campent en archétype de figure spirituelle exemplaire. Le fait que l'annonce angélique de sa conception précède, dans le Coran, celle faite à Maryam et soit orientée vers la venue du même Verbe, 'Isâ, scelle leur relation essentielle dans le projet divin.

La nouveauté du nom donné au fils de Zacharie

Comme l'Evangile, le Coran met en relief la radicale nouveauté du nom que Dieu impose au fils de Zacharie. Dans la sourate 19, toujours avec la même économie de langage excluant toute anecdote – même significative –, les anges déclarent à Zacharie de la part de Dieu :

> Zacharie, voilà que Nous t'apportons la bonne nouvelle d'un garçon du nom de Yahya : Nous ne lui avons pas donné d'homonyme par le passé (C 19 : 7).

La sourate 3, selon laquelle le même nom est imposé par Dieu à l'enfant à naître, n'en souligne cependant pas la nouveauté radicale. A la différence de la sourate 19, elle explicite par contre aussitôt la mission d'avérateur qui résume la vocation de Yahya, avant que d'en décliner, à l'avance, les principaux attributs (sur lesquels nous allons revenir).

L'insistance des deux Ecritures, Evangile et Coran, sur la nouveauté du nom peut d'autant plus surprendre qu'il ne s'agit pas, de part et d'autre, du même nom : Yohanan (Jean) dans les Evangiles et Yahya dans le Coran. Cette différence est elle-même l'indice d'une orientation différente des deux révélations dans lesquelles s'inscrit ce signe. Mais l'insistance commune sur sa nouveauté laisse entendre en même temps que ce trait commun est, de part et d'autre, plus essentiel au message que le nom par lui-même. La nouveauté ainsi mise en exergue marque l'immédiateté de l'intervention divine en rupture avec les traditions humaines[7].

Il convient de rappeler que le nom coranique de Yahya, que Dieu signale n'avoir imposé à personne antérieurement (C 19 : 7), exprime la vivification par Dieu[8] et rappelle le miracle de la vie surgissant d'une terre morte. La sourate 30 évoque ces gens « muets de détresse » (comme Zacharie) dans l'attente de l'averse vivificatrice et poursuit (v. 50) : « Considère les traces (*'athâr*) de la miséricorde de Dieu, comme Il fait revivre (*yuhyî*, de la même racine que *Yahya*) la terre après sa mort. Celui-là fait assurément revivre les morts (*al-muhyî*, toujours de la même racine *HYY*). Sur toute chose il est Omnipotent[9]. » Et on peut lire en C 2 : 28 : « Comment pourriez-vous ne pas croire à Dieu, alors que vous étiez mort et qu'Il vous a fait vivre (*'ahyâkum*). Il vous fera ensuite mourir et puis encore vous ressuscitera (*yuhyîkum*). Enfin à Lui vous serez ramenés. » Et encore : « Vous qui croyez, répondez positivement à Dieu et à Son Envoyé, quand il vous appelle à ce qui vous donne la Vie (*yuhyîkum*)... » (C 8 : 24).

Quant au nom hébraïque *Yo-hanân*, « Yahvé plein de tendresse », repris par l'Evangile, il fait écho à la révélation de Yahvé à Moïse lors de la conclusion de l'alliance. Moïse avait demandé à Dieu – avec une témérité familière – de voir sa gloire (Ex 33 : 18), à quoi Yahvé avait répondu : « Je ferai passer devant toi toute ma splendeur et Je prononcerai devant toi le nom de Yahvé. J'ai compassion de qui Je veux et J'ai pitié de qui bon me semble » (Ex 33 : 19). Yahvé passa alors devant lui en criant : « Yahvé, Yahvé, Dieu de tendresse (*rahûm*) et de pitié (*hannûn*[10]), lent à la colère, riche en grâce et en fidélité » (Ex 34 : 6). Au moment où, selon la Bible, Dieu propose à son peuple la médiation de la Loi, Yahvé se manifeste à Moïse selon une intimité nouvelle en laquelle s'associent gloire et tendresse.

En ouverture de ce que les chrétiens appellent le Nouveau Testament, l'imposition du nom de Jean marque l'entrée dans une nouvelle ère, à travers cependant le rappel des étapes antérieures, abrahamique et mosaïque. Mais alors que dans l'Evangile le nom de Jean évoque la tendresse, le discours qui lui est prêté est paradoxalement empreint de violence et son ascèse se montre rude.

La racine sémitique *HNN* sur laquelle est formé le nom biblique de Jean (Yohanan) apparaît également dans le Coran à propos de Yahya, dans la sourate 19, où il est dit de lui :

« Nous l'avons doté de l'illumination tout enfant/ainsi que d'une tendresse (*hanânan*) émanée de Nous et que d'une (totale) pureté ; il craignait Dieu de crainte révérencielle. » Et le verset suivant complète ce portrait de psychologie spirituelle : « Il était respectueux envers ses parents et ne fut jamais ni violent ni rebelle » (C 19 : 12-14). Relevons la façon significative dont le Coran adoucit cette figure du désert par rapport à celle que dessinent les Evangiles qui semblent porter l'empreinte du préjugé sédentaire traditionnel et universel sur le désert et ses habitants. Pour la culture arabe – qu'en un sens transcendant et sélectif vient assumer le Coran – le désert n'est pas lesté des mêmes préjugés et semble plus proche des images d'intimité avec Dieu qu'avaient déjà exaltée les prophètes bibliques.

Ephrem le Syrien, Père de l'Eglise du IVe siècle, écrivant en langue syriaque (très proche de l'arabe), déclarait : « Jean s'en alla au désert non pour y devenir sauvage, mais pour adoucir dans le désert la sauvagerie de la terre habitée [11]. » Cette déclaration non seulement fait comprendre l'attrait que pouvait exercer le désert sur de nombreux chrétiens, notamment à l'époque constantinienne alors que l'Eglise « s'institutionnalisait » (en un sens mondain, à travers sa reconnaissance par le pouvoir politique), mais témoigne en même temps de l'actualité vivante du modèle johannique au IVe siècle.

Le nom de Yahya, qui exprime la vie et la vivification, retentit dans le Coran comme une affirmation exultante après la sobre prière de Zacharie qui s'appesantissait sur les méfaits de l'âge, sa décrépitude et la stérilité de son épouse, avec la mort pour unique horizon. Une intéressante tradition transmise par Qurtubî (mort en 1273) rapporte que le nom de Yahya aurait été primitivement *Hayy*, « Le Vivant » (qui en islam est un nom divin). La femme d'Abraham, selon cet auteur, se serait appelée *Yasara*, ce qui (toujours selon Qurtubî) signifierait en arabe « Elle n'enfantera pas » [12]. Or l'ange

155

Gabriel, au moment de lui annoncer la bonne nouvelle de la naissance d'Isaac, l'appela Sara. Elle questionna alors Abraham : « Pourquoi manque-t-il une lettre à mon nom ? » Son mari lui aurait conseillé d'interroger directement l'ange Gabriel qui lui répondit : « Cette lettre (le *y* initial) sera ajoutée au nom d'un de tes fils qui sera parmi les plus grands prophètes : son nom est Hayy, mais il sera appelé Yahya[13]. » Cette histoire s'inscrit parfaitement dans la tradition intertextuelle de réinterprétation des noms bibliques par le Coran (comme notamment celui d'Isaac[14]). Elle se trouve avoir un parallèle dans la littérature rabbinique, à propos de Nb 13 : 16 : « ... et Moïse appela Hoshéa bin Noun Yehoshoua. » Ainsi que l'exprime le *Midrash Rabba* : « La lettre *youd*, qui avait été retirée du nom de Sarah, flottait devant le Trône divin pendant toutes ces années, arguant auprès de Dieu : "Est-ce parce que je suis la plus petite des lettres qu'on m'a retirée du nom de Sarah la juste ?" Ce, jusqu'à ce qu'elle soit ajoutée au nom de Josué. »

D'autre part, elle exprime de façon inattendue la contemporanéité des figures bibliques et coraniques (puisque c'est par l'altération du nom de la femme d'Abraham que s'explique celui du Baptiste) et il est tentant de penser à la parole de Jésus : « Votre père Abraham a exulté à la pensée de voir mon jour. Il l'a vu et il s'est réjoui » (Jn 8 : 56).

Désert, prophétie et avération

L'Evangile de Luc qui relate le plus largement l'annonce de Jean à Zacharie alors que celui-ci officiait dans le Temple et qui précise même que la femme de Zacharie, Elisabeth, était issue de la tribu sacerdotale d'Aaron (Lc 1 : 5) conclut la longue introduction à la mission de Jean par ces termes (Lc 1 : 80) : « L'enfant grandissait et son esprit se développait, et il demeura dans la solitude (*erêmos*, désert) jusqu'au jour où il se manifesta à Israël. » Au chapitre 3, le même Evangile fait retour à Jean, après les récits de l'enfance de Jésus (v. 2) : « Sous le pontificat d'Anne et de Caïphe, la parole de Dieu fut adressée à Jean dans le désert... » De même Marc et Matthieu situent le début de la prédication de Jean au désert (Mt 3 : 1 ; Mc 1 : 4).

Relevons, ici encore, cette forme de symétrie dialectique entre Temple et désert. Que le fils du prêtre Zacharie passe son enfance jusqu'à sa maturité au désert et non au Temple, à s'instruire parmi les docteurs, a de quoi surprendre, même s'il est évident qu'il s'agit là d'une figure métaphorique. Cette nouvelle rencontre symbolique du Temple et du désert constitue une face essentielle du signe conjoint du fils de Maryam et de sa mère, plus explicite encore dans le Coran du fait de la double figure de Maryam ainsi que du fait des deux versions de l'annonciation (au Temple et sur le chemin du désert). On peut y voir le signe d'un réoriginement ou d'une réalisation messianique, à partir du désert, lieu inaugural et eschatologique d'où jaillit la parole prophétique.

Les quatre évangélistes associent la figure de Jean Baptiste au désert et à la pénitence. Il est envoyé à Israël – comme le proclame le *Benedictus* – pour le ramener à Dieu, pour lui faire prendre conscience de son péché et l'inciter au repentir et à la conversion. S'il y a polyvalence de la figure du désert en ce cas, remarquons que l'aspect d'épreuve et d'ascèse s'y trouve davantage souligné que celui d'intimité avec Dieu que chantait Osée (2 : 16) comme accomplissement du retour à Dieu.

Comme pour corroborer, dans les Evangiles, par la description cette affectation de la figure de Jean au désert, Marc et Matthieu poursuivent : « Jean était vêtu d'une peau de chameau ; il se nourrissait de sauterelles et de miel sauvage » (Mt 3 : 4, Mc : 1 : 6, à rapprocher de la description d'Elie en 2 R 1 : 8). Cet accoutrement était celui, traditionnel, des prophètes [15]. Le discours que profère Jean le Précurseur est certes capital, mais les Evangiles insistent d'abord avec force sur le lieu dont il émane, comme le fait le Coran à propos de la naissance de 'Isâ (C 19 : 24). Les quatre évangélistes unanimement citent d'ailleurs à son propos la phrase d'Isaïe : « Voix de celui qui clame dans le désert : préparez la voie du Seigneur, tracez droit dans la steppe un chemin pour notre Dieu... » (Is 40 : 3).

Ce qu'illustre la démarche de Maryam jusqu'à la naissance de 'Isâ au désert se trouve explicité dans l'Evangile à propos de Jean Baptiste qui déclare, à propos de Jésus : « il faut qu'il croisse, et que moi je diminue » (Jn 3 : 30).

Avérateur d'un Verbe venu de Dieu

A propos du lien – non explicitement développé dans le Coran mais suggéré par de multiples allusions – de Yahya au désert, il convient de se souvenir des circonstances de son entrée en scène : la stérilité de sa mère, mais également la prière de Zacharie dont les termes sont si proches de celle d'Abraham. Yahya est accordé par Dieu à Zacharie comme Ismaël le fut à Abraham.

Il est dit à Zacharie : « Dieu te fait porter la bonne nouvelle de Yahya qui sera avérateur d'un Verbe venu de Dieu (*musaddiqan bi kalimatin min Allah*)... » (C 3 : 39). L'attribut *musaddiq*, avérateur, déjà évoqué, mérite une attention particulière[16], car il paraît être spécifiquement coranique. Il se rencontre à dix-huit reprises dans le Coran, le plus souvent à propos des Ecritures et des principaux envoyés.

Selon le Coran, la première mission de chaque nouvel envoyé consiste à authentifier les messages précédents qui ont encore cours ; c'est pourquoi la révélation coranique se présente essentiellement comme Rappel (*dhikr* ; *tadhkira*). A ce titre commun, 'Isâ lui-même est défini comme *musaddiq* : « Nous envoyâmes sur la trace (de ses prédécesseurs) 'Isâ-fils-de-Maryam, en tant qu'avérateur de ce qui était avant lui de la Torah, et Nous lui conférâmes l'Evangile où il y a guidance et lumière, en tant qu'avérateur (*musaddiqan*) de ce qui était avant lui... » (C 5 : 46 ; voir aussi à propos de 'Isâ C 3 : 50 et 61 : 6). L'importance, dans le cadre de l'économie coranique de la révélation, du thème de la confirmation des révélations antérieures s'explique par le fait que toute révélation est certes « descendue » par Dieu, mais s'inscrit néanmoins nécessairement dans les continuités de l'histoire. Cette vision subtile conjugue l'origine transtemporelle de la révélation octroyée par Dieu et son inscription, aménagée également par Dieu, dans les contingences de l'histoire. L'histoire n'est pas niée, sinon en sa suffisance explicative, mais reconnue en tant que prise en compte et instrumentalisée par le projet divin. Ainsi envisagée, la question d'emprunt et de dépendance d'une révélation par rapport à celles qui l'ont précédées ne se pose pas, toute reprise étant comprise comme *ta'wîl*, confirmation et réactualisation à partir de la référence originaire commune : le Prototype céleste (*umm al-kitâb*).

Cette avération-confirmation prend cependant, dans le cas de l'annonce de Yahya (C 3 : 39), une signification absolument inédite, puisqu'il ne s'agit pas, en l'occurrence, de reconnaître le bien-fondé de croyances et traditions antérieures, mais d'attester d'un Verbe à venir de Dieu, le Messie 'Isâ, Verbe qui sera insufflé dans le sein de la Vierge Maryam lors de l'annonciation. Les anges annoncent en effet à Zacharie la bonne nouvelle de Yahya dont la mission sera d'attester « d'un Verbe venu de Dieu... » C'est là une déclaration particulièrement forte, explicite et concrète, qui tranche sur la préférence habituelle du Coran pour l'implicite et l'allusif. L'« exception 'Isâ » se trouve ainsi affirmée en même temps que le caractère unique de la mission de Yahya, et leurs destins se trouvent de la sorte étroitement liés, dans une perspective comparable à celle du prologue de l'Evangile de Jean.

Si Yahya est désigné dès avant sa naissance et, en premier

lieu, comme *musaddiq*, en tant qu'avérateur, Maryam, quant à elle, se voit qualifiée de *siddîqa* (de la même racine *SDQ*) : être de vérité ou sainte (en C 5 : 75). C'est d'ailleurs l'unique endroit du Coran où ce qualificatif est employé au féminin. En dehors de cet usage à propos de Maryam, il n'apparaît que trois fois au masculin, une fois pour qualifier Abraham (C 19 : 41), une autre fois à propos d'Idrîs (C 19 : 56, personnage énigmatique identifié au Enoch biblique qui, comme plus tard Elie, fut enlevé par Dieu au ciel), et une fois à propos de Joseph, le fils de Jacob (C 12 : 46), figure exemplaire par sa pureté et son charisme divinatoire. En chacune de ses occurrences coraniques, *siddîq*, qui traduit l'avération et la véracité, se trouve associé à *nabiyy*, prophète (de même, au pluriel, en C 4 : 69). Même si une telle association (véracité, avération et prophétie) n'est pas explicite à propos de Maryam, en C 5 : 75, elle y est sous-entendue dans la mesure où la mention de l'un des termes paraît appeler l'autre. Quant à Ismaël, qui représente par excellence la lignée du désert et avec lequel Yahya se trouve mis en parallèle à travers la prière de leur père respectif, il est dit *sâdiq*, sincère (toujours à partir de la même racine *SDQ*). Cette typification de Yahya le situe ainsi, avec Maryam, dans une constellation d'archétypes essentiels au témoignage du monothéisme abrahamique.

Yahya décrit par ses seuls attributs

Même si nous avons pu relever plusieurs points de convergence, le contraste est néanmoins sensible entre le traitement de la figure du Précurseur dans les Evangiles et dans le Coran. En effet, il est à première vue surprenant que Yahya, dont la vocation coranique est, comme dans les Evangiles, d'attester d'un Verbe venu de Dieu, ne prononce aucune parole, ne soit à l'origine d'aucune action, même symbolique, et ne rencontre même pas 'Isâ-fils-de-Maryam, objet de son attestation.

On ne relève dans le Coran que deux descriptions de Yahya, situées toutes deux hors de leur réalisation temporelle, puisqu'il s'agit soit du discours annonciateur de l'ange à Zacharie, décrivant au futur père son fils à venir :

> Dieu te fait porter la bonne nouvelle de Yahya qui sera avérateur (*musaddiq*) d'un Verbe venu de Dieu ; qui sera un noble du désert (*sayyed*), en tant que chaste (*hasûr*) et prophète (*nabiyy*) d'entre les justifiés (C 3 : 39)

soit du discours de Dieu, au passé et non plus au futur, en C 19 : 12-14 :

> Nous l'avons doté de l'illumination tout enfant/ ainsi que d'une tendresse émanée de Nous et que d'une (totale) pureté ; il craignait Dieu de crainte révérencielle ;/ il était respectueux envers ses parents et ne fut jamais ni violent ni rebelle... [17].

Certes, la sourate 19 a un accent plus existentiel et moins exclusivement typologique, mais pas davantage que la sourate 3 elle ne montre Yahya dans la réalisation concrète de sa mission d'avérateur. Dans la sobriété de son idéalité typologique, l'annonce de la sourate 3 s'avère plus riche de notations rigoureuses pour camper la figure de Yahya et sa vocation.

L'extrême concision du Coran oblige, faute de récits, à situer chaque mention de Yahya dans son contexte et à analyser chacun des attributs pour tenter de comprendre à quoi exactement il fait référence, à quel autre signe du texte il renvoie. De ce point de vue, la lecture du Coran peut apparaître, non sans raison, plus aride et ardue que celle des deux révélations antérieures. La figure de Yahya en constitue l'un des meilleurs exemples : nous avons pu constater la générosité narrative des Evangiles dont le Coran semble prendre délibérément le contre-pied. Alors que dans le Nouveau Testament ces nombreux récits, très concrets jusque dans le merveilleux, semblent préparer l'entrée du Verbe dans l'histoire, comme pour en illustrer l'insertion, le Coran, pour sa part, s'en tient à la mention des seuls attributs (qui n'ont rien d'anecdotique) et à une simple description de la famille de Zacharie, idéale et moralement exemplaire.

Un noble du désert

Sitôt donc après avoir défini Yahya comme avérateur (*musaddiq*), l'ange poursuit : « ce sera un noble du désert », *sayyed*, terme intraduisible en français et qui évoque, outre le caractère de chef, l'aristocratie du désert, définie à partir des vertus cardinales du nomade. Le *sayyed*[18] est celui dont la maîtrise s'exerce d'abord sur soi-même, d'où son ascendant sur les autres. Yahya est l'unique personnage coranique désigné comme *sayyed*. Le terme apparaît une seule autre fois, au pluriel, mais il s'agit alors des mauvais chefs, « les grands » comme précise le Coran, qui ont égaré les hommes : des puissants donc et non des nobles (C 33 : 67).

Dans la société arabe préislamique, le titre de *sayyed* était attribué au chef charismatique reconnu pour la faculté de s'imposer autant par la maîtrise du silence que par celle de la parole, de même que par son courage viril (*muruwwa*), sa patience (*sabr*) et sa longanimité (*hilm*) empreinte de clémence. L'adjectif *halîm* (de *hilm*), longanime, apparaît quinze fois dans le Coran, dont onze fois comme attribut divin. En dehors de cet usage théologal, il s'applique une fois à un prophète non scripturaire du désert, Shu'ayb, envoyé – selon le Coran – par Dieu aux Madianites (C 11 : 87) et les trois autres fois à Abraham et sa descendance. Plusieurs commentateurs musulmans ont explicité la titulature de *sayyed* conférée à Yahya par sa qualité de *halîm*[19].

Ce nouveau rapprochement avec Abraham est très significatif dans la mesure où, à travers ce qualificatif, le Coran met en relief les « vertus du désert » chez Abraham et sa descendance, évocation qui rencontrait un écho particulier auprès de ceux auxquels d'abord s'adressait Muhammad. En C 9 : 114 de même qu'en C 11 : 75, il est seulement dit, pour le caractériser, qu'Abraham était humble (*'awâh*) et longanime (*halîm*). Mais en C 37 : 100-101, à la supplique d'Abraham (que nous avons mise en parallèle avec celle de Zacharie, C 3 : 38 et 19 : 6) demandant à Dieu une progéniture octroyée par Lui et agréée de Lui, Dieu répond : « Nous lui fîmes donc l'annonce d'un fils longanime (*halîm*). » Il s'agit alors très vraisemblablement d'Ismaël même s'il n'est pas nommément désigné.

Un chaste

Le troisième attribut donné par l'ange au fils à venir de Zacharie est *hasûr*, terme qui a trait à la chasteté, à la domination de soi et de ses désirs ou impulsions (C 3 : 39). Jusque-là, dans les Ecritures (Bible et Evangile), le désert se voyait associé à la stérilité comme une fatalité à laquelle seul le Créateur avait pouvoir de remédier. Avec Maryam, Yahya et 'Isâ, il se trouve dès lors, dans le Coran, associé à la chasteté et au renoncement volontaire en consécration pour Dieu. Avec Maryam, Dieu ne choisit pas la situation d'infertilité pour manifester sa toute-puissance vivifiante, mais la virginité consacrée. Les exemples que nous avons cités des Ecritures antérieures, jusqu'à Zacharie inclusivement, illustrent la demande de ceux pour lesquels le fait de ne pouvoir avoir de descendance apparaît comme une frustration si ce n'est comme une malédiction. A partir du Nouveau Testament, tel que le présente clairement le Coran à travers le paradigme de Maryam, c'est la virginité volontaire, choisie en forme de consécration, qui, de façon non seulement inespérée mais même non envisagée, devient féconde. Les signes de 'Isâ, chaste et vierge lui-même, fruit d'une conception virginale miraculeuse, et de Yahya, lui-même caractérisé par la chasteté, entourent la réalisation du signe prophétique de la Vierge mère.

Le Coran n'exprime cependant pas par les mêmes termes la chasteté de Yahya et celle de Maryam. L'adjectif *hasûr*, usité à propos de Yahya, dérive d'une racine *HSR* qui évoque la constriction (c'est d'ailleurs là l'unique usage de cet adjectif dans le Coran), qualification en accord avec l'idéal de domination de soi qui prévaut dans la culture du désert. S'agissant de Maryam, le Coran préfère parler par circonlocution de « celle qui fit de sa chasteté une vertu de force », *ahsanat farjaha* (C 21 : 91 et 66 : 12). Le verbe *hasuna* signifie être fort, chaste et vertueux. Dans les autres passages où le Coran loue cette vertu chez les croyants et les croyantes, il use d'un autre verbe encore, non pas *ahsana* mais *hafiza*, préserver, et parle de « ceux et celles qui préservent leur sexe » (C 24 : 30-31 et 33 : 35). Alors que la première expression (*allatî ahsanat farjaha*) dit la chasteté ou la virginité féminine en termes de vertu guerrière – même si c'est en situation défensive (*hisn* désigne les armes défensives et la chasteté d'une femme) –, la seconde, avec le verbe *hafiza*, évoque plutôt le repli sur un secret ou un mystère. Relevons à ce propos combien la figure de Maryam, telle qu'elle se dessine dans le Coran, est surtout, jusque dans son effacement, une figure de force et d'initiative affirmée.

Les chrétiens arabes désignent la vierge Marie du nom de *batûl*[20], terme qui n'est pas usité par le Coran à son propos, mais dont la racine apparaît, sous forme verbale, en C 73 : 8, pour exprimer la consécration absolue du Prophète à Dieu. Il y est dit à Muhammad : « Invoque (*udhkur*) le nom de ton Seigneur et consacre-toi à Lui d'une consécration intégrale (*tabattal'ilayhi tabtîlan*). »

Un prophète d'entre les justes

Yahya est enfin qualifié, de façon récapitulative, de « prophète d'entre les intègres » (*min an-sâlihîna*, que l'on peut également traduire « d'entre les justes » ou « d'entre les bons ») ; autrement dit, c'est en son intégrité et par elle qu'il est prophète. Cette modalité de la prophétie est fondée sur sa prédestination éternelle à être avérateur (*musaddiq*) d'un Verbe venu de Dieu. Sans l'opposer à celle de la promesse, le Coran réhabilite cependant une lignée abrahamique, issue du désert, dans laquelle sont associées prophétie et avération : Abraham était un juste (*SDQ*) et un prophète, Ismaël était un homme sincère (*SDQ*) et un prophète, Yahya à son tour est dit juste (*SDQ*) et prophète. A ce titre, et dans la trajectoire aboutissant à 'Isâ, Maryam se trouve participer de la prophétie de façon éminente. D'ailleurs, dans la sourate 21 intitulée « Les prophètes », elle se trouve tout spécialement mentionnée (au verset 91) en conclusion de la lignée prophétique, en tant que Vierge donnée avec son fils en signe pour les univers[21]. La sourate « Maryam » aussi l'inclut parmi les prophètes, dans ce verset récapitulatif : « Tels sont ceux que Dieu gratifia parmi les prophètes de la descendance d'Adam et parmi ceux que Nous transportâmes (dans l'arche) avec Noé, et parmi la postérité d'Abraham et d'Israël, et parmi ceux que Nous avons élus... » (C 19 : 58).

Comme nous l'avons déjà constaté, la révélation coranique est essentiellement prophétique, mais encore faut-il préciser que la prophétie n'y a pas exactement le même sens ni la même fonction que dans la Bible, dans la mesure où le Coran est orienté tout entier vers l'origine et le Créateur. La prophétie coranique n'anticipe pas mais, en sens inverse oserait-on dire, est essentiellement axée sur le rappel du pacte initial (*mîthâq*). A deux reprises le Coran évoque explicitement un pacte passé par Dieu spécialement avec les prophètes, à l'origine d'avant le temps, et auquel chacun est appelé à demeurer fidèle en en témoignant dans le déroulement de l'histoire. Ainsi en C 33 : 7, Dieu rappelle à Muhammad : « Lorsque Nous reçûmes l'engagement (*mîthâq*) des prophètes, de Noé, d'Abraham, de Moïse, de 'Isâ-fils-de-Maryam et de toi, nous fîmes avec eux une alliance capitale (*mîthâq 'âdhîm*) à raison de laquelle Dieu peut demander compte aux véridiques (*assâdiqûn*) de leur véracité (*sidq*)...[22] »

Certains islamologues ont parfois reproché au Coran le caractère répétitif du message des envoyés successifs, y voyant une faiblesse et une facilité. Il s'avère pourtant en étroite cohérence avec la prédominance de la référence originelle intangible sur les accomplissements progressifs (et parfois aussi régressifs) de l'histoire. C'est au nom de cette option coranique centrale que même la figure de 'Isâ, en son exceptionnelle nouveauté, se voit référée à ce même pacte original. Et la figure de Yahya vient à son tour souligner le caractère indépassable en son ordre de cette référence. C'est pourquoi à propos de cette alliance comme à propos de Yahya reviennent les mêmes termes, tous issus de la racine *SDQ*, pour signifier le primat absolu de l'avération sur toute anticipation.

En C 7 : 172, sans que figure le mot *mîthâq*, pacte, alliance, il est fait référence à un événement emblématique de la prééternité – qui, de ce seul fait, revêt une signification qui surplombe l'histoire. Il s'agit, en l'occurrence, du témoignage monothéiste exigé par Dieu de la part de tous les hommes et de chacun, avant leur existentiation temporelle. Des trois révélations monothéistes, le Coran est la seule à faire référence à ce pacte originel. Dieu déclare solennellement :

Quand ton Seigneur tira des reins des fils d'Adam leur progéniture et les rendit témoins à leur encontre : « Ne suis-Je pas votre Seigneur (*a lastu rabbikum*) ? » ils affirmèrent : « Oui ! Nous en témoignons ! » De sorte que vous ne puissiez pas dire, au Jour de la résurrection : « Nous avons été pris au dépourvu (ou nous n'y avons pas fait attention) » (C 7 : 172).

Dieu aurait ainsi précisé lui-même la signification et la finalité de cette initiative : afin que nul ne puisse par la suite invoquer l'excuse de la durée, du temps qui passe, de l'oubli et de la dispersion, et prétendre, au Jour du Jugement, n'avoir pas été averti. Ce passage coranique est central qui proclame que, dès avant son existentiation temporelle, tout homme a été mis en demeure de confesser sa foi monothéiste. Il constitue, sous forme symbolique et narrative, l'illustration de l'universalité de la foi et du témoignage monothéistes.

6.

Avec Maryam
Dieu donne à sa création un centre

> « Dis : Parcourez la terre et prêtez attention
> à la façon dont (Dieu) a donné un commence-
> ment (*bada'a*) à la création (*khalq*). Puis Dieu
> invente (*yunshi'u*) une autre création (*nashât*),
> la dernière. Dieu, sur toute chose, a tout pou-
> voir. » (C 29 : 20)

A de nombreuses reprises le Coran évoque, après la première, une autre création. Il s'agit, dans la plupart des cas,
de la résurrection et le verbe employé pour dire cette restau-
ration est alors *'a'âda* (recommencer) [1] et non pas *'ansha*,
comme dans le verset mis en exergue et qui exprime la nouveauté inventive et créative.

La sourate 32 « La prosternation » fait également référence
à une première création, mais dans une perspective très différente, pour signifier le commencement dans l'exister, se prolongeant dans une évolution dont le Créateur a pourtant
encore l'entière initiative :

> Lui seul connaît parfaitement l'absence et la présence (ou le
> mystère et le témoignage). C'est Lui le Tout-Puissant, le Miséri-
> cordieux./ Il a excellé en tout ce qu'Il a créé. Il a commencé
> (*bada'a*) la création de l'homme à partir d'une argile ;/ puis Il
> en a assuré la progéniture grâce à un humble liquide,/ puis Il

169

l'a formé harmonieusement et lui a insufflé de Son Esprit. Il fit alors pour vous l'ouïe, la vue et le cœur. Mais combien peu vous êtes reconnaissants. » (C 32 : 6-9).

La création première du premier homme culmine dans l'insufflation par Dieu de Son Esprit en Adam. Or c'est ce même Esprit régi par le même verbe (*nafakha*), dans une expression semblable, dont il est question lors de la conception de 'Isâ dans le sein de la Vierge. Dans le Coran, où ce mode de signification par rapprochement et mise en parallèle est d'usage courant, l'intention du texte ne laisse guère de doute.

Pour créer 'Isâ, Dieu insuffle de Son Esprit dans le sein de la Vierge consacrée et non dans une argile, même harmonieusement façonnée. Il s'agit donc bien d'une nouvelle création ou d'une reprise de la création dont 'Isâ est l'aboutissement, et la libre consécration de Maryam est la matière spirituelle que vient animer, à un nouveau titre, l'insufflation divine.

Cette réinvention de la création, centrée désormais sur Maryam et non plus sur Adam, se trouve clairement signifiée dans le Coran de deux points de vue. Le premier se trouve exprimé par l'usage de la même expression s'agissant de l'animation d'Adam et de la conception de 'Isâ dans le sein virginal de sa mère. Le second est suggéré par le geste de la femme de 'Imrân lorsqu'elle met Maryam et sa descendance à venir sous la protection expresse de Dieu contre le Satan maudit, « elle et sa descendance ». Or, dans le Coran, cette initiative ne se comprend qu'en référence au péché de l'ange. La faute d'Iblis, le démon, se situant dans la prééternité, en amont de l'histoire, retentit sur toute sa durée, même si c'est de façon très différente du péché originel du premier couple selon la théologie chrétienne. C'est sous ces deux angles essentiels que nous allons envisager maintenant, du point de vue de l'économie telle que la présente la révélation coranique, la figure de Maryam dans le plan de la création et du salut.

Les fonctions de l'Esprit (rûh) dans le Coran

L'Esprit, *rûh*, ne se trouve mentionné que vingt et une fois dans le Coran (contre trois cent soixante-dix-huit fois le terme hébraïque *rûah* dans la Bible et deux cent quarante-cinq fois le grec *pneuma* dans l'ensemble du Nouveau Testament[2]). Comme nous venons de le voir, le Coran y fait référence notamment à propos de la création d'Adam et, symétriquement, à propos de la conception de 'Isâ lors de l'annonciation faite à Maryam. C'est encore l'Esprit, *rûh*, qui conforte 'Isâ dans sa mission et qui préside à la descente (*tanzîl*) du Coran sur le prophète Muhammad.

Dans le Coran, le mot *rûh*, Esprit, est régi par différents verbes tels que insuffler, descendre, lancer, projeter. Il est parfois défini comme Esprit de Sainteté, et parfois décrit comme celui qui concourt, ensemble avec les anges, à une même mission sur ordre de Dieu. Dans le cadre de la conception coranique de la transcendance inaccessible de Dieu, c'est l'Esprit qui assume l'entier domaine de la manifestation et de la communication divines : de création et de révélation.

La sourate 17 « Le voyage nocturne » qui évoque le miracle de la translocation nocturne du Prophète de la mosquée de la Mekke à la mosquée « très éloignée » de Jérusalem – comme en authentification de l'unité et de l'universalité de la nouvelle révélation dans le champ du monothéisme abrahamique – relate cette interpellation faite à Muhammad : « Ils te posent des questions au sujet de l'Esprit (*rûh*). Eh bien réponds-leur : "L'Esprit procède de l'ordre de mon Seigneur ! Combien peu de science vous a été accordée !" » (C 17 : 85).

La réponse que, selon ce verset, Muhammad doit apporter à ceux qui voudraient en savoir plus sur cet Esprit, *rûh*, est sans équivoque, bien que peu explicite : « L'Esprit procède de l'ordre de mon Seigneur. » Ce n'est pas la dissertation sur sa nature qui importe d'abord, mais la reconnaissance de sa source transcendante qui demeure, à ce titre, entourée de mystère[3]. Rien ni personne, dans le Coran, ne se trouve néanmoins si intimement associé à Dieu que l'Esprit qui est dit émané de Lui. D'ailleurs Dieu Lui-même en parle comme de « Mon » ou « Notre » Esprit qu'Il donne avec la vie et qui rapproche de Lui celui qui en est bénéficiaire.

Rûh *dans le Coran : occurrences et destinataires*

Le Coran, lapidaire et elliptique, charge de significations rigoureuses ses choix sémantiques et lexicaux, de même que les articulations de son discours. Par de subtils rapprochements, il module la distinction au sein même de la ressemblance ou de l'analogie. Aussi, sur les vingt et une mentions explicites de l'Esprit, on peut observer que par trois fois il s'agit de la création d'Adam (C 15 : 29 ; 32 : 9 ; 38 : 72) ; par trois fois (symétriquement) de Maryam, à l'occasion de l'annonciation et de la conception de 'Isâ (C 19 : 17 ; 21 : 91 ; 66 : 12) ; par trois fois de 'Isâ que Dieu assiste de l'« Esprit de Sainteté » (C 2 : 87, 253 ; 5 : 110) ; et par trois fois enfin, l'Esprit est mentionné à propos de la descente du Coran sur Muhammad (C 16 : 102 ; 26 : 193 ; 42 : 52). A ce répertoire s'ajoute une quatrième mention de l'Esprit à propos de 'Isâ, mais qui, en ce cas, concerne son identité même. Elle se trouve dans la sourate 4 (v. 171), où il est dit : « ... le Messie 'Isâ-fils-de-Maryam était l'Envoyé de Dieu, Sa Parole projetée en Maryam et un Esprit venu de Lui. »

En dehors de ces treize occurrences, à quatre reprises l'Esprit se trouve associé aux anges dans leurs missions cosmiques, révélatrices et eschatologiques.

En C 40 : 15, il est question de la totale liberté de Dieu dans l'octroi de l'Esprit qui relève exclusivement de Sa sphère ou de Son ordre :

Il est le Maître des degrés, le Trône Lui appartient ; de Sa sphère Il projette (*'alqâ*) l'Esprit sur celui qu'Il veut de Ses serviteurs afin que celui-ci donne l'alarme quant au Jour de la rencontre.

Relevons la dimension eschatologique en même temps que prophétique d'une telle mission dont Maryam est gratifiée à un titre très particulier.

Les verbes présidant à la manifestation de l'Esprit

Afin de cerner d'un peu plus près la fonction de l'Esprit dans le Coran – sans pour autant la définir de façon limitative –, voyons quels verbes président à sa manifestation, que l'Esprit en soit le sujet ou l'objet. Le premier que nous allons considérer est *nafakha* (ou *'anfakha*), qui se trouve, avec *'anzala*, non seulement le plus fréquemment usité, mais qui surtout apparaît comme le plus intimement associé à l'Esprit (*rûh*) en sa signification première d'espace de déploiement, de souffle, de vie et d'échange respiratoire. En relation directe avec la figure de Maryam, ce verbe constitue l'instrument par lequel se trouvent rapprochées, en un parallélisme saisissant et incontestable, la création d'Adam et la conception de 'Îsâ dans le sein de sa mère. Par trois fois, il ne s'agit pas à proprement parler de la création effective d'Adam, mais des paroles de Dieu qui fait part aux anges de Son intention de le créer. Dans la sourate 15 (v. 28-29), l'épisode est ainsi relaté :

Quand ton Seigneur dit aux anges : Je vais créer un mortel (*bashar*) à partir d'une argile qui se façonne [4]/ Après que Je l'aurai harmonieusement équilibré (*sawwa'a*) et que J'aurai soufflé en lui (*nafakhtu fîhi*) de Mon Esprit, alors tombez devant lui prosternés (voir aussi C 38 : 72).

Que cet Esprit insufflé par Dieu en Adam est bien un Esprit émané de Dieu se trouve explicitement affirmé par le possessif divin à la première personne « de Mon Esprit » (*min rûhî*). Par conséquent, il ne s'agit pas d'une simple animation « physique », mais d'une communication personnelle, d'une forme d'assimilation de l'œuvre à son Auteur (ce que la Genèse exprime différemment en disant que Dieu fit l'homme à son image et ressemblance, G 1 : 27). Ce n'est qu'après avoir animé l'homme d'un souffle venu de Lui que Dieu ordonna aux anges de se prosterner devant Adam, leur demandant de reconnaître ainsi la présence de Son Esprit, jusque dans la créature matérielle.

La même expression (*nafakhna fîha*) pour dire l'insufflation de l'Esprit divin se retrouve, à deux reprises, à propos de Maryam lors de la conception de 'Isâ. Remarquons, du point de vue symbolique en même temps qu'ontologique, que c'est alors le sein virginal de Maryam – à un autre palier d'existentiation – qui tient lieu de l'argile quintessentielle dont fut formé Adam. Cette nouvelle création se trouve, de ce point de vue, effectivement fondée sur la virginité de Maryam.

Le second verbe qui régit *rûh*, l'Esprit, à égalité de fréquence avec *nafakha*, est *nazala* (sous la forme *nazzala* ou *'anzala*) dont plus d'une fois nous avons pu constater le lien intime qu'il entretient dans le Coran avec l'idée de révélation (*tanzîl*) et d'ondée vivifiante (sur une terre morte). Associé à *rûh*, il apparaît quatre fois, dont deux au sujet de Muhammad. Il lui est déclaré solennellement, en C 26 : 192-195 :

C'est véritablement là une descente-révélation (*tanzîl*, de *NZL*), réalisée par le Maître des univers et qu'Il a fait descendre (*nazzala*) par l'Esprit fidèle (*ar-rûh al-'amîn*)/ sur ton cœur pour que tu sois un donneur d'alarme[5],/ et cela en langue arabe claire.

Dieu dit à Muhammad de répondre à ceux qui l'accusent d'être un faussaire :

C'est l'Esprit de Sainteté issu de ton Seigneur (*rûh al-qudusi min rabbika*) qui le (*nazzala*) (ce Coran) fait descendre avec le Vrai pour affermir en leur foi ceux qui déjà croient, comme direction et bonne nouvelle adressées à ceux-qui-s'en-remettent à Dieu (*muslimûna*) (C 16 : 102).

Et le verset 2 de cette même sourate 16 déclarait déjà :

C'est Lui qui fait descendre (*nazzala*) les anges avec l'Esprit de Sa sphère sur celui qu'Il veut de Ses serviteurs pour qu'il avertisse : Nulle divinité hors Moi ! craignez-Moi de crainte révérencielle !

La dernière occurrence, en C 97 : 4, concerne la nuit de la destinée en laquelle est commémorée la descente-révélation du Coran, nuit sacrée durant laquelle sont fixés les destins des hommes et où descendent, « sur permission de leur Seigneur, les anges et l'Esprit pour tout décret ».

Dans ces diverses circonstances où l'Esprit se trouve associé au verbe *nazala*, il ne s'agit pas, à la différence de *nafakha*, d'une insufflation qui donne vie et respiration spirituelle, mais de messages envoyés par Dieu aux hommes afin de diriger leur retour vers Lui. On perçoit là une différence majeure entre 'Isâ et Muhammad quant à la nature de leur relation à l'Esprit, tout en relevant l'égalité d'occurrences de ces deux verbes (quatre fois chacun). Alors que s'agissant de 'Isâ, l'Esprit l'habite en son être même et sa manifestation, s'agissant du Prophète, l'Esprit demeure extérieur, auteur et garant de sa mission. Même lorsqu'il est question du cœur de Muhammad, ce n'est qu'en tant que destinataire du Coran (C 16 : 102 ; 26 : 193).

L'annonce à Maryam et l'apparition de l'ange au Prophète

Les diverses versions coraniques de l'annonciation à Maryam [6] et de la conception de 'Isâ attribuent toutes à l'Esprit un rôle essentiel et central. Mais alors que dans la sourate 3 (v. 45), ce sont les anges qui portent à Maryam la bonne nouvelle au Temple, dans la sourate 19, c'est l'Esprit de Dieu (« Notre Esprit », dit le verset 17) qui surprend Maryam sur le chemin de son hégire, alors qu'elle vient de se séparer des siens. La tradition musulmane – comme d'ailleurs antérieurement la tradition chrétienne – a identifié l'ange de l'annonciation à Gabriel, ce que ne fait néanmoins pas explicitement le Coran qui, par contre, le désigne nommément comme porteur du Coran au Prophète, sur ordre divin. Ainsi la sourate 2 (v. 97-98) déclare : « Dis : Qui pourrait se vouloir l'ennemi de Gabriel, lui qui fait descendre (le message) [7] sur ton cœur, avec la permission de Dieu, comme avération des (révélations) antérieures, comme direction et bonne nouvelle adressées aux croyants ? Qui pourrait se vouloir l'ennemi de Dieu, de Ses anges et de Ses envoyés, de Gabriel et de Michel ? Dieu est l'ennemi de ceux qui dénient. » Et en C 66 : 4, il est dit que Dieu étend Sa protection tout spécialement sur le Prophète et que Gabriel et les anges prennent son parti. En d'autres passages, l'ange de la révélation se voit décrit comme une force ou une puissance spirituelle faisant irruption dans le monde sensible, sans être nommé ni décrit. S'agit-il alors de l'Esprit de Dieu, distinct des anges, s'agit-il d'une fonction angélique non personnalisée ou de l'envoi d'un ange particulier ? Et ces diverses évocations font-elles référence à une seule et même réalité ? Le Coran, qui se garde de le préciser, laisse la question ouverte. Ce qu'en revanche il affirme avec force, c'est l'origine divine de l'Esprit qui – comme le déclare le verset proposé en exergue – « est du ressort de Dieu » ou encore « relève de Sa sphère » (C 17 : 85).

La fonction instrumentale des anges lors de l'annonce faite à Maryam s'avère complexe : messagers de Dieu, ils commentent en forme de salutation, pour l'y rendre attentive, l'élection toute particulière dont elle est l'objet de la part de Dieu. En même temps qu'ils lui annoncent qu'elle va concevoir le Messie et qu'elle acquiesce tacitement à ce décret divin, Dieu insuffle en elle de Son Esprit. Dieu lui a adressé les anges en porte-parole pour l'instruire de son destin, mais c'est Lui qui immédiatement insuffle en son sein gardé vierge de Son Esprit en même temps qu'une Parole venue de Lui qui sera 'Isâ. La sourate 66 (v. 12) souligne le fait que c'est par l'instrument de son assentiment que se réalisa le décret divin (assentiment réalisateur qui s'y trouve exprimé par le verbe *saddaqa*).

Malgré de notables différences, on perçoit cependant une symétrie entre l'annonce faite à Maryam par les anges (C 3 : 35 et 19 : 17) et la médiation de l'ange dans la révélation du Coran à Muhammad (C 26 ; 53 ; 81). Le Coran, qui se fait l'écho de sa propre descente-révélation, invoque la présence de l'ange en preuve indiscutable de l'authenticité de cette révélation et de son origine transcendante. Face à un auditoire sans doute en majorité mekkois et réputé païen, l'invocation en preuve par le Prophète de la médiation de l'ange a de quoi surprendre. Dans la sourate 53 « L'étoile », Muhammad décrit l'événement de la révélation en preuve de son authenticité de la façon suivante :

Votre compatriote ne s'égare ni ne divague/ il ne parle pas sous l'emprise de la passion ! Ce n'est là que révélation à lui révélée/ dont l'instruit un pouvoir intense/ et profond il planait/ à l'horizon suprême,/ puis il s'approcha mais demeura suspendu... (v. 2-8).

La même scène est décrite en C 81 : 19-27 :

177

Ceci est langage d'un noble émissaire (*rasûl*)/ plein de force/ d'un haut rang auprès du Maître du Trône/... Votre compagnon l'a vu, sur l'horizon de la manifestation (*mubîn*).

Relevons la différence des expressions et du merveilleux entre les récits de l'apparition de l'ange à Maryam lors de l'annonciation et celles ayant pour objet la révélation du Coran, ainsi que l'attention du Coran à ne pas prêter forme à cette apparition au Prophète. Lors de l'annonciation à Maryam, l'Esprit de Dieu avait revêtu, pour s'adresser à elle, l'« apparence d'un humain parfait » (C 19 : 17), alors que lors de la révélation à Muhammad, l'ange est décrit en termes abstraits, purement qualitatifs, d'intensité, de puissance, de profondeur et de luminosité (C 53 : 4-10). Et pourtant, Muhammad l'a vu, il l'affirme, avec les yeux du cœur. La description laisse l'impression d'un paradoxe, difficile à faire comprendre et admettre à ceux qui n'en ont pas eu l'expérience, entre l'affirmation d'une réalité quasi tangible – donc irréfutable – et son caractère insaisissable. L'ange ne se pose pas, demeure suspendu à l'horizon jusqu'en sa proximité[8].

Autant le Coran met en lumière le mystère même de la conception de 'Isâ et le rôle de l'insufflation divine, autant il souligne l'extériorité du Prophète, par rapport à ce qui lui est confié, qui en toute objectivité est « descendu » sur lui : « A toi – est-il dit au Prophète – n'incombe que la communication (*al-balâgh*) »(C 3 : 20). Cette restriction drastique ne revient pas moins de douze fois dans le Coran[9]. Muhammad reçoit la version en langue arabe du Livre auprès de Dieu que ne touchent que les purifiés ; mais il n'est pas dit lui-même purifié, comme c'est le cas de Maryam lors de l'annonciation. Quant au message qui lui est confié et dont il est le porteur, Dieu, à plusieurs reprises, précise qu'il n'en est que le transmetteur, au sens même où il ne lui appartient pas de chercher, par quelque artifice, à le faire admettre et comprendre : c'est Dieu immédiatement qui atteint par le Coran qui

Il veut ; c'est Lui qui en module les effets (C 75 : 17-19) :
« Nous ne t'avons pas envoyé en protecteur pour eux – est-
il dit à Muhammad – à toi n'incombe que la claire communication » (C 64 : 12).

Parole, langage et verbe (qawl et kalima)

Jésus étant proclamé par l'Evangile et reconnu par les chrétiens comme Verbe de Dieu incarné, certains traducteurs du
Coran en langue française ont utilisé le terme de « verbe »
pour traduire le *kalima* arabe, semblant ainsi suggérer un
rapprochement du Coran avec l'Evangile ; d'autres, au
contraire, l'évitèrent scrupuleusement pour ne pas prêter à
équivoque. Une grande prudence est en effet de mise en ce
domaine. En revanche, à vouloir se montrer trop prudent
dans l'usage de certains termes, on court également le risque
de ne pas rendre les subtilités du texte coranique.

Observons d'abord qu'à propos de la révélation du Coran
au Prophète, il est surtout question de *qawl*, parole, langage,
plutôt que de *kalima*, que l'on traduirait plus volontiers par
verbe, en un sens qui, précisément, ne saurait en aucun cas
être confondu avec un exposé, un discours. Le mot *kalima*
contient une connotation particulière qui n'apparaît pas à
travers *qawl*. Un exemple éloquent a précisément trait à la
conception de 'Isâ. Rappelons que, dans la sourate 3, l'ange
dit à Zacharie : « Dieu te fait porter la bonne nouvelle de
Yahya qui sera avérateur d'un Verbe venu de Dieu (*bi kalimatin min allahi*) » (C 3 : 39). Et à Maryam, l'ange déclare :
« Dieu te fait porter la bonne nouvelle d'un Verbe venu de
Lui (*bi-kalimatin minhu*) dont le nom est le Messie 'Isâ-fils-
de-Maryam » (C 3 : 45).

Cet usage exceptionnel du mot *kalima*, verbe issu de Dieu
et s'épanouissant en la personne de 'Isâ, se trouve, en dehors
de ces deux occurrences, confirmé par le Coran dans un autre

179

passage (déjà rencontré), où il est recommandé aux chrétiens de ne pas passer la mesure en ce qui concerne 'Isâ et sa mère, de ne pas spéculer sur quelque trinité : « ... Ne dites sur Dieu que le Vrai : que le Messie 'Isâ-fils-de-Maryam était l'Envoyé de Dieu, Sa Parole (*kalimatuhu*) projetée en Maryam et un Esprit venu de Lui (*rûhun minhu*)... ne dites pas « Trois », cessez de le dire, mieux cela vaudra pour vous ! » (C 4 : 171). Même lorsque, comme ici (C 4 : 171), il est question de « Son Verbe » (*kalimatuhu*), on ne saurait en déduire qu'il s'agirait d'une personne divine, au sens chrétien du terme désignant la deuxième personne de la Trinité. Dans un autre passage concernant Maryam, le même mot apparaît, mais au pluriel, et désigne alors les décrets divins : « ... Nous insufflâmes en son sein Notre Esprit. Elle donna réalité (ou avéra) aux paroles (*bi kalimâtin* : au pluriel) de Son Seigneur ainsi qu'à Ses Ecritures (*kutubihi* : pluriel) » (C 66 : 12).

Si la parole, en arabe *qawl*, ou le langage, n'est pas réservée à Dieu comme unique locuteur, *kalima* au singulier (verbe), ou *kalimât* au pluriel (décrets), a par contre toujours Dieu pour unique origine et pour seul auteur. En dehors de 'Isâ, c'est à Moïse uniquement que Dieu dit : « Moïse, Je t'ai choisi par-dessus les humains pour recevoir Mon message (*risâlatî*) et Ma parole (*kalâmî*, dans le sens de discours, et non pas *kalimâtî*, dans le sens de verbe comme à propos de 'Isâ). Prends ce que Je te donne et sois parmi les reconnaissants » (C 7 : 144).

Le Coran décrit ou définit la relation des envoyés à la Parole divine avec de multiples nuances et modulations, et parmi eux 'Isâ tient une place unique. Le terme *qawl* apparaît une seule fois à son propos, en C 19 : 34. Certains traducteurs (comme D. Masson) le rendent par : « Celui-ci est Jésus, fils de Marie, Parole de Vérité (*qawla'l-haqqi*) dont ils doutent encore. » Il ne s'agit pourtant pas ici d'une apposition, puisque *qawl* est à l'accusatif. Nous rejoindrons donc plutôt J. Berque qui traduit : « Voilà Jésus fils de Marie, "en dire de vérité", sur quoi ils controversent... » C'est le discours coranique concernant 'Isâ qui est déclaré véridique et non pas 'Isâ en lui-même qui serait désigné comme « parole de vérité ». Le mot arabe *qawl* a davantage à voir avec le discours et la parole qui s'échangent qu'avec la parole décret, sans appel, ou qu'avec le Verbe, le *logos* idéal, duquel s'approche le *kalima* arabe.

Maryam et la faute d'Iblis

Sous l'impulsion de quelque charisme prophétique, la femme de 'Imrân, à la naissance de Maryam, sitôt après lui avoir donné son nom, s'empresse de la soustraire, elle et « sa descendance » (C 3 : 36), au pouvoir de Satan, en la mettant sous l'immédiate protection divine. A travers cette initiative de sa mère, Maryam se voit assimilée à la tradition scripturaire de la nouvelle Eve, mère de l'humanité élue. Cet épisode, de la plus haute teneur significative, n'apparaît pas dans les Evangiles et met Maryam, dès sa naissance, en relation avec une faute originelle qui, dans le Coran, n'est pas attribuée à l'homme, mais à l'ange (devenu en conséquence démon maudit, sous le nom d'Iblis). Il s'agit là d'une prise de position théologique majeure du Coran, essentielle en sa différence notamment avec la révélation chrétienne (et, en conséquence, avec la théologie catholique), dans la mesure précisément où la faute n'y occupe pas le même lieu, ni dans l'histoire symbolique ni dans l'économie ou le projet de Dieu pour Sa création.

Selon le récit de la Genèse (Gn 2 : 20), Eve aurait été créée en un second temps, à partir d'Adam, comme partenaire assortie à l'homme. Or voici que le Coran, par le geste symbolique de sa mère à sa naissance, place Maryam seule, représentant l'humanité entière, face au dessein funeste du démon de perdre les hommes. Il s'agit d'événements symboliques se reflétant entre histoire et prééternité, contigus dans le présent du projet divin. Selon le Coran, tout se passe comme si, idéalement, Maryam était antérieure à Adam et à sa faute, et comme si, par elle, faisant immédiatement face à l'ange déchu (Iblis), cette faute ne déployait pas les mêmes conséquences fatales que dans la vision chrétienne où elle appelle rédemption. A travers le geste de sa mère, Maryam devient en quelque sorte l'instrument providentiel pour contrecarrer la vengeance projetée par Satan sur l'humanité entière. Alors que, selon la Genèse, la première Eve avait été tirée d'Adam, voilà que, selon cette nouvelle création telle que présentée par le Coran, c'est Maryam, nouvelle Eve, qui est au principe, en tant que mère, du nouvel Adam, 'Isâ. Avec Maryam et même dès l'initiative de sa mère, l'ordre de la création se fonde sur une femme – l'unique nommée dans le Coran – et non plus sur Adam.

Un *hadîth* rapporté par Bokhârî et Muslim (entre autres) déclare que : « Tout fils d'Adam nouveau-né est touché (aiguillonné) par le Démon, hormis le fils de Maryam et sa mère ; c'est ce contact (avec le Démon) qui fait pousser à l'enfant son premier cri [10]. » Sans référence à ce que les catholiques désignent comme « péché originel », la tradition islamique retient ainsi que, de toute la descendance d'Adam, seuls Maryam et son fils furent soustraits à tout contact avec Satan. Eux seuls échappèrent à la vengeance d'Iblis grâce à l'avération mariale dont est né 'Isâ.

Irénée de Lyon, au IIe siècle de notre ère, avait mis en regard la première et la seconde Eve, montrant de façon systématique comment ce qu'avait « noué » la première avait été « délié » par Marie, la seconde. Le Coran paraît suggérer une mise en regard analogue, bien que Maryam y soit mise davantage en parallèle antithétique avec Iblis et le péché de l'ange, qu'avec Eve et la faute du premier couple. La figure de Maryam, qui se situe dans la temporalité, vient en quelque sorte répondre à celle de l'ange dans la prééternité et restaurer en l'inversant, en attitude d'*islam*, d'acceptation confiante, ce qu'Iblis avait compromis par sa suffisance.

Les anges mis à l'épreuve à travers la création de l'homme

Lorsque Dieu envisagea de créer l'homme, dit le Coran, il commença par faire part aux anges de Son projet. Ce geste divin peut être interprété comme la volonté divine d'associer à Son œuvre Sa créature spirituelle et de manifester par là que la transcendance n'est pas une abstraction séparante. Il peut toutefois également être compris comme la première épreuve – ou plus précisément la première initiation – imposée à ces créatures angéliques, d'incandescence spirituelle et de lucidité, en vue de les rendre attentives aux limites de leur science innée. Ce récit, qui vise à expliquer la situation temporelle à partir de faits situés hors du temps, avant même la création de l'homme et du paradis premier, revêt une importance si déterminante que le Coran y revient dans le cours de sept sourates[11]. Cet événement mythique d'avant la création de l'homme relativise même radicalement cet autre événement qui se situe – certes pas encore dans l'histoire – mais dans le cadre du paradis terrestre : celui de la faute de l'homme égaré par l'ange déchu.

Peu porté à l'anecdote s'agissant des péripéties de la temporalité, le Coran se montre par contre plus explicite lorsqu'il s'agit des événements de la prééternité. La Bible s'ouvre par la création du monde et l'intronisation d'Adam et de son épouse dans le Jardin d'Eden. Le Coran, pour sa part, situe dans la prééternité, dans un temps d'avant la création du monde physique, les événements qui détermineront le déroulement temporel. Ces événements préfigurent le projet de Dieu sur l'univers sensible avant que celui-ci ne soit matérialisé en son existence concrète. Les anges, créatures spirituelles, sont déjà présents sans que rien ne soit dit de leur création. Selon le récit coranique, c'est néanmoins comme si l'« histoire » des anges eux-mêmes ne commençait qu'avec l'idée divine de créer l'homme dont Dieu leur fait part. Il n'est pas dit que Dieu les consulta à ce sujet, cependant ils réagissent spontanément. L'idée (de créer l'homme) leur paraît imprudente, voire déraisonnable ; ils s'en étonnent et le manifestent. Et c'est précisément là que se montrent les limites de leur lucidité naturelle. Voici le récit qu'en propose la sourate 2 (v. 30) ; c'est Dieu qui s'adresse alors à Muhammad :

> Lors ton Seigneur dit aux anges : « Je vais instituer sur la terre quelqu'un qui M'y représente (un lieutenant, *khalîf*). » Ils dirent : « Quoi ! Tu vas y établir quelqu'un qui y apportera le désordre et (même) y répandra le sang, alors que nous, nous sommes entièrement consacrés à la célébration de Tes louanges et à la proclamation de Ta sainteté ! » Dieu se borna à répondre : « Moi, Je sais ce que vous ne savez pas ! »

En l'occurrence, il ne s'agit pas, de la part des anges, de quelque prémonition et anticipation sur le déroulement de l'histoire, mais des conclusions que leur permet de tirer aussitôt leur vision intuitive de la nature de l'homme. D'après la sourate 15 (v. 28), Dieu aurait précisé en faisant part aux anges de Son projet : « Je vais créer un mortel (*bashar*) à partir d'une argile qui se façonne. » Selon cette version, Dieu lui-même aurait davantage insisté alors sur la fragilité constitutionnelle de l'homme que sur la dignité insoupçonnée de sa vocation et fonction dans la création.

Ce n'est pas du comportement concret de tel ou tel individu (en l'occurrence d'Adam) que préjugent les anges, mais des limites, imperfections et risques inhérents à la nature de l'homme tiré de l'argile. Ce matériau opaque et malléable sera à l'origine d'une nature instable et violente en contraste avec la subtilité et résolution des esprits purs. Les anges semblent vouloir dire : pourquoi Dieu ne se satisfait-Il pas de notre seule présence qui n'expose pas Sa création à de tels risques ? Aussi rigoureux que soit le raisonnement des anges, conforme à leurs facultés naturelles de pénétration spirituelle, il fait cependant fi du mystère (*ghayb*) et du non-dit du plan de Dieu. Ils jugent des natures, comme si elles étaient suffisantes à elles-mêmes, alors que du fait de leur existentiation concrète par le Créateur, elles demeurent en chaque instant soumises à Son bon gré. « Moi, Je sais ce que vous ne savez pas ! » répond Dieu aux anges, sans contester la pertinence de leurs conclusions, leur laissant néanmoins entendre que leur considération ne prend pas en compte l'essentiel qui dépasse leurs seules facultés, comme ils le reconnaîtront au terme de l'épisode suivant.

Par ailleurs, en créant l'homme, Dieu engage les anges à s'ouvrir à une altérité qui échappe, au moins partiellement, à leur domaine. Il les invite à sortir d'eux-mêmes, à relever le défi d'une hégire spirituelle et à ne pas se fermer en leur propre perfection (en quoi consistera précisément, comme nous allons le voir, le péché d'Iblis).

Cette place primordiale faite aux anges relève d'une démarche spécifiquement coranique qui ne se rencontre pas dans les Ecritures antérieures. Nous nous y attachons ici, dans la mesure où les conséquences en sont considérables sur la façon dont le Coran conçoit le mystère, la fonction et le signe de Maryam et de son fils.

L'épreuve à laquelle Dieu soumet les anges est une épreuve d'*islam*, d'abandon confiant et total au seul décret divin. Comme nous le verrons, Iblis se refuse à un tel acte et c'est l'acceptation de Maryam à l'annonciation qui, dans le temps des hommes et malgré leur fragilité, répond par un acte parfait d'*islam* au refus du premier.

Les anges contraints d'apprendre d'Adam

L'épreuve initiatique imposée aux anges selon le Coran se déroule en trois actes. La sourate 2 (v. 31-33) poursuit son récit, et c'est le deuxième acte, en relatant qu'ayant créé l'homme malgré les réticences angéliques Dieu aurait aussitôt enseigné à Adam le nom de toutes les créatures qu'Il aurait ensuite fait défiler devant les anges en leur enjoignant :

> « Informez-moi des noms de ces créatures, si vous êtes véridiques. » Ceux-ci dirent : « A Ta transcendance ne plaise ! Nous n'en savons que ce que Tu nous en as appris. Il n'est que Toi de Connaissant, de Sage. »/ (Dieu) dit (alors) : « Adam ! avise-les des noms de ces (êtres) ! »/ Quand Adam les eut informés de ces noms (Dieu) dit (aux anges) : « Ne vous avais-je pas prévenus ? Je connais parfaitement l'inconnaissable des cieux et de la terre ; Je connais (de même) parfaitement ce que vous manifestez comme ce que vous tenez secret. »

Dans ce deuxième temps de l'initiation des anges, en référence directe au premier, Dieu leur démontre que toute hiérarchie ne dépend que de Son bon gré, et qu'il est en Son pouvoir de décider que les créatures les plus élevées en nature soient instruites par de plus humbles qu'elles. Il leur apprend que toute hiérarchie ne trouve sa raison et sa signification qu'en référence à Lui uniquement, et non pas en quelque suffisance de nature, ou par quelque comparaison horizontale.

A la différence du récit biblique de la Genèse, cette nomination par Adam dans le Coran a davantage pour finalité de rendre les anges attentifs aux illusions hiérarchiques et à leurs propres limites qu'à manifester la domination de l'homme sur la nature. Comme très souvent dans le Coran, l'enseignement central, à partir de l'Unicité divine, est davantage de relativisation que d'affirmation.

On peut voir dans cette initiation la première leçon d'*islam* donnée par Dieu, aux anges d'abord, leur apprenant à s'en remettre intégralement à Lui en même temps qu'à s'ouvrir à l'autre, fût-ce le plus humble. Que l'homme ait été créé d'argile ne représente dans le Coran ni une infériorité ni une infirmité, sinon à travers les paroles d'Iblis (le *diabolos* grec, semeur de division). Le Coran, au contraire, décrit en détail l'attention et le soin que prend Dieu, même quant à l'aspect « artisanal » et matériel de Sa création, à choisir les matériaux les meilleurs et les mieux adaptés à Ses fins, à leur donner la forme la mieux équilibrée et la plus harmonieuse. Ces phases de la création de l'homme, antérieures à l'infusion de l'Esprit de Dieu, se trouvent décrites avec une minutie remplie de tendresse.

Relevons que le verbe choisi par le Coran pour décrire ce « travail » de Dieu sur la glaise, *sawwa'a*, exprime l'équilibre, l'harmonie et que c'est un adjectif issu de la même racine *SW'* qui, en C 19 : 17, exprime la perfection de la forme humaine que revêtit l'ange de l'annonciation pour se présenter à Maryam. Le même verbe se retrouve en un autre passage du Coran à propos, non plus du corps, mais de l'âme humaine. Il s'agit de la sourate 91 « Le soleil », qui exalte la beauté de la création :

> Par le ciel ! Comme Il l'a bien édifié !/ Par la terre ! Comme Il l'a bien étendue/ Par une âme ! Comme Il l'a harmonieusement équilibrée (*sawwa'a*)/ en lui inspirant son libertinage comme sa piété (C 91 : 5-8) [12].

Cette insistance proprement coranique sur la beauté de la condition humaine, charnelle et spirituelle, ressort avec d'autant plus de force qu'elle se trouve affirmée face à la perfection angélique. La sourate 64 déclare avec une admirable concision : « Il vous a formés et vous a donné la forme la plus belle (*fa'ahsana sûrakum*). Vers Lui est la destination de tout » (C 64 : 3). Ou encore : « C'est Lui qui t'a créé, accompli, ajusté/ en telle forme qu'Il a choisie » (C 82 : 7-8). Enfin Dieu lui-même en convient : « Oui, Nous avons créé l'homme en la plus belle prestance (*taqwîm*) » (C 95 : 4).

Nous relevons à dessein l'admiration dont témoigne le Coran à l'égard de la création matérielle dont l'homme participe par son corps. On n'y perçoit pas l'ombre d'une « faute originelle » qui aurait rendu la chair suspecte. C'est l'une des raisons aussi pour lesquelles l'ascèse et le renoncement, dans ce contexte, ne revêtent qu'un sens positif de préférence, de consécration, et non d'expiation.

Les anges jouissent, dans le Coran, d'un statut éminent, soit dans la proximité immédiate du Trône (de Dieu), soit dans les missions que Dieu leur confie, à commencer par la révélation. La nature de l'homme néanmoins, en sa plasticité, ouvre sur des réalisations imprévisibles et, selon le plan de Dieu, non moins admirables, d'où l'émerveillement étonné des anges face à la grâce et la pureté de Maryam (C 3 : 42).

Dans un contexte certes très différent, puisqu'il s'agit d'un ordre hiérarchique (sociologique et économique) entre les femmes et les hommes, le Coran affirme : « N'aspirez pas à ce par quoi Dieu a avantagé certains de vous par rapport à certains autres » (C 4 : 32). Et un peu plus loin : « Jalouse-ront-ils ces gens de ce que Dieu leur a accordé de Sa faveur... » (C 4 : 54) [13]. La sourate 113 (v. 1-5) appelle la protection de Dieu, le Seigneur de l'aurore, « contre le mal d'un envieux qui envie ». Selon le Coran, toutes les créatures sont égales dans leur dépendance radicale à l'égard du Créateur. Cette égalité fondamentale, première, face à Dieu n'exclut néanmoins pas la diversité qui a pour fin l'harmonie dynamique de l'ensemble, la communication et l'échange en quoi se manifeste la vie ; toute fermeture de suffisance s'avère mortifère. Ce sera l'une des leçons du troisième acte de l'épreuve initiatique qui se poursuit (relatée en C 7 : 11-12 ; 15 : 29 et 38 : 72).

Dieu ordonne aux anges de se prosterner devant Adam

Lorsque Dieu eut harmonieusement façonné le corps (et l'âme) de l'homme et lui eut insufflé de Son Esprit, Il ordonna aux anges de se prosterner devant Adam. Voici la version de la sourate 38. Dieu s'adresse aux anges et leur dit à propos d'Adam :

« Quand Je l'aurai parachevé et aurai insufflé en lui de Mon Esprit, tombez devant lui prosternés ! »/ Tous les anges, ensemble, se prosternèrent/ à l'exception d'Iblis qui fit preuve d'orgueil : c'était entre tous un dénégateur./ Dieu dit alors : « Iblis, qu'est-ce qui t'empêche de te prosterner devant la création de Mes mains ? Est-ce par orgueil ou es-tu si haut placé ? »/ Il dit : « Je vaux mieux que lui ! Tu m'as créé de feu et lui d'argile... » (C 38 : 72-76).

Cette dernière épreuve proposée aux anges, conclusive et sélective, s'inscrit à la fois en continuité avec les deux moments précédents et, en même temps, marque une rupture radicale de niveau. Le geste que Dieu demande aux anges d'accomplir, en se prosternant devant Adam, ne constitue pas d'abord une exigence d'humilité, mais une épreuve puisque se prosterner devant une créature est en apparente contradiction avec le témoignage fondamental du monothéisme de n'adorer que Dieu seul. Ce qui est alors demandé aux anges, c'est de s'en remettre à Dieu en cela même qui paraît pourtant contredire le devoir le plus évident et fondamental de la création. Dans l'acceptation de s'en remettre à Dieu, en toute confiance et par-delà toute raison (raisonnable), consiste précisément le témoignage d'*islam* en sa dimension théologale la plus paradoxale. En ce cas, suivre l'ordre divin et se prosterner devant Adam, loin d'être une manifestation d'idolâtrie, est le plus incontestable acte d'adoration, en attitude d'*islam*.

De façon surprenante, dans le Coran, Dieu ne paraît pas « affecté » par la désobéissance d'Iblis. Il exige cependant de ce dernier qu'il Lui donne les raisons de son refus. La sourate 7 (v. 12), comme la sourate 38 déjà citée, prête à Iblis cette réponse : « Je vaux mieux qu'Adam : Tu m'as créé de feu et lui d'argile », alors que la sourate 15 lui attribue une raison non pas comparative, mais absolue, touchant au plus essentiel de l'épreuve : « Je ne suis pas créature à me prosterner devant un mortel » (C 15 : 33), répond alors Iblis. Prisonnier de sa propre perfection, non seulement il ne s'abaissera pas à se prosterner devant une créature faite d'argile, mais plus encore l'idée qu'il se fait de l'« orthodoxie » du culte monothéiste l'induit à la désobéissance à Dieu. A l'acte d'abandon que lui demande Dieu, il préfère la fidélité à la cohérence de sa conception du culte pur et exclusif.

Maryam avait été vouée à Dieu par sa mère et devait (selon la sourate 3), vivre recluse dans le Temple sa chasteté consacrée. Dieu lui avait d'ailleurs réservé, dans Sa Demeure, le plus bel accueil. Or voici qu'un envoyé à belle apparence humaine vient lui faire part qu'elle va se trouver enceinte d'un fils. Maryam va-t-elle se fermer à cette éventualité au nom de sa consécration, en fidélité au don qu'elle a fait d'elle-même librement à Dieu ? Le parallélisme des deux situations est saisissant. La fidélité aux raisons les plus nobles, les plus pieuses, doit, dans la perspective du monothéisme, céder le pas à un acte accompli en toutes foi et confiance sans pouvoir en mesurer les conséquences. Le verset 19 de la sourate 3 « La famille de 'Imrân » proclamait en introduction : « Oui ! la religion auprès de Dieu c'est la remise active et confiante de soi (*islam*)... » C'est cette attitude qui constitue la religion de toujours, celle instituée par Dieu pour les humains, dès l'origine (C 30 : 30). Attitude de témoignage universel en amont de tous les particularismes confessionnels. Ce témoignage dont Abraham est proposé dans le Coran en paradigme trouve dans l'assentiment de Maryam à l'annonciation sa plus haute réalisation. Cette épreuve – témoignage d'abandon, par-delà toute raison –, fut donc proposée aux anges en premier, signe qu'elle est demandée à la création entière.

Hallâj (mystique musulman mort pour sa foi à Bagdad au Xe siècle), glosant le texte coranique, fait dire à Iblis : « Je ne me prosternerai pas devant un autre que Toi[14]. » « Il préféra ainsi la volonté de Dieu telle qu'il l'avait conceptualisée une fois pour toutes au commandement de Dieu explicitement donné ; il se renferma dans l'isolement ascétique (*tajrîd*) et il encourut la malédiction quand il atteignit l'isolement plénier (*tafrîd*), le parfait retirement de soi en soi en lequel il se complut[15]. »

Dans son commentaire, Hallâj développe avec insistance cet aspect de fermeture sur soi qu'illustre la faute de l'ange. Iblis – dans la mise en scène hallâjienne – aurait été jusqu'à dire à Dieu : « Ta malédiction ne me nuira pas !... Même si je suis délaissé par Toi, Ton délaissement même m'est une compagnie...[16] » Iblis refuse le risque de quitter ce qu'il possède en lui-même – jusqu'à l'idée qu'il se fait de Dieu et de sa perfection – au point qu'un acte d'hégire et d'*islam*, d'ouverture et d'abandon à une altérité transcendante, lui paraît suicidaire.

Cet aspect de la faute de l'ange selon le Coran met en évidence sa conséquence la plus funeste qui est, en dehors du refus de se soumettre à la volonté de Dieu, le refus de la communication qui est comme l'âme de la création dans l'intention du Créateur. C'est par rapport à la faute ainsi envisagée en ses conséquences sur l'histoire des hommes que la figure de Maryam prend sa pleine signification.

En effet – et là nous quittons la vision de Hallâj pour revenir au texte coranique –, l'exemple central que propose le Coran en modèle est celui de Maryam, mère de 'Isâ, ce qui nous amène à considérer la figure de Maryam, par-delà toute anecdote, comme la plus haute réalisation, pour une créature, du témoignage monothéiste. Nous irons même jusqu'à dire notre étonnement de ce qu'un mystique tel que Hallâj n'ait suggéré aucun parallèle avec Maryam alors qu'il fait intervenir, dans sa mise en scène, Moïse redescendant du Sinaï.

La punition d'Iblis

Aux raisons qu'invoque Iblis pour justifier son refus, Dieu répond : « Descends d'ici ! Tu ne saurais te montrer orgueilleux en ce lieu ! Sois du nombre des abaissés (*as-sâghirûna*) » (C 7 : 13). Le même épisode est repris en diverses sourates. Selon C 15 : 34-36, Dieu dit : « Sors d'ici ! Tu es maudit (*rajîm*) ! Que la malédiction (*la'na*) soit sur toi jusqu'au Jour du Jugement ! » (voir aussi C 38 : 77-78).

Iblis aurait alors demandé à Dieu un délai : de le laisser parmi les hommes jusqu'au Jour de la résurrection afin qu'il puisse les tenter et se venger d'eux qui avaient été l'occasion de son épreuve et de sa chute. Il dit à Dieu : « ... Si tu m'ajournes jusqu'au Jour de la résurrection, sûr que je dominerai toute la descendance de celui-ci (Adam) que Tu honores plus que moi, sauf un petit nombre d'entre eux ! » (C 17 : 62). Relevons la symétrie des expressions : de la femme de 'Imrân mettant sous protection toute spéciale de Dieu Maryam et « sa descendance » (C 3 : 36) contre Satan le maudit ; et d'Iblis se promettant de se venger sur Adam « et sa descendance ». Il se promet de les harceler et de les disperser de désirs. Il dit : « Je leur ordonnerai de changer la création de Dieu » (C 4 : 119-120). Et le Coran commente : « mais ses promesses ne sont qu'illusion. »

La sourate 34 (v. 20) reconnaît explicitement qu'Iblis a réalisé son projet et qu'il s'est fait de nombreux adeptes, à l'exception d'un groupe de croyants. Une fois encore, la mise en parallèle antithétique entre Iblis et Maryam transparaît du lexique, puisque c'est le même verbe, à la même forme, *saddaqa*, qui sert d'un côté à affirmer que Maryam a rendu véridiques en les réalisant les décrets de Son Seigneur et de Ses Ecritures (C 66 : 12), et de l'autre à confirmer qu'Iblis réalisa sa conjecture.

La faute du premier couple

Ce n'est qu'en regard de ces événements de la prééternité que, dans le Coran, se situe et se comprend la faute du premier couple. De ce point de vue, il convient de se souvenir que c'est Iblis qui sollicite de Dieu l'autorisation d'habiter l'histoire des hommes jusqu'à la fin des temps pour les tenter. Or Dieu l'y autorise tout en en connaissant les risques et les conséquences négatives.

Car, le Coran en témoigne, Dieu sait qu'Il a créé l'homme d'impatience, que celui-ci « est voué à la précipitation (C 21 : 37 et 17 : 11), qu'il manque profondément de détermination (C 20 : 115). La sourate 20 *Ta Ha* relate l'épisode de la faute avec une grande sérénité objective. Dieu dit : « Certes Nous avions passé avec Adam un pacte, mais il l'oublia [17] et Nous ne lui trouvâmes aucune détermination/... Adam désobéit à son Seigneur et fut dans l'erreur/ Puis son Seigneur l'a élu [18], Il lui a pardonné et l'a dirigé » (v. 115 ; 121-122).

A peine l'avait-il installé dans le Jardin que Dieu dit à Adam à propos d'Iblis : « Attention ! Celui-ci est votre ennemi, pour toi et ton épouse ! qu'il ne vous fasse pas sortir du Jardin car vous seriez malheureux, connaissant la faim, la soif et la nudité » (C 20 : 117-119).

L'avertissement n'était pas inutile, puisque le verset suivant dit que le démon chercha à tenter Adam en lui disant : « T'indiquerai-je l'arbre de l'immortalité et un Royaume impérissable » (v. 120). Ce thème selon lequel le démon promet à l'homme royaume et immortalité en contrepartie d'une désobéissance à l'ordre divin se rencontre dans les Evangiles à propos de la tentation de Jésus au désert, à l'aube de sa mission (Mt 4 : 1-11 ; Mc 1 : 12-13, Lc 4 : 1-13), où le diable l'invite à défier la Providence en feignant de s'abandonner à elle. Mais cet épisode, pourtant en harmonie avec la vision coranique, ne figure pas dans le Coran[19].

Ailleurs il est dit (C 2 : 35 et 7 : 19-20) que Dieu, installant Adam et son épouse dans le Jardin, leur avait dit qu'ils pouvaient en profiter librement, manger de ses fruits partout où ils le souhaitaient (allusion à un âge paradisiaque de cueillette comme paradigme de la non-violence), mais Il les avait également avertis qu'ils ne s'approchent pas de tel arbre précis, au risque d'être du nombre des injustes. Le texte poursuit en disant que le démon les fit trébucher et que Dieu leur dit alors : « Descendez ! Vous serez (dès lors) ennemis les uns des autres et votre séjour sur la terre ne sera que jouissance éphémère. » La sourate 2 poursuit (v. 37) – comme si les événements se succédaient sans discontinuité : « Adam reçut de son Seigneur certaines paroles (*kalimât*). Il avait fait retour vers lui, car Il est toujours enclin au retour, le Miséricordieux. » Dans la subtile organisation coranique des signes et des symboles, relevons que le singulier déterminé « du palmier » (comme s'il était unique), au pied duquel Maryam mit au monde son fils, se trouve en symétrie symbolique avec l'arbre singulier qui semble focaliser le paradis en même temps que l'interdit.

Loin de faire résonner tragiquement la faute du premier couple comme une culpabilité qui se transmettrait de génération en génération, le retour divin ouvre sur le repentir de l'homme (la sourate 38 cite plusieurs figures exemplaires caractérisées par leur état d'incessante repentance *awwâb*) : David, v. 17 ; Salomon, v. 30 ; Job, v. 44). Certes, la vie sur terre sera faite d'antagonismes et de guerres, et l'homme devra mourir, mais cette condition est davantage envisagée comme une « normalité » inhérente à la nature de l'homme que comme la conséquence ou la sanction d'une faute.

7.

Exemplarité de « Marie la musulmane »

> « A ceux qui croient, Dieu propose en
> exemple la femme de Pharaon, quand elle dit :
> "Mon Seigneur bâtis-moi une demeure auprès
> de Toi au paradis ! Délivre-moi de Pharaon et
> de ses réalisations. Sauve-moi du peuple des
> iniques."/ (Et Il leur propose en exemple)
> Maryam la fille de 'Imrân qui fortifia sa virgi-
> nité de sorte que Nous insufflâmes en son sein
> de Notre Esprit. Elle donna réalité (en les avé-
> rant) aux paroles de Son Seigneur ainsi qu'à
> Ses Ecritures. Elle était (par excellence) de
> ceux qui font oraison. » (C 66 : 11-12)

Les derniers versets de la sourate 66 proposent en exemple
universel quatre figures féminines. Aux dénégateurs d'abord,
l'exemple négatif des épouses de Noé et de Loth, au sujet
desquelles Dieu déclare : « Elles étaient toutes deux sous l'autorité de deux de nos serviteurs parmi les plus saints », et
pourtant – nous résumons la suite du verset – cela ne leur
servit à rien et elles finirent en enfer. Ensuite, aux croyants,
Dieu propose comme modèle la femme de Pharaon qui, à
l'inverse des deux premières, bien que soumise à l'autorité
d'un impie, Pharaon, aspira à Dieu et à Son paradis.
Le dernier exemple proposé, celui de Maryam, n'est pas

symétrique aux précédents, puisqu'il s'agit de la seule figure féminine du Coran à porter un nom propre, la seule qui ne soit soumise à nulle autorité médiane : Maryam, vierge consacrée librement à Dieu, ne recherche que l'agrément de Dieu dans le plus total effacement.

A travers les figures de la femme de Pharaon et de Maryam, ce sont également deux mondes qui sont mis en parallèle : d'un côté l'Egypte pharaonique qu'illustre – même s'il n'est pas expressément mentionné par le Coran – le symbole des pyramides, image d'un idéal construit de pouvoir temporel se donnant l'apparence d'éternité ; de l'autre côté le monde sémitique, voué à l'imprévisible, avec la famille de 'Imrân, et particulièrement la figure de Maryam.

Même si c'est dans une intention louable et dans une perspective positive, la femme de Pharaon demande pour elle Ses faveurs à Dieu : qu'Il lui bâtisse, auprès de Lui, au paradis, une demeure de contemplation. Certes, elle aspire à une éternité d'intimité avec Dieu, mais en pensant d'abord à elle, en des termes imagés de stabilité, de sécurité et de confort spirituel. Dans le même élan, elle demande d'ailleurs à Dieu qu'Il la délivre de son époux, Pharaon, ainsi que de ses œuvres et de son peuple injuste.

En contraste, Maryam ne demande rien pour elle (sinon l'oubli : cf. C 19 : 23), et surtout pas de construction, même bâtie par Dieu. Sa voie spirituelle, nous avons pu le constater, soustractive, est faite d'insécurité, de retrait, de dépossession et d'effacement progressifs. Alors qu'elle avait consacré à Dieu sa virginité, voilà que l'annonciation la met en demeure d'accepter, sur décret divin, de devenir mère. La trajectoire de vie qu'elle avait sans doute envisagée lors de sa consécration se trouve mise en cause. Elle ne renoncera pas pour autant à sa résolution, mais se voit en demeure d'en envisager différemment la réalisation, par des voies imprévisibles et paradoxales, dans la nuit de la foi. C'est l'ultime dépossession des conséquences de son vœu qui lui est demandée. Cet acte radical d'*islam* auquel Maryam se trouve alors confrontée est selon le Coran celui-là même sur lequel Dieu va fonder Sa nouvelle création.

Dieu agrée cet acte paradigmatique d'*islam* en insufflant en Maryam de Son Esprit en sorte qu'elle conçoive un Verbe venu de Lui : 'Isâ (C 3 : 45). Alors que, dans son dessein de vengeance, Iblis projetait d'égarer les hommes en les dispersant de désirs et de désarticuler ainsi le signe de la création en sa cohérence (pour le rendre moins lisible aux hommes), l'acte d'*islam* de Maryam, agréé de Dieu, le restaure en redonnant à la création un centre et une polarité (C 23 : 50) : le signe exemplaire du fils de Maryam et de sa mère sur la colline d'éternité.

Par ailleurs, n'oublions pas que, selon le Coran, Maryam, mère de 'Isâ, est également sœur de Moïse. Or la sœur – en ce cas non nommée – de Moïse veille sur son frère que sa mère a caché, tout bébé, sur les rives du Nil. Le récit coranique de la femme de Pharaon découvrant l'enfant laisse entendre, sans le dire directement, que le couple pharaonique n'avait pas d'enfant et que la femme en souffrait. La sourate 28, qui contient ce récit, s'attache aux relations de Pharaon avec Moïse et stigmatise l'arrogance de Pharaon en contraste avec la condition d'humiliation des fils d'Israël. Dieu déclare au verset 5 : « Nous avons voulu combler de Nos bontés ceux qui avaient été abaissés... en faire des modèles (ou des guides, *'a'imma*, pl. de *'imam*) et en faire des héritiers (*wârithûna*) [1]. » Au verset 9, lorsque l'épouse de Pharaon découvre Moïse dans une corbeille sur les bords du Nil, elle s'exclame : « Cet enfant sera une fraîcheur de l'œil (c'est-à-dire une joie, un réconfort) pour moi et pour toi ! Ne le tuez pas ! Peut-être nous sera-t-il utile et même, peut-être, le prendrons-nous pour enfant !... »

Nous retrouvons ici les catégories souvent rencontrées de la descendance et de l'héritage. Il s'agit de plus qu'un simple jeu de mots lorsque, dans sa prière (C 66 : 11), la femme de

Pharaon demande à Dieu qu'Il lui « construise » une maison auprès de Lui. Le même mot arabe *'ibni* peut se comprendre soit comme l'impératif du verbe *bana*, en ce cas « construis-moi... », soit comme le substantif *'ibn* qui désigne le fils[2]. N'ayant pas d'enfant, de fils, la femme de Pharaon aspire à une réalisation dans l'autre monde, auprès de Dieu. C'est ce même mot, comme substantif, *'ibn*, qui dans la titulature de 'Isâ exprime sa relation à la Vierge, sa mère : *'Isâ'bnu Maryam*. Alors que la femme de Pharaon, sans enfant, dans sa piété, demande à Dieu de lui bâtir, au paradis, une maison auprès de Lui, Maryam, qui n'aspire qu'à l'effacement et à l'oubli, se voit annoncer un fils, inaugurant une descendance spirituelle radicalement nouvelle.

Citons à ce propos ces lignes de Baqlî (mystique musulman, mort en 1209), commentant les versets 16-17 de la sourate « Maryam » : « L'indication réelle est ici que la substance de Maryam est la substance même de la sainteté originelle. Eduquée par le Réel (ou le Vrai, *al-haqq*, nom divin) dans la lumière de l'intimité, elle est, en chacune de ses respirations, "aimantée" par les signes de la proximité et de l'intimité vers le foyer des lumières divines ; elle guettait à chaque instant le lever du soleil de la puissance à l'orient du Règne. Elle se retira de tous les êtres créés, par son aspiration élevée pénétrée de la lumière du mystère caché... Lorsqu'elle eut contemplé la manifestation de l'orient éclatant de l'Eternel, Ses lumières l'envahirent et Ses secrets parvinrent jusqu'à (l'intime de) son âme. Son âme conçut par le souffle du mystère caché. Elle devint (alors) porteuse de la Parole la plus haute et de la lumière de l'Esprit le plus élevé. Lorsque son état devint grandiose par le reflet en elle de la beauté manifestant l'Eternel, elle se cacha loin des créatures mettant sa joie dans les épousailles de la Réalité (*al-haqq*)[3]. »

A la lecture de ce commentaire de Baqlî – « Lorsque son état devint grandiose par le reflet en elle de la beauté manifestant l'Eternel, elle se cacha loin des créatures... » –, on ne peut s'empêcher de penser au texte biblique d'Ex 34 : 29-34, qui dit de Moïse que lorsqu'il descendit du Sinaï avec les Tables du Témoignage (ou de la Loi), il ne savait pas que son visage rayonnait à la suite de son entretien avec Yahvé. Quand il s'en aperçut, il se couvrit le visage d'un voile qu'il n'ôtait que pour s'entretenir avec Dieu ou communiquer ses ordres aux enfants d'Israël[4]. D'où l'insistance sur cet orient de l'être, source de toute lumière. L'effacement de Maryam n'exclut nullement l'éclat de cette lumière réverbérée en elle. La voie de retrait et d'effacement qui caractérise la figure coranique de Maryam, Marie la musulmane, lui permet d'accéder à la seule réalité impérissable, à l'Unique Vrai absolu. Ainsi la voie soustractive découvre-t-elle, en son ultime aboutissement, le roc de la subsistance éternelle. Le réalisme spirituel de Maryam lui fait fuir non pas le monde, mais ses apparences.

Cette présentation sobre et épurée de la figure de Maryam que propose le Coran est fort éloignée des innombrables anecdotes qui fleurirent dans la prédication populaire nourrie de diverses traditions apocryphes en vue sans doute de rendre le récit plus attractif. Mais ces ajouts – en dépit des meilleures intentions – ne font que distraire de la teneur théologale de la révélation selon sa cohérence propre.

Plutôt donc que de rappeler ces diverses anecdotes, étrangères au texte coranique, arrêtons-nous aux grandes métaphores qu'il propose dans cette même lumière théologale.

Maryam et la métaphore de la lumière

Pas plus que Maryam n'est explicitement qualifiée par le Coran de « musulmane », alors que tout converge vers cette conclusion qui en fait un paradigme non appropriable (confessionnellement) de la remise de soi à Dieu, dans un acte d'abandon actif et confiant d'*islam*, pas davantage ne lui sont expressément dédiés les versets relatifs à la lumière dans la sourate 24 (intitulée précisément *an-Nûr*, « La lumière »).

Ces versets, avec ceux de l'annonce faite à Maryam, sont parmi les plus beaux du Coran. Les trente-trois premiers versets de cette sourate (qui en compte soixante-quatre) sont consacrés à des questions de morale sexuelle et de bienséance, relevant du registre de la sociologie plus que de la révélation de valeurs transcendantes et de mystères. Comme le verset consacré à la plus haute vocation féminine, « les femmes gardiennes du secret de ce que Dieu garde... » (C 4 : 34), les versets consacrés à la métaphore de la lumière se trouvent cachés, comme des perles précieuses, au milieu d'admonitions toutes relatives aux conditionnements de l'époque. Ce n'est d'ailleurs sans doute pas par hasard que ces versets d'une beauté saisissante, qui magnifient de multiples façons les réflexions de la lumière divine sur Sa création, se dissimulent dans l'environnement des ombres de la contingence.

Notre choix de mettre en relation ces versets consacrés à la lumière dans la sourate 24 avec la figure de Maryam se trouve conforté par le fait que parmi les versets qui précèdent (v. 11-12), il est question d'une « calomnie énorme » qui aurait été colportée à propos de 'Aysha, épouse du Prophète. L'expression pour dire cette infamie est, mot pour mot, la même (*buhtân ʿazîm*) que celle employée, en C 4 : 156, à propos de la calomnie répandue par les juifs sur Maryam, la mère de 'Isâ. Par ailleurs, juste avant le verset 35 sur la lumière, le verset 33, dans une perspective très paulinienne, déclare : « Que ceux qui ne trouvent pas à se marier s'efforcent à la chasteté[5] jusqu'à ce que Dieu leur suffise par Sa grâce... »

De même, symétriquement, aussitôt après le verset sur la lumière sont évoqués les moines (C 24 : 36-37). La métaphore centrale se trouve donc à l'intérieur d'un faisceau d'arguments ayant trait, sous différents angles et à divers niveaux, à la chasteté consacrée.

La lumière dont il est question dans ce passage est à la fois lumière divine et immatérielle, transcendante ; lumière cosmique des grands luminaires ; lumière discrète et fragile des oratoires monastiques ; lumière métaphorique enfin : éclat irradiant de la pureté spirituelle. Voici donc ces versets d'une densité saisissante :

> v. 34 : Oui ! Nous avons fait descendre sur vous des signes incontestables ainsi qu'un exemple (*mathal*) tiré de ceux qui vous précédèrent et une édification pour ceux qui craignent Dieu de crainte révérencielle.
>
> v. 35 : Dieu est la lumière des cieux et de la terre. Elle est comparable (*mathaluhu*) à une niche (*mishkât*) dans laquelle serait une lampe (*misbâh*) ; cette lampe serait elle-même dans un cristal ; ce cristal on pourrait le prendre pour un astre étincelant. (Cette lampe) est allumée à un arbre de bénédiction (*min shajaratin mubârakatin*), à un olivier (*zaytûnatin*) qui n'est ni oriental (*la sharqiyyatin*) ni occidental (*wa la gharbiyyatin*). Son huile (est si pure) qu'elle éclaire sans même que le feu ne la touche. Lumière sur lumière. Vers Sa lumière Dieu dirige qui Il veut. Et Il use envers les hommes de métaphores (*'amthâl*, plur. de *mathal*), car Dieu, de toute chose, est Connaissant[6]. »

A partir de ce foyer théologal, la sourate poursuit en décrivant comment cette lumière transcendante se réverbère dans le signe complexe de la vie consacrée :

> v. 36 : (Cette lumière brille) en des édifices que Dieu a permis que l'on élevât pour qu'y soit invoqué Son nom et qu'Il y soit glorifié de l'aube au crépuscule.
>
> v. 37 : Par des hommes que ni troc ni commerce ne distraient du rappel de Dieu, de l'accomplissement de la prière et de l'aumône qui purifie. Ils redoutent un jour où les cœurs et les regards seront révulsés (au Jour du Jugement).
>
> v. 38 : Dieu les récompensera du meilleur qu'ils auront accompli à quoi Il ajoutera de Sa satisfaction. Car Dieu pourvoit qui Il veut sans tenir compte.

Cette dernière assertion reprend, dans les mêmes termes, la réponse de Maryam à Zacharie dans le Temple, réponse qui surprit le prêtre et l'amena à solliciter de Dieu qu'Il lui accorde une descendance qu'Il agrée.

La tradition chrétienne orientale (liturgique et patristique) a plus souvent assimilé la conception virginale de Jésus par Marie au miracle donné par Dieu en signe à Moïse du buisson ardent qui brûlait sans se consumer et d'où sortait la voix de Dieu. Le Coran, pour sa part, qui évoque en plusieurs passages (C 20 : 8-14 ; 27 : 7-9 ; 28 : 29-30) cette première théophanie accordée à Moïse, ne relève aucun lien symbolique de ce miracle avec la conception virginale de Maryam. On peut d'autant plus s'étonner de ce silence que le Coran suggère par ailleurs, par de nombreuses allusions, des rapprochements entre les figures de Moïse et de Maryam, sa sœur. En l'occurrence il dit seulement que Moïse était avec sa famille lorsqu'il aperçut un feu sur le versant du Mont (Sinaï). Il leur dit : « Demeurez-ici ! j'ai vu un feu. Peut-être vous en rapporterai-je une information, ou (du moins) un brandon pour vous chauffer » (C 28 : 29). Peut-être convient-il de rapprocher du buisson ardent qui brûlait sans se consumer cet arbre béni dont il est dit (C 24 : 35) qu'il n'est ni d'orient ni d'occident et dont l'huile est si pure qu'elle n'a pas besoin, pour éclairer, de feu qui la consume. On ne saurait l'exclure de façon péremptoire et les méditations de la liturgie chrétienne orientale sur ce thème, concluant sur Jésus nouveau Moïse, rendent ce sous-entendu plausible[7]. Et il convient de ne pas ignorer, dans le même verset de la sourate « La lumière », la mention de l'olivier (*zaytûna*) dont le Coran, par ailleurs, fait l'emblème du monothéisme chrétien quand il évoque (C 95 : 1-3) les trois religions du Livre : « Par le Mont Sinaï !/ Par le Mont des figuiers et des oliviers !/ Par cette ville sûre (la Mekke) ! »

Selon la sourate 27, verset 8, quand Moïse parvint (au feu) il lui fut crié de l'intérieur du buisson : « Béni soit Celui qui est dans le feu et qui l'entoure ! O transcendance de Dieu, Seigneur des univers. » Et, selon C 20 : 13-14, Dieu dit à Moïse : « Moi Je t'ai choisi. Ecoute ce qui va t'être révélé/ Moi, c'est Moi Dieu – il n'y a pas d'autre dieu que Moi – adore-Moi donc, et accomplis la prière (ou dresse ta face) en rappel de Moi ! »

L'analogie entre les deux interpellations divines annonciatrices, à Moïse et à Maryam, est indéniable, bien que celle adressée à Moïse soit davantage marquée par la crainte sacrée, moins sereine et intime que celle adressée à Maryam. La différence se manifeste jusque dans les termes utilisés pour les inviter respectivement à prier Dieu. A Moïse, Dieu dit : « dresse ta face vers Moi », dans l'attitude cultuelle traditionnelle, alors que les anges engagent Maryam à se recueillir dans l'oraison continue (C 3 : 43 ; c'est l'attitude que suggère la racine *QNT*[8]).

Le silence et l'oraison de Maryam

L'une des caractéristiques premières de la figure coranique de Maryam réside dans son silence. La seule fois où elle prend la parole, c'est lors de l'annonciation, pour s'adresser aux anges et non aux hommes, et leur affirmer sa résolution de demeurer vierge, puis les interroger, en conséquence, sur les modalités de la réalisation du décret divin (C 3 : 47). Par la suite, même calomniée par les siens, elle ne leur répond pas et laisse la parole à son fils encore au berceau. L'Evangile de Luc souligne également cette attitude de Marie « qui conservait avec soin tous ces souvenirs et les conservait en son cœur » (Lc 2 : 19 et 51). Le silence de Maryam exprime mieux que toute parole le caractère ontologique, existentiel du mystère qui l'habite. Elle est par elle-même signe, et non porteuse d'un message. L'avération tacite de Maryam n'est pas sans analogie avec l'attitude coranique de réserve recueillie devant l'indicible du Mystère.

En commentaire à C 3 : 43 : « O Maryam, sois pieuse (*aqnutî*) envers ton Seigneur, adore-Le (*asjudi'ilayhî*) et prosterne-toi (devant Lui) avec ceux qui se prosternent (*raka'a*) », Tirmidhî (mort en 898) déclare : « Il fut exigé de Maryam l'oraison intérieure, c'est-à-dire qu'elle s'oriente de tout son cœur vers Dieu, mettant son âme sous Son ombre divine... pour qu'Il contienne ses désirs ; et cela afin que ses désirs ne s'agitent pas et ne se dispersent pas dans leur ébullition et leur bouillonnement au point que leur vapeur ne parvienne jusqu'à l'endroit de la poitrine d'où s'irradient les lumières de la divinité. Car parmi Ses dons, notre Seigneur n'a accordé à aucun de Ses serviteurs-adorateurs le droit à ce que la lumière de Sa gloire s'irradie dans sa poitrine... Il fut donné à Maryam de se maintenir dans un état d'oraison et d'apaisement, tenant ainsi son cœur orienté face à la gloire de Dieu, afin qu'elle soit constamment en cette attitude de glorification de la majesté divine[9]. »

Selon une cohérence spirituelle indéniable, Tirmidhî met en parallèle antithétique la dispersion par laquelle Iblis, à l'aube du temps, se proposait d'égarer les humains et l'oraison de recueillement contemplatif dont Maryam fut gratifiée et dont elle constitue le paradigme : « elle fut, par excellence, de ceux qui font oraison (*qânitûna*). » Au verset 5 de la même sourate 66, se trouvent idéalement définies les épouses du Prophète : ce sont « celles qui s'abandonnent à Dieu (*muslimât*), les croyantes (*mu'minât*), celles qui se consacrent à l'oraison (*qânitât*), celles qui se repentent (*tâ'ibât*), celles qui adorent ('*âbidât*), celles qui ont choisi l'itinérance (ou la non-fixation) pour Dieu (*sâ'ihât*)... » L'oraison permanente dans le silence et le recueillement constitue le signe spirituel du recentrage de la création en Maryam, en même temps qu'une anticipation eschatologique.

Grandeur théologale de « Marie la musulmane »

Force est de reconnaître, au terme de notre parcours à travers le texte coranique, la beauté, la force, l'originalité et l'exceptionnelle grandeur de la figure de « Marie la musulmane ». L'assimiler à quelque pâle copie de la figure de Marie des Evangiles, pour la raison que le Coran ne la présente pas comme mère de Dieu, serait réducteur. L'argument est d'ailleurs d'autant moins pertinent que tout – ou presque – de ce que dit d'elle le Coran est absent des Evangiles ; et qu'inversement, rien de ce que les Evangiles relatent de la vie cachée de Jésus et de sa mère ne se retrouve dans le Coran.

Le Coran ne dit rien non plus des prophéties, miracles et autres événements qui, dans les Evangiles, précèdent et entourent la venue au monde de Jésus, jusqu'à l'adoration des bergers et des mages et la fuite en Egypte. Il ne retient de la vie de Maryam que les signes les plus transcendants, de sa conception jusqu'à la naissance de 'Isâ et la présentation de celui-ci à sa famille. Les Evangiles, pour leur part, ne disent rien de Marie avant l'annonciation. Cet événement mystérieux – qui, pour reprendre l'expression coranique, relève des récits du mystère (*'anbâ'al-ghayb*), puisqu'il n'eut pas de témoins et se déroule dans l'ordre spirituel – se révèle néanmoins absolument central de part et d'autre, chargé de significations essentielles.

De nombreux islamologues occidentaux, devant les évidentes dissymétries entre Coran et Evangile, se sont mis en quête d'autres modèles dont se serait inspiré le Coran. Il est évident que l'étude des sources, d'un point de vue particulier et limité, peut s'avérer éclairante. Mais en l'occurrence, à la différence des Evangiles par rapport à la Bible, le Coran proclame avec une telle insistance son origine transcendante (par référence directe au *umm al-kitâb*) que l'on ne saurait ignorer cette revendication et prétendre l'expliquer en dehors de sa propre cohérence, à partir uniquement de modèles antérieurs. Comme le dit J. Berque : « Aux yeux des musulmans, comme on sait, l'écrit coranique est "descendu" tel quel... Il ne s'agit pas pour nous de contester non plus que d'affirmer la vérité objective de l'islam ou de toute autre religion, mais de demander... comment il organise sa propre véridicité. Un texte comme celui-là ne doit être abordé que *compte tenu* de (je ne dis pas *selon*) l'optique de la communauté qui le professe [10]. »

Certains spécialistes se sont alors tournés vers les Evangiles apocryphes. Or les textes apocryphes, à l'inverse du Coran, en rajoutent très généralement dans l'anecdote et cherchent à combler les non-dits significatifs du texte révélé par des aménagements d'ordre narratif plus proches de la prédication populaire que de la sobriété des révélations canoniques. L'arbitraire de tels rapprochements entre le Coran et les apocryphes chrétiens trouve une de ses meilleures illustrations lorsque certains commentateurs et traducteurs vont jusqu'à remplacer, dans la sourate 3, le nom de 'Imrân par celui de Joachim sous prétexte que c'est sous ce nom que certains apocryphes désignent le père de Marie, cela alors même que les Evangiles canoniques n'en disent rien. Ce stratagème, nous l'avons relevé en son lieu, ayant pour seule fin d'éviter l'identification – contre toute vraisemblance historique –, entre le père de Moïse et celui de Maryam la mère de 'Isâ [11].

Or ce subterfuge pour faire triompher la vraisemblance historique sur le signe de révélation a pour conséquence de supprimer le site scripturaire assuré de l'identification des deux figures de Maryam, rassemblant en une seule et même figure les deux lignées, du désert et de la promesse. La portée typologique et symbolique de l'identification des deux figures est sans commune mesure avec toute prétention de vraisemblance historique. Par ailleurs, en assimilant les deux figures de Maryam, le Coran se situe lui-même, en sa différence, par rapport aux révélations antérieures tout en faisant ressortir l'unité des deux Testaments (pour reprendre la terminologie chrétienne). Le Coran, qui répète qu'il assume et vient confirmer les révélations antérieures, le fait en les intégrant et organisant dans le cadre de sa vision typologique, exemplaire et anhistorique, qui revendique pour source et paramètre le Livre auprès de Dieu (*umm al-kitâb*).

Il peut bien sûr s'avérer très éclairant et précieux de relever, dans la perspective d'une lecture « dialoguante » des Ecritures, les analogies et les différences du Coran avec la Bible et les Evangiles, ainsi qu'avec les diverses traditions du monothéisme abrahamique, à condition que l'on n'en fasse pas le centre d'un dispositif d'explication en termes d'influences et d'emprunts. En aucun cas une telle approche, en termes de dépendance, ne pourra ouvrir à la compréhension de l'originalité (et de l'identité) d'un texte sacré, quel qu'il soit. Ainsi ne suffit-il pas de reconnaître que le Jésus et la Marie coraniques sont proprement musulmans[12], encore convient-il de chercher à connaître (pour la reconnaître) la grandeur originale de ces figures, devenues essentielles à un titre différent, inédit, dans ce cadre autre.

Ajoutons que ce serait simplifier indûment le texte coranique que de n'en retenir que l'égalité et la répétitivité des figures prophétiques. Certes, le 'Isâ coranique est proprement un prophète selon l'islam, mais parmi les prophètes et envoyés que le Coran cite en exemple, il occupe, à tous points de vue, une place unique. Certes la figure coranique de 'Isâ n'est pas identifiable à celle du Jésus des Evangiles, mais, sous une autre lumière, elle apparaît également exceptionnelle dans le Coran et dans l'économie divine qu'il expose. Or c'est cette originalité intracoranique qui en premier lieu nous questionne et nous intéresse, c'est par rapport à elle également que se dessine l'originalité exceptionnelle de « Marie la musulmane ».

Pour tenter de comprendre objectivement l'interpellation spécifique d'une révélation – ce que nous avons tenté de faire –, il est indispensable de repérer tout d'abord le contexte et la perspective d'ensemble dans lesquels viennent s'inscrire ses signes. Ce n'est qu'en référence à ces paramètres internes qu'ils signifient, s'organisent et s'ajustent. On ne saurait donc s'attendre à ce que la figure coranique de Maryam soit identique à celle des Evangiles, chacune n'étant compréhensible que par rapport à son propre environnement scripturaire.

Si Maryam dans le Coran ne se définit pas comme mère de Dieu, sa perfection paradigmatique réside dans sa recherche absolue de conformité à la volonté divine jusqu'au paroxysme du dépouillement. C'est en cela que son exemple se révèle universel, inappropriable, proposé par-delà les conditionnements de lieux et de temps ; et c'est ce qu'illustre la récapitulation typologique dont la glorifie le Coran. Elle réactualise le témoignage monothéiste dont Abraham constitue la figure universellement reconnue, mais elle le fait en tant que femme, ce qui y ajoute, selon le Coran, une proximité nouvelle avec le mystère de Dieu.

LES SOURATES MARIALES

« La famille de ʿImrân »

(traduction M. Dousse)

Au nom de Dieu le Tout-Miséricorde, le Miséricordieux

1   *Alif Lam Mim.*

2   Dieu – il n'y a pas de divinité hors Lui, le Vivant, le Subsistant par qui tout subsiste –

3   a fait descendre sur toi[1] le Livre dans la Vérité pour avérer ce qui avait cours. Car Il avait fait descendre auparavant la Torah et l'Evangile comme direction pour les hommes ; enfin Il a fait descendre le Critère[2].

4   A ceux qui dénient Ses signes Dieu (réserve) un châtiment sévère ; or Dieu est Tout-Puissant et Maître-de-vengeance.

5   En vérité, à Dieu rien n'échappe de ce qui est sur la terre ni dans les cieux.

6   C'est Lui qui vous donne forme dans le ventre de vos mères à Son gré. Il n'y a pas d'autre divinité que Lui le Tout-Puissant, le Sage.

7   C'est Lui qui a fait descendre sur toi ce Livre dont certains versets – signes[3] sont péremptoires – ils relèvent de la Mère du Livre[4] – alors que d'autres sont ambigus. Ceux parmi les hommes dont le cœur dévie s'attachent à ce qu'il y a d'ambigu (dans le Livre) par attrait pour la dispute et par attrait pour l'interprétation, alors que seul Dieu possède la science de l'interprétation. Quant à ceux qui sont enracinés dans la

(vraie) science, ils (se bornent à) déclarer : « Nous y croyons en tant qu'il vient entièrement d'auprès de notre Seigneur. » Mais ne méditent que ceux qui ont l'intelligence du cœur.

8   Notre Seigneur, ne fais pas dévier nos cœurs après nous avoir guidés et donne-nous, venue de Toi, une miséricorde, Toi le Dispensateur par excellence.

9   Notre Seigneur, c'est Toi qui rassembleras les hommes au Jour qui ne laisse pas de doute. Dieu ne manque pas à Sa promesse.

10   Ceux qui auront dénié ni leur fortune ni leurs enfants ne les garantiront en rien contre Dieu et ils alimenteront le feu

11   Comme il en alla de la famille de Pharaon et de leurs devanciers qui dénièrent Nos signes : Dieu se saisit d'eux par leurs péchés. Or Dieu est terrible dans (Son) châtiment !

12   Dis à ceux qui dénient : Bientôt vous serez vaincus et menés à la Géhenne. Quel détestable endroit pour se reposer !

13   Un signe vous a été donné dans la rencontre de deux troupes, dont l'une combattait pour la cause de Dieu alors que l'autre était (composée) de dénégateurs ; ces derniers estimèrent – à vue d'œil – le nombre des autres au double du leur [5]. Dieu soutient de Son assistance qui Il veut. C'est là une leçon pour ceux qui savent voir.

14   On a paré de séduction pour les hommes l'amour des objets de désirs : que ce soient les femmes ou les fils, les monceaux que l'on accumule d'or et d'argent, ou les chevaux de race, les troupeaux ou les champs labourés. Or tout cela n'est que jouissance de la vie immédiate alors que c'est auprès de Dieu que se trouve la splendeur du retour.

15   Dis : Vous annoncerai-je mieux encore que cela ? Il y aura, pour ceux qu'anime une crainte pieuse, auprès de leur Seigneur, des jardins de sous lesquels courent des ruisseaux ; ils y seront éternels, et (y trouveront) des épouses purifiées ainsi qu'une satisfaction venue (immédiatement) de Dieu. Dieu est Clairvoyant sur Ses serviteurs.

16   Ceux qui disent : « Notre Seigneur ! nous, nous avons cru, alors pardonne-nous nos péchés et épargne-nous le châtiment du feu ! »

17   Ce sont les patients, les sincères, les pieux et les généreux, ceux qui dès avant l'aube implorent le pardon (de Dieu).

18   C'est Dieu Lui-même qui témoigne qu'il n'y a pas de divinité hors Lui ; et les anges ainsi que ceux qui possèdent la vraie science – et ce n'est là que justice de leur part – (proclament) qu'il n'est pas de divinité hors Lui le Tout-Puissant, le Sage.

19   Oui ! la religion auprès de Dieu c'est la remise active et confiante de soi (*islam*[6]). Ceux auxquels avait été donné le Livre ne divergèrent qu'après que leur fut venue la science, et par jalousie réciproque. Que quiconque dénie les signes de Dieu (le sache) : Dieu est prompt à demander compte.

20   S'ils te cherchent querelle, dis (seulement) : Pour ma part, j'ai fait acte d'abandon de ma face (ou de mon honneur) entre les mains de Dieu, et ceux qui me suivent également. Et demande à ceux auxquels fut donnée l'Ecriture ainsi qu'aux païens : Avez-vous fait acte d'abandon (ou d'*islam*) ? S'ils l'ont fait ils sont dans la voie droite, mais s'ils se détournent (sache que ne t'incombe que la charge) de faire parvenir (le message). Dieu est Clairvoyant sur Ses serviteurs.

21   A ceux qui dénient les signes-versets de Dieu, à ceux qui contre tout droit tuent les prophètes et tuent ceux qui parmi les hommes cherchent à établir l'équité, fais-leur l'annonce d'un châtiment cruel.

22   Ceux-là, ici-bas et dans la vie dernière, leurs actions seront vaines et ils ne trouveront personne pour les secourir.

23   N'as-tu pas observé ceux auxquels fut confiée une part du Livre ; les appelle-t-on à prendre le Livre de Dieu pour arbitrer entre eux, voilà qu'une partie de ceux-ci se détournent et prennent le large.

24   Cela parce qu'ils ont prétendu : « Le feu ne nous touchera que pour un nombre compté de jours. » Ils ont été trompés (eux-mêmes) dans leur religion par cela qu'ils ont inventé.

25 Qu'en sera-t-il lorsque Nous les rassemblerons pour un Jour qui ne fait pas de doute, où chaque âme sera rétribuée en fonction de ce qu'elle aura accompli et où nul ne sera lésé.

26 Dis : O mon Dieu, Souverain de la royauté ! Tu octroies la royauté à qui Tu veux, Tu retires la royauté à qui Tu veux ; Tu rends puissant qui Tu veux comme Tu humilies qui Tu veux. Tout bien est en Ta main et sur toute chose Tu es Omnipotent.

27 Tu fais pénétrer la nuit dans le jour et Tu fais pénétrer le jour dans la nuit[7] ; Tu fais sortir le vivant du mort et Tu fais sortir le mort du vivant et Tu pourvois qui Tu veux sans tenir compte.

28 Que les croyants se gardent de prendre les dénégateurs pour alliés de préférence aux croyants ; qui agirait ainsi se couperait totalement de Dieu sauf si c'est parce que vous les redoutez avec raison ! Dieu vous met en garde contre Lui-même car c'est vers Dieu que (converge) le devenir.

29 Dis : Que vous cachiez ce qui est en vos poitrines ou que vous le manifestiez, Dieu le connaît, comme Il connaît ce qui est dans les cieux et ce qui est sur la terre. Dieu est Omnipotent.

30 Le jour où chaque personne se trouvera confrontée à ce qu'elle aura fait de bien ou de mal, elle préférerait alors qu'une grande distance la sépare (encore de ce jour). Dieu vous met en garde contre Lui-même. Dieu est tendre pour ceux qui L'adorent.

31 Dis : Si (vraiment) vous aimez Dieu, eh bien, suivez-moi ! Dieu vous aimera et vous pardonnera vos péchés, car Dieu est Tout-Pardon, Miséricordieux.

32 Dis : Obéissez à Dieu et à Son Envoyé ! Et si vous vous détournez (sachez que) Dieu n'aime pas ceux qui dénient.

33 Oui ! Dieu a élu Adam, Noé, la famille d'Abraham et la famille de 'Imrân par-dessus les univers

34 en tant que descendants les uns des autres. Dieu est Celui qui entend et qui sait.

35 Quand la femme de 'Imrân déclara : « Mon Seigneur ! Moi, libérée de tout lien, je Te voue ce que je porte en mon sein ; alors, reçois-le de moi, Toi qui entends et qui sais. »

36 Lorsqu'elle en eut accouché elle s'exclama : « Mon Seigneur ! voilà que c'est d'une fille que (moi) j'ai accouché . » Or Dieu savait mieux qu'elle ce dont elle avait accouché et que le garçon n'est pas comme la fille. « Eh bien, moi, je lui donne le nom de Maryam et (moi) je la mets sous Ta protection expresse, ainsi que toute sa descendance, contre Satan – qu'il soit lapidé ! »

37 C'est du plus bel accueil que son Seigneur l'accueillit. Il la fit croître de la plus belle croissance et la confia à Zacharie. A chaque fois qu'il se rendait auprès d'elle dans le Saint des saints, Zacharie trouvait, (posée) à ses côtés, (sa) subsistance. Et lorsqu'il lui disait : « Maryam, d'où cela te vient-il ? » elle répondait (simplement) : « D'auprès de Dieu ! car Dieu pourvoit qui Il veut sans tenir compte. »

38 C'est là même que Zacharie pria son Seigneur disant : « Mon Seigneur, fais-moi don, venant de Toi, d'une descendance excellente. Tu es Celui qui entends la prière ! »

39 Les anges l'appelèrent alors qu'il se tenait en prière dans le Saint des saints : « Dieu te fait porter la bonne nouvelle de Yahya (Jean) qui sera avérateur d'un Verbe venu de Dieu ; qui sera un noble du désert, en tant que chaste et prophète d'entre les justifiés. »

40 Il dit : « Mon Seigneur, comment aurais-je un garçon quand la vieillesse m'a atteint et que ma femme est stérile ? » (Les anges) dirent : « C'est comme ça ! Dieu fait ce qu'Il veut ! »

41 Il dit : « Mon Seigneur ! Fais exprès pour moi un signe ! » (Dieu) dit : « Voilà ton signe : tu ne parleras à personne trois jours durant sinon par gestes. En outre fais constamment rappel de ton Seigneur et exalte Sa transcendance soir et matin ! »

42 Quand les anges dirent : « O Maryam, Dieu t'a élue et t'a purifiée, Il t'a élue au-dessus des femmes des univers !

43 O Maryam, sois pieuse envers ton Seigneur, adore-(Le) et prosterne-toi (devant Lui) avec ceux qui se prosternent. »

44 Ce récit appartient aux récits du mystère[8] que Nous te révélons. Tu n'étais pas parmi eux quand ils jetaient leurs calames pour désigner lequel d'entre eux aurait à prendre soin de Maryam ; tu n'étais pas là lorsqu'ils disputaient entre eux.

45 Quand les anges dirent : « Maryam, Dieu te fait porter la bonne nouvelle d'un Verbe (*kalima*) venu de Lui dont le nom est le Messie 'Isâ-fils-de-Maryam. Il sera prodigieux en cette vie et dans l'autre ; il est de ceux que Dieu S'est rendus proches.

46 Il parlera aux hommes, dès le berceau, comme un homme mûr et sera du nombre des justes. »

47 Elle dit (alors) : « Mon Seigneur ! comment aurais-je un enfant sans qu'aucun homme ne me touche ? – C'est comme ça ! (répondit l'ange.) Dieu crée ce qu'Il veut. S'Il décide une chose, il Lui suffit de dire à cette chose "Sois !" et elle est !

48 Il lui enseignera le Livre et la Sagesse, la Torah et l'Evangile. »

49 En tant qu'envoyé aux fils d'Israël ('Isâ dit) : « moi, je viens à vous muni d'un signe de votre Seigneur. Moi, je créerai pour vous à partir de l'argile une forme d'oiseau et quand j'y insufflerai (mon haleine) il deviendra, avec la permission de Dieu, un (véritable) oiseau ; je guérirai l'aveugle et le lépreux et je ferai (même) vivre les morts, avec la permission de Dieu. Je vous aviserai de ce que vous mangez et de ce que vous cachez dans vos maisons. Oui ! il y a un signe en cela si vous êtes croyants !

50 En tant qu'avérateur de ce qui m'est antérieur de la Torah ainsi que pour vous libérer de certains interdits, je suis venu à vous avec un signe de votre Seigneur. Craignez donc Dieu de crainte révérencielle et obéissez-moi.

51 Dieu est en vérité mon Seigneur comme Il est votre Seigneur. Adorez-Le donc car c'est la Voie de rectitude. »

52 Mais lorsqu'il sentit de leur part la dénégation Jésus dit : « Qui donc sera mon auxiliaire pour tendre à Dieu ? » Les apôtres dirent : « Nous serons les auxiliaires de Dieu car nous

croyons en Dieu. Sois témoin de ce que nous sommes de ceux-qui-s'abandonnent-à-Dieu[9].

53 Notre Seigneur ! Nous avons cru en ce que Tu as révélé et nous avons suivi l'Envoyé ; alors, inscris-nous parmi les témoins. »

54 Ils (les fils d'Israël ?) cherchèrent à ruser (contre Jésus), mais Dieu à Son tour usa de ruses (avec eux) ; or en ruses Il est le plus fort[10] !

55 Dieu dit alors : « Jésus, c'est Moi qui vais te recouvrer[11], t'élever auprès de Moi, te purifier de ceux qui dénient et Je vais placer ceux qui t'ont suivi au-dessus de ceux qui t'ont dénié, jusqu'au Jour de la résurrection. Ensuite, c'est vers Moi que s'accomplira votre retour et c'est alors que Je jugerai entre vous de l'objet de votre divergence.

56 Quant à ceux qui auront dénié Je les châtierai d'un dur châtiment en ce monde et dans l'autre et ils ne trouveront personne qui les secourt.

57 Tandis que ceux qui auront cru et accompli les œuvres salutaires on leur acquittera leur salaire. Dieu n'aime pas les iniques. »

58 Ce que Nous t'énonçons là relève des signes du sage Rappel.

59 Oui ! la forme de Jésus, du point de vue de Dieu, est semblable à celle d'Adam qu'Il a créé de poussière puis auquel Il dit : « Sois ! », et il fut.

60 C'est la vérité venue de ton Seigneur, ne sois donc pas de ceux qui doutent.

61 Si quelqu'un dispute avec toi sur ce sujet après ce qui t'est venu de science (n'hésite pas) à déclarer : Venez ! convoquons nos fils et vos fils, nos femmes et vos femmes, nos personnes et les vôtres, puis livrons-nous à une exécration réciproque appelant la malédiction de Dieu sur ceux qui auront menti.

62 Oui ! Celui-ci est bien le récit selon la vérité, et il n'y a pas d'autre divinité sinon Dieu seul. Or Dieu, c'est le Tout-Puissant, le Sage.

63 S'ils se détournent, eh bien, Dieu connaît Lui les corrupteurs !

64 Dis : Gens du Livre, rejoignez une formule commune entre nous et vous : que nous n'adorons que Dieu seul, que nous ne Lui associons rien et que nous ne nous prenons pas les uns les autres pour seigneurs en dehors de Dieu. S'ils se dérobent, dites : Soyez témoins que (pour notre part) nous nous en remettons (à Dieu) !

65 Gens du Livre, pourquoi disputer au sujet d'Abraham quand Torah et Evangile ne furent révélés que postérieurement à lui ? Ne raisonnez-vous pas ?

66 Vous voilà bien ! que vous disputiez sur ce dont vous avez quelque connaissance, (d'accord !) mais pourquoi disputez-vous sur ce dont vous n'avez nulle connaissance alors que Dieu sait et que vous, vous ne savez pas.

67 Abraham n'était ni juif ni chrétien mais *hanîf*[12] (ou croyant originel), et *muslim* (de ceux-qui-s'en-remettent à Dieu). Il n'était pas de ceux qui associent (quoi que ce soit à Dieu).

68 Les plus proches d'Abraham, parmi les hommes, sont ceux qui s'attachent à le suivre, c'est-à-dire ce prophète et ceux qui croient. Dieu est le Protecteur des croyants.

69 Un groupe parmi les Gens du Livre voudrait vous égarer, mais ils n'égarent qu'eux-mêmes, sans s'en rendre compte.

70 Gens du Livre, pourquoi déniez-vous les signes-versets de Dieu alors que vous en êtes témoins ?

71 Gens du Livre, pourquoi travestir le vrai avec le faux ? pourquoi dissimulez-vous la vérité alors que vous savez ?

72 Un groupe parmi les Gens du Livre (n'hésite pas à) dire : « Au début du jour croyez en ce qui a été révélé aux croyants, mais à sa fin déniez-le, dans l'espoir de les faire revenir ! »

73 Et puis encore : « Ne vous fiez qu'à ceux qui suivent votre (propre) religion ! » (A cela) réponds : La voie droite, c'est la voie de Dieu (qui peut comporter) que soit donnée à d'autres la même chose qui vous fut donnée, quitte à ce qu'ils argumentent contre vous auprès de votre Seigneur. Dis : La grâce (n'est que) dans la main de Dieu, et c'est Lui qui la dispense à qui Il veut. Dieu est Immense et Il sait.

74 Il privilégie de Sa miséricorde qui Il veut, car Dieu est le Détenteur de la Grâce Suprême.

75 Parmi les Gens du Livre il en est qui, si tu leur confiais un quintal, te le rendraient alors que d'autres parmi eux, leur confierais-tu un dinar, qu'ils ne te le rendraient qu'après longue insistance de ta part. Cela parce qu'ils prétendent : « Les païens n'ont aucun moyen de recours à notre encontre ! » Ainsi profèrent-ils sciemment sur Dieu le mensonge.

76 Or qui s'acquitte de ses engagements et craint (Dieu) de crainte révérencielle, (qu'il sache que) Dieu aime ceux qui Le craignent.

77 Ceux qui cèdent à vil prix leur pacte avec Dieu et leurs serments, ceux-là n'auront aucune part dans la vie dernière ; Dieu ne leur adressera pas la parole et ne les regardera même pas au Jour de la résurrection. Il ne les purifiera pas, leur (réservant) un châtiment douloureux.

78 Il y en a même parmi eux certains qui gauchissent leur langue dans la récitation du Livre pour que vous preniez cela comme relevant du Livre alors que cela n'appartient pas au Livre. Et ils disent : « Cela vient d'auprès de Dieu », alors que cela ne vient pas d'auprès de Dieu ; et ils profèrent ainsi sciemment sur Dieu le mensonge.

79 Or il n'appartient pas à un mortel auquel Dieu aurait donné le Livre, la norme et la prophétie de dire ensuite aux gens : « Soyez adorateurs de moi plutôt que de Dieu ! » mais il dira plutôt : « Soyez des hommes-du-Seigneur en tant que vous enseignez le Livre et en tant que vous l'avez étudié. »

80 (Dieu) ne vous commande pas de prendre pour maîtres les anges ni les prophètes ; comment vous commanderait-Il la dénégation après que vous êtes devenus de ceux-qui-se-soumettent ?

81 Quand Dieu reçut le pacte des prophètes (Il déclara) : « Etant donné ce qui vous a été octroyé d'Ecriture et de Sagesse, et qu'ensuite vous est venu un Envoyé avérant les messages antérieurs, vous (devez) croire en ce dernier et lui prêter assistance. » Il dit encore : « Déclarez-vous être tenus par ces ter-

mes de Mon pacte ? » Ils dirent : « Nous le déclarons ! » et Lui : « Alors, témoignez et Moi je serai avec vous pour témoigner ! »

82 Quiconque après cela se dérobera sera considéré comme scélérat.

83 Aspirent-ils à une religion autre que celle de Dieu alors qu'à Lui se soumettent, de gré ou de force, ceux qui sont au ciel et ceux qui sont sur la terre et que c'est vers Lui qu'ils seront ramenés ?

84 Dis : Nous croyons en Dieu et en ce qui est descendu sur nous et en ce qui est descendu sur Abraham, Ismaël, Isaac et Jacob et sur les tribus, en ce qui fut octroyé à Moïse, à Jésus et aux prophètes de la part de leur Seigneur. Nous ne distinguons pas un seul d'entre eux (dans la mesure) où nous nous en remettons à Lui (*muslimûna*).

85 Qui aspirerait à une autre religion que la remise de soi à Dieu (*islam*), cela ne sera pas accepté de Sa part et il sera, dans la vie dernière, parmi les perdants.

86 Comment Dieu dirigerait-Il (encore) un peuple qui dénie après avoir cru et témoigné que l'Envoyé l'est en vérité et après que leur furent venues les preuves ? D'ailleurs Dieu ne guide pas le peuple inique.

87 Ceux-là, leur rétribution sera de porter sur eux la malédiction de Dieu, des anges et des hommes unanimes.

88 Ils seront éternels (en enfers) et leur tourment ne sera pas allégé et on ne les regardera pas

89 Hormis ceux qui se seront repentis par la suite et se seront amendés, Dieu est Tout-Pardon, Miséricordieux.

90 Mais ceux qui auront dénié après avoir cru puis auront encore ajouté à leur déni, de ceux-là le repentir ne sera pas agréé. Ce sont les égarés !

91 Quant à ceux qui auront dénié et seront morts en dénégateurs il ne sera accepté d'aucun d'entre eux, même le pesant de la terre en or s'il l'offrait en rançon. A ceux-là est (réservé) un châtiment douloureux sans personne pour les secourir.

92 Vous n'atteindrez pas à la vertu tant que vous ne vous serez pas dépouillés (en aumônes) de ce à quoi vous tenez. Si peu que vous ayez ainsi donné, Dieu en est Connaissant.

93 Toute nourriture était licite pour les fils d'Israël, sauf ce qu'Israël s'était interdit à lui-même avant que ne descendît la Torah. Dis : Eh bien ! apportez la Torah et récitez-la si vous êtes véridiques !

94 Quiconque forgera sur Dieu le mensonge après cela... voilà les iniques.

95 Dis : Dieu dit la Vérité. Suivez la tradition d'Abraham en *hanîf* : il n'était pas de ceux qui associent !

96 Oui ! la première Maison que Dieu a établie pour les hommes est celle qui se trouve à Bakka (la Mekke), bénédiction et direction pour les univers.

97 Il s'y trouve des signes évidents tels que la station d'Abraham et le fait que quiconque y pénètre y est en sécurité et que, pour Dieu, le pèlerinage à la Maison s'impose à tout homme qui en a la possibilité et les moyens. Quant aux dénégateurs (qu'ils sachent que) Dieu est Suffisant à Lui-même et n'a nul besoin des univers !

98 Dis : Gens du Livre, pourquoi déniez-vous les signes-versets de Dieu alors que Dieu est témoin de ce que vous faites ?

99 Dis : Gens du Livre, pourquoi chercher à détourner les croyants du chemin de Dieu en le souhaitant tortueux ? (Et cela) alors que vous êtes témoins et que Dieu n'est pas inattentif à ce que vous faites.

100 O vous qui croyez ! (Faites attention car) si vous vous soumettez à un certain groupe de ceux qui ont reçu l'Ecriture, ils vous rendront dénégateurs alors que vous étiez croyants !

101 Mais comment pourriez-vous être dénégateurs alors que sur vous viennent récités les signes-versets de Dieu et que Son Envoyé réside parmi vous, et que celui qui s'attache à Dieu a déjà été dirigé (par Lui) sur une voie de rectitude ?

102 O Vous qui croyez, craignez Dieu de crainte révérencielle, de la juste crainte qui convient à Son égard et ne mourez qu'en vous en remettant à Lui en toute confiance (*muslimûn*).

103 Fortifiez-vous collectivement du lien de Dieu et ne vous divisez pas. Et souvenez-vous du bienfait que Dieu vous accorda quand, alors que vous étiez ennemis, Il rétablit la concorde en vos cœurs si bien que vous devîntes frères par Sa grâce. Vous étiez pourtant au bord d'un abîme de feu et Il vous en sauva ! C'est ainsi que Dieu explicite pour vous Ses signes escomptant que vous vous dirigiez droitement,

104 Puissiez-vous constituer une communauté qui appelle au bien, ordonne le convenable et proscrive le blâmable : ceux-là seront les bienheureux (*muflihûn*).

105 N'agissez pas à la façon de ceux qui se divisèrent et s'opposèrent après que les preuves leur furent venues. A ceux-là est réservé un châtiment cruel.

106 Au jour où certains visages blanchiront tandis que d'autres noirciront il sera dit à ceux dont le visage aura noirci : « N'avez-vous pas dénié après avoir cru ? Eh bien, goûtez (maintenant) ce châtiment qu'alors vous déniiez ! »

107 Quant à ceux dont les visages auront blanchi, eh bien, ils demeureront éternels dans la miséricorde de Dieu.

108 Tels sont les signes-versets de Dieu ; c'est dans la vérité que Nous te les récitons. Dieu ne veut pas d'iniquité pour les univers !

109 A Dieu tout ce qui est aux cieux et sur la terre. C'est vers Dieu que toute chose fera retour.

110 Vous êtes la meilleure communauté qui fût jamais suscitée pour les hommes : vous ordonnez le convenable et proscrivez le blâmable et vous croyez en Dieu. Si les Gens du Livre croyaient cela vaudrait vraiment mieux pour eux ; mais, même s'il en est parmi eux qui croient, la majorité sont des scélérats.

111 Ils ne vous nuiront guère ; et s'ils viennent à vous combattre ils vous tourneront vite le dos ; et puis, ils ne seront pas secourus.

112 Ils seront frappés par l'humiliation où qu'ils se trouvent, à moins d'une sauvegarde (spéciale) de Dieu et d'une sauvegarde accordée par les hommes. La colère de Dieu sera leur site. Ils seront frappés par l'indigence (en punition de) ce qu'ils déniaient les signes de Dieu et tuaient les prophètes contre toute justice ; cela du fait de leur rébellion et de leur transgression.

113 (Mais) tous ne sont pas à mettre sur le même rang parmi les Gens du Livre : il est (notamment) une communauté qui se consacre à réciter les signes-versets de Dieu pendant la nuit, en faisant des prosternations ;

114 qui croient en Dieu et au Jour dernier, ordonnent le convenable et proscrivent le blâmable, qui s'empressent dans les bonnes actions : ils sont du nombre des justes.

115 Nul bien qu'ils auront fait ne leur sera dénié. Dieu connaît bien ceux qui Le craignent de crainte révérencielle.

116 (Mais) ceux qui auront dénié, ni leurs richesses ni leurs enfants ne leur seront d'aucun secours contre Dieu : ce seront les compagnons du Feu, ils y seront pour l'éternité.

117 L'image de ce qu'ils dissipent en cette vie (évoque) celle d'un vent de grêle qui atteint le champ ensemencé de gens iniques à eux-mêmes et le détruit. Ce n'est pas Dieu qui les a lésés : ils se sont lésés eux-mêmes.

118 Vous qui croyez, ne prenez pas de confidents en dehors des vôtres car ils ne manqueraient pas de vous faire du tort ; ils veulent votre perte ; la haine s'exprime par leur bouche mais ce que cache leur poitrine est pire encore. Nous vous avons explicité les signes, si du moins vous raisonniez !

119 Là, c'est bien vous ! Vous les aimez alors ils ne vous aiment pas ! Vous, vous croyez au Livre en sa totalité tandis qu'eux, lorsqu'ils vous rencontrent, prétendent : « Nous croyons ! » alors qu'à peine seuls entre eux ils se mordent les doigts de rage contre vous. Dis : Mourez de rage (si vous voulez) ! Dieu sait bien ce que recèlent les poitrines.

120 Si un bonheur vous touche, ça leur fait mal ; alors que si c'est un malheur qui vous atteint, ils s'en réjouissent. Cependant

si vous savez patienter et si vous craignez Dieu de crainte révérencielle leur intrigue ne vous nuira absolument pas. Oui ! Dieu circonscrit ce qu'ils font.

121 Quand tu quittais les tiens de bon matin pour placer les croyants à leur poste en vue du combat, Dieu entend et Il sait,

122 Quand deux groupes d'entre vous songeaient à fléchir alors que Dieu était de tous deux le Protecteur et que c'est sur Dieu (uniquement) que doivent s'appuyer les croyants.

123 Dieu vous a bien secourus à Badr quand vous étiez humiliés. Craignez Dieu de crainte révérencielle avec l'espoir d'avoir à (Le) remercier.

124 Quand tu disais aux croyants : « Cela ne vous suffit-il donc pas que votre Seigneur grossisse vos rangs par la descente de trois mille anges ? »

125 Mais oui, si vous êtes patients et craignez Dieu de crainte révérencielle alors que (vos ennemis) foncent sur vous dere-chef, c'est de cinq mille anges porteurs d'oriflammes que votre Seigneur vous renforcera.

126 Dieu ne le fait qu'à titre de bonne nouvelle pour vous, pour tranquilliser par cela vos cœurs. En fait la victoire ne vient que de Dieu seul, le Tout-Puissant, le Sage.

127 (Il le fait également) pour casser la pointe de ceux qui dénient, pour les culbuter et qu'ils rentrent chez eux déconfits.

128 Tu n'as aucune part au décret : soit (leur Seigneur) leur par-donnera, soit Il les châtiera. De toute façon, ce sont des ini-ques !

129 A Dieu ce qui est aux cieux comme ce qui est sur terre. Il pardonne à qui Il veut, Il châtie qui Il veut. Dieu est Tout-Pardon, Miséricordieux.

130 Vous qui croyez, ne mangez pas l'usuraire doublement redou-blé (du principal). Craignez Dieu de crainte révérencielle dans l'espoir d'être des bienheureux !

131 Et prémunissez-vous contre le feu déjà préparé pour ceux qui dénient.

132 Obéissez à Dieu et à Son Envoyé dans l'espoir qu'il vous soit fait miséricorde.

133 Pressez-vous vers un pardon de votre Seigneur et un jardin vaste comme les cieux et la terre (réunis), déjà préparé pour les craignants-Dieu.

134 Ceux qui se dépouillent en don quand ils sont dans l'aisance, mais également quand ils sont dans la gêne ; ceux qui savent contenir leur ressentiment et effacer l'offense subie de la part des hommes : Dieu aime ceux qui font le bien.

135 Ceux qui, s'ils ont commis une turpitude ou se sont lésés eux-mêmes, se souviennent de Dieu et demandent pardon pour leurs péchés. – Or qui pardonne les péchés sinon Dieu seul ? – Ceux qui ne persistent pas dans leurs agissements (mauvais) quand ils en ont pris conscience.

136 Leur récompense, à ceux-là, ce sera un pardon de leur Seigneur et des jardins de sous lesquels courent des ruisseaux et où ils demeureront éternels. Qu'il est beau le salaire de ceux qui agissent !

137 D'autres avant vous ont connu le sort traditionnel (réservé par Dieu aux dénégateurs). Parcourez donc la terre et observez quelle fut la fin de ceux qui démentaient.

138 Ceci est un clair exposé pour les hommes, une direction et une édification pour les craignants-Dieu.

139 Ne faiblissez pas et ne vous affligez pas car, si vous êtes croyants, vous êtes plus hauts que tous !

140 Si une blessure vous affecte, sachez qu'une blessure pareille affecte également (l'autre) peuple. Ces journées (d'épreuve) Nous les faisons alterner parmi les humains afin que Dieu reconnaisse ceux qui croient (vraiment) et qu'Il se choisisse parmi vous des témoins (ou des martyrs). Dieu n'aime pas les injustes.

141 Façon pour Dieu d'éprouver les croyants et d'anéantir ceux qui dénient.

142 Escomptiez-vous entrer au Paradis sans que Dieu ait (d'abord) reconnu ceux qui parmi vous ont combattu, sans qu'Il ait reconnu les patients.

143 Avant de la rencontrer, vous souhaitiez la mort ; maintenant vous l'avez vue (et vous l'affrontez) les yeux grands ouverts.

144 Muhammad n'est qu'un envoyé et il y eut avant lui (d'autres) envoyés. S'il meurt ou s'il est tué retournerez-vous sur vos talons ? Celui qui revient sur ses talons ne nuit nullement à Dieu, mais Dieu récompense les reconnaissants.

145 Il n'appartient à personne de mourir sinon avec la permission de Dieu, selon le terme irrévocablement fixé dans le Livre. A qui désire la récompense de ce monde, Nous en donnons une part ; à qui désire la récompense de l'autre vie, Nous lui en donnerons une part. Et Nous rétribuerons bientôt les reconnaissants.

146 Combien de prophètes furent assistés dans leurs combats par des légions (angéliques) nombreuses ! Ils ne fléchirent pas devant les épreuves rencontrées dans la voie de Dieu ; ils ne faiblirent ni ne cédèrent. Dieu aime les patients.

147 Ils ne faisaient que dire : « Notre Seigneur, pardonne-nous nos péchés et nos outrances de comportements. Affermis nos pas et secours-nous contre le peuple des dénégateurs ! »

148 Alors Dieu leur accorda la récompense de ce monde ainsi que la splendeur de celle de la vie dernière. Dieu aime ceux qui agissent bien.

149 Vous qui croyez, si vous obéissez à ceux qui dénient, ils vous feront revenir sur vos pas et vous retournerez ayant tout perdu.

150 Mais non, car Dieu est votre Protecteur et Il est le meilleur des auxiliaires.

151 Nous jetterons dans le cœur des dénégateurs l'épouvante parce qu'ils ont associé à Dieu ce sur quoi Dieu n'a fait descendre nulle justification. Leur refuge sera le Feu, affreux séjour des iniques.

152 Dieu confirma Sa promesse envers vous quand, avec Sa permission, vous anéantissiez vos ennemis ; jusqu'au moment où vous avez fléchi et vous vous êtes disputés au sujet de l'affaire ; vous avez désobéi après que Dieu vous eut fait entrevoir ce que vous souhaitiez. Il en est parmi vous qui aspirent à ce monde-ci et il en est parmi vous qui aspirent à la vie dernière. Ensuite, pour vous éprouver, Dieu vous a détournés d'eux (vos ennemis). Certes Il vous a pardonné car Dieu est Maître de grâce pour les croyants.

153 Quand vous remontiez (vers Médine) sans vous retourner sur qui que ce soit alors que l'Envoyé vous appelait sur vos arrières. Ainsi (Dieu) vous paya d'une peine par une autre peine pour que vous ne vous attristiez pas plus de ce qui vous échappait que de ce qui vous atteignait. Dieu est bien informé sur vos agissements !

154 Ensuite, après la peine, Il fit descendre sur vous une somnolence confiante qui gagna un groupe d'entre vous alors qu'un autre groupe, préoccupé de soi-même, faisait sur Dieu des conjectures sans fondement, conjectures de l'outrance païenne. Ils disaient : « Pourquoi ne participons-nous pas à la décision ? » Mais dis-leur : La décision tout entière (ne relève) que de Dieu. En fait, ils refoulent en eux-mêmes ce qu'ils n'osent pas extérioriser devant toi. Ils disent : « Si nous avions été consultés en vue de la décision, nous n'aurions pas été ici massacrés ! Dis : Même si vous étiez restés dans vos maisons, ceux dont la mort était écrite (auraient été rejoints par elle) jusque dans leur lit ! C'est pour que Dieu éprouve ce que recèlent vos poitrines et purifie ce qui est en vos cœurs. Dieu connaît parfaitement la vérité des cœurs.

155 Ceux d'entre vous qui firent demi-tour le jour où s'affrontèrent les deux troupes, c'est uniquement Satan qui les a fait trébucher à raison de certains de leurs acquis. Mais Dieu a effacé leur (faute). Oui ! Dieu est Tout-Pardon, Longanime.

156 Vous qui croyez, ne soyez pas comme ceux qui dénient et disent de leurs frères disparus en parcourant la terre ou en combattant : « S'ils étaient restés avec nous ils ne seraient pas morts et n'auraient pas été tués ! » Que Dieu transforme cela

en regret dans leurs cœurs, car c'est Dieu (seul) qui fait vivre et qui fait mourir. Dieu est Clairvoyant sur vos agissements.

157 Si vous êtes tués sur le Chemin de Dieu ou si vous mourez (de mort naturelle), un pardon venu de Dieu et Sa miséricorde valent mieux que ce qu'ils amassent.

158 Soit que vous mouriez, soit que vous soyez tués, c'est vers Dieu que vous serez rassemblés.

159 C'est grâce à une miséricorde venue de Dieu que tu t'es comporté avec douceur à leur égard ; si tu t'étais montré rude, dur de cœur, ils se seraient détachés de ton entourage. Efface leurs fautes et demande pardon pour eux, et consulte-les sur la décision à prendre. Mais quand tu auras tranché, alors remets-t'en à Dieu, car Dieu aime ceux qui s'en remettent à Lui.

160 Si Dieu vous accorde Son secours personne ne vous vaincra. Mais s'Il vous abandonne qui donc pourrait vous secourir en dehors de Lui. Qu'à Dieu (seul) s'en remettent les croyants !

161 Ce n'est pas le fait d'un prophète que de frauder. Quiconque aura fraudé comparaîtra avec sa fraude au Jour de la résurrection, au jour où toute âme sera recouvrée avec ce qu'elle aura accompli et où nul ne sera lésé.

162 Peut-on comparer celui qui poursuit la satisfaction de Dieu à celui qui habite le ressentiment de Dieu et dont le refuge sera la Géhenne. Quelle horrible destination !

163 Ils (occupent) des degrés divers auprès de Dieu, car Dieu est Clairvoyant sur leurs agissements.

164 Dieu a particulièrement comblé de Sa grâce [13] les croyants en leur déléguant un envoyé pris d'entre eux qui récite sur eux Ses versets-signes, les purifie et leur enseigne le Livre et la Sagesse, alors même qu'ils étaient auparavant dans un égarement manifeste.

165 Lorsqu'un malheur vous atteignit, alors que vous en aviez infligé le double (à l'ennemi) n'avez-vous pas dit : « Comment cela a-t-il pu arriver ? » Dis : Cela n'est dû qu'à vous-mêmes ! Dieu sur toute chose est Tout-Puissant.

166 Et ce qui vous arriva au jour où se rencontrèrent les deux troupes n'advint qu'avec la permission de Dieu, pour qu'Il reconnaisse les vrais croyants

167 Et qu'Il reconnaisse les hypocrites. Ceux qui, quand on leur avait dit : « Allez ! combattez dans le chemin de Dieu », ou bien « Repoussez (les infidèles) ! » avaient répondu : « Mais si nous avions été au courant d'un combat (ou si nous savions combattre), naturellement que nous vous aurions suivis. » Ils étaient ce jour-là plus proches de la dénégation que de la foi, proférant de leur bouche autre chose que ce qu'ils avaient dans le cœur. Mais Dieu sait mieux que quiconque ce qu'ils refoulent !

168 Ceux qui, tranquillement installés, disent de leurs frères : « S'ils nous avaient écoutés, ils n'auraient pas péri au combat ! » Dis : (Eh bien) écartez donc de vous-mêmes la mort, si vous dites vrai !

169 D'ailleurs, ne considérez pas comme morts ceux qui furent tués dans le chemin de Dieu ; tout au contraire, ils sont vivants[14], auprès de leur Seigneur pourvus de tout,

170 Heureux de ce que Dieu leur a accordé de Sa grâce et se réjouissant par avance pour ceux (de leurs compagnons) qui ne les ont pas encore rejoints : rien à craindre pour eux, ils ne seront pas attristés,

171 D'avance ils se réjouissent d'une grâce venue de Dieu et d'un bienfait, car Dieu ne laisse pas perdre le salaire de ceux qui croient.

172 A ceux qui auront répondu à l'appel de Dieu et de l'Envoyé alors même que (déjà) ils avaient été blessés, à ceux d'entre eux qui auront bien agi et témoigné de crainte révérencielle, à eux une récompense immense.

173 Ceux auxquels les gens dirent : « Une coalition s'est formée contre vous, redoutez-la ! » Mais cela ne fit qu'accroître leur foi et ils répondirent : « Dieu nous suffit ! C'est le meilleur des protecteurs ! »

174 Eh bien, leur retour s'est fait dans un bonheur venu de Dieu et une grâce, sans qu'aucun mal ne les ait touchés. Ils ont

recherché la satisfaction de Dieu. Et Dieu est le Détenteur d'une grâce sans mesure.

175 Satan fait seulement peur à ses suppôts ! Mais vous, ne le craignez pas ! par contre craignez-Moi, si vous êtes croyants.

176 Ne t'attriste pas du fait que certains se précipitent dans la dénégation : ils ne font nul tort à Dieu, mais c'est Dieu qui ne veut pas leur assigner de part dans la vie dernière, leur (réservant) un châtiment sans limite.

177 Ceux qui troquent la foi contre la dénégation ne lèsent nullement Dieu mais (se réservent) un châtiment douloureux.

178 Que les dénégateurs n'aillent pas supputer que le délai que Nous leur accordons soit pour eux un bien ; si Nous les ajournons, c'est pour les laisser croître en péché et qu'ils subissent un châtiment ignominieux.

179 Dieu ne saurait laisser les croyants dans la situation où vous êtes jusqu'à ce qu'Il ait distingué le mauvais du bon ; mais Dieu ne saurait davantage vous donner regard sur le mystère ! Cependant Il choisit comme Envoyés ceux qu'Il veut. Croyez donc en Dieu et en Ses Envoyés ! Si vous croyez et craignez Dieu de crainte révérencielle, immense sera votre récompense.

180 Qu'ils ne se figurent pas, ceux qui se montrent avares de ce que Dieu leur a octroyé de Sa grâce, que cela leur profite. Non, c'est un mal pour eux et au Jour de la résurrection ils porteront autour du cou ce dont ils se montraient avares. A Dieu l'héritage des cieux et de la terre, et Dieu est bien informé sur vos agissements.

181 Dieu a bien entendu la parole de ceux qui disaient : « C'est Dieu qui est besogneux alors que nous nous suffisons à nous-mêmes. » Nous allons consigner leur dire, ainsi que leur meurtre des prophètes à contre-vérité et Nous leur dirons : Goûtez maintenant le châtiment de la calcination !

182 Cela en prix de ce qu'auront accompli vos mains. Dieu n'est pas injuste envers Ses serviteurs.

183 A ceux qui disent : « Dieu a conclu avec nous un pacte que nous ne fassions pas crédit à un envoyé tant que celui-ci ne

nous aura pas produit un sacrifice que dévorât le feu (céleste) [15]. » Dis : Des envoyés vous sont venus avant moi munis des preuves et de ce que vous dites ; alors, pourquoi donc les avez-vous tués, si vous êtes véridiques ?

184 Et s'ils te démentent (sache qu') ils ont démenti des envoyés avant toi venus pourtant avec les preuves, les psaumes et le Livre qui apporte la lumière.

185 Toute âme goûtera la mort. Et puis vous recevrez votre salaire, au Jour de la résurrection. Pour qui aura échappé au feu et aura été introduit au Jardin, ce sera le triomphe. Qu'est-ce que la vie de ce monde sinon jouissance d'illusions.

186 Vous serez certainement éprouvés dans vos biens et vos personnes. Vous entendrez certainement de nombreuses calomnies de la part de ceux qui reçurent l'Ecriture avant vous, en même temps que de ceux qui associent (à Dieu des dieux). Si vous endurez et craignez Dieu de crainte révérencielle, c'est là la disposition requise.

187 Quand Dieu reçut l'alliance de ceux auxquels Il avait confié l'Ecriture (stipulant) de la manifester aux hommes et de ne pas la leur cacher, ils la rejetèrent derrière leur dos et la troquèrent à vil prix contre quelque chose d'exécrable.

188 Ne va pas croire que ceux qui sont satisfaits de ce qu'ils ont fait et aiment à être loués pour ce qu'ils n'ont pas fait, ne va pas croire qu'ils seront à l'abri du châtiment ; non, leur châtiment sera douloureux !

189 A Dieu la royauté des cieux et de la terre. Dieu sur toute chose est Tout-Puissant.

190 Oui, dans la création des cieux et de la terre, dans l'alternance des nuits et des jours résident des signes pour ceux qui sont doués de l'intelligence du cœur.

191 Ceux qui font rappel de Dieu debout ou assis, ou couchés sur le côté, et qui méditent sur la création des cieux et de la terre, (ils disent) : « Notre Seigneur, ce n'est pas en vain que Tu as créé cela ! A Ta transcendance ne plaise ! Sauve-nous donc du châtiment du feu !

192 Notre Seigneur, c'est Toi qui fais entrer dans le feu et Tu couvres de honte (celui que Tu y fais entrer). Il n'y aura pas de défenseurs pour les iniques.

193 Notre Seigneur, nous, nous avons entendu un prédicateur appeler à la foi (disant) : "Croyez en votre Seigneur !" et nous avons cru. Notre Seigneur, pardonne en conséquence nos péchés, pardonne-nous nos mauvaises actions et recouvre-nous avec les purs.

194 Notre Seigneur, donne-nous ce que Tu nous as promis sur la tête de tes Envoyés et ne nous afflige pas au Jour de la résurrection. Toi qui ne manques jamais à Ta promesse. »

195 Leur Seigneur leur répondit : « Moi, je ne laisse perdre l'action de quiconque agit parmi vous, homme ou femme, car vous êtes solidaires les uns des autres. Quant à ceux qui auront fait exode ou qui auront été expulsés de leurs demeures et auront souffert dans Mon chemin, qui auront combattu et auront été tués, J'effacerai leurs mauvaises actions et Je les ferai entrer dans des jardins de sous lesquels des ruisseaux courent. C'est là récompense d'auprès de Dieu, or c'est auprès de Dieu que se trouve la plus belle récompense. »

196 Que ne te trouble pas l'agitation des dénégateurs dans la contrée !

197 Pauvre jouissance, après quoi leur refuge sera la Géhenne ! Quelle détestable couche !

198 Mais ceux qui auront craint leur Seigneur de crainte révérencielle (jouiront) de jardins de sous lesquels des ruisseaux courent ; et ils y seront éternels, en hôtes auprès de Dieu. Qu'y aurait-il de meilleur auprès de Dieu pour les purs.

199 Parmi les Gens du Livre il en est qui croient en Dieu et en ce qui est descendu sur vous comme en ce qui est descendu sur eux ; ils sont humbles devant Dieu et ne troquent pas à vil prix les signes de Dieu. Ceux-là recevront en leur Seigneur leur salaire. Dieu est prompt à faire le compte.

200 Vous qui croyez, soyez patients et même rivalisez de patience ; tenez ferme et craignez Dieu de crainte révérencielle, dans l'espoir d'être des triomphants.

SOURATE 19

« Maryam »

Au nom de Dieu, le Tout-Miséricorde, le Miséricordieux

1 *Kaf Ha Ya 'Ayn Sad*[1]

2 Mémorial de la miséricorde de ton Seigneur envers Son serviteur Zacharie

3 Quand celui-ci adressa à son Seigneur une requête secrète[2]

4 Il dit : « Mon Seigneur, mes os ne me portent plus et ma tête s'allume de blancheur, or jamais, jusqu'ici, mon Seigneur, je ne fus déçu en T'invoquant.

5 Mais voilà que je redoute ma parentèle après moi, car ma femme est stérile. Accorde-moi donc, venu de Toi, un descendant

6 Qui hérite de moi et (à travers moi) de la famille de Jacob ; et fais-le, mon Seigneur, tel qu'il Te soit agréable. »

7 « Zacharie, voilà que Nous t'apportons la bonne nouvelle d'un garçon du nom de Yahya (Jean) : Nous ne lui avons pas donné d'homonyme par le passé. »

8 « Mon Seigneur, comment aurais-je un garçon alors que ma femme est stérile (*âqir*), et que j'ai atteint l'âge de la décrépitude ? »

9 (Dieu) dit : « C'est ainsi ! Ton Seigneur dit : C'est pour Moi chose facile, ne t'ai-Je pas créé naguère, alors que tu n'étais rien ? »

10   Zacharie insista : « Mon Seigneur, suscite pour moi un signe ! » (Dieu) dit : « Ton signe ce sera que tu ne pourras parler à personne trois nuits durant. »

11   Zacharie sortit du Sanctuaire, se présenta à son peuple et leur fit comprendre qu'ils devaient célébrer (Dieu) matin et soir.

12   « Yahya, saisis-toi du Livre avec résolution. » Et Nous l'avons doté de l'illumination tout enfant

13   Ainsi que d'une tendresse émanée de Nous et que d'une (totale) pureté ; il craignait Dieu de crainte révérencielle ;

14   Il était respectueux envers ses parents et ne fut jamais ni violent ni rebelle.

15   Une paix est sur lui du jour où il est né, au jour où il est mort, comme au jour où il sera ressuscité vivant.

16   Et fais mémoire dans le Livre de Maryam, quand elle prit ses distances d'avec les siens vers un site oriental.

17   Elle se sépara d'eux encore par un voile ; c'est alors que Nous lui dépêchâmes Notre Esprit qui, pour elle, revêtit l'apparence d'un humain parfait.

18   Elle dit : « Moi, je cherche refuge en le Tout-Miséricorde contre toi, même si tu viens en craignant-Dieu ! »

19   Il dit : « Je ne suis qu'un envoyé de ton Seigneur (chargé de) te faire don d'un garçon pur. »

20   « Comment aurais-je un garçon, dit-elle, sans qu'aucun humain ne me touche et alors que je ne suis pas une prostituée ? »

21   (L'envoyé) répliqua : « C'est ainsi ! Ton Seigneur dit : C'est pour Moi chose facile ! Nous voulons en faire un signe pour les hommes et une miséricorde venue de Nous. C'est d'ailleurs chose décrétée (ou chose faite). »

22   Elle le conçut et s'isola avec lui en un lieu coupé de tout.

23   Les douleurs la saisirent et elle s'adossa au fût du palmier ; elle dit (alors) : « Que ne suis-je morte avant cela ! Que ne suis-je (moi) vouée à l'oubli, totalement oubliée ! »

24 Il l'appela de sous elle : « Ne sois pas triste ! Ton Seigneur a suscité en dessous de toi une gloire (ou un ruisseau caché)[3].

25 Secoue vers toi le fût du palmier : tu feras tomber sur toi des dattes mûres toutes cueillies[4].

26 Mange et bois[5] et rends sa fraîcheur à ton œil. Au cas où tu rencontrerais quelque humain (sur ton chemin) dis(-lui) : J'ai voué au Tout-Miséricorde un jeûne et je ne parlerai donc à personne aujourd'hui. »

27 Elle fit retour à son peuple portant (l'enfant). Ils s'écrièrent : « Maryam, tu as commis une chose épouvantable !

28 (Toi), la sœur d'Aaron ! Ton père n'était (pourtant) pas un époux indigne ni ta mère une prostituée ! »

29 (Pour toute réponse) elle se borna à faire un signe (muet) vers lui (l'enfant). Ils protestèrent : « Comment parlerions-nous à celui qui n'est encore qu'un enfant au berceau ? »

30 (L'enfant prit alors la parole et) dit : « Je suis le serviteur de Dieu qui m'a confié le Livre et m'a institué prophète.

31 Il m'a assuré de Sa bénédiction où que je sois et m'a ordonné la prière et l'aumône purificatrice tant je demeurerai en vie

32 Ainsi que la piété filiale envers ma mère. Il n'a pas fait de moi un violent ni un malheureux.

33 La paix est sur moi du jour où je suis né au jour où je mourrai comme au jour où je ressusciterai vivant. »

34 Tel se présente 'Isâ-fils-de-Maryam en dire de vérité (ou Parole de Vérité) à propos duquel ils controversent.

35 Il ne serait pas convenant pour Dieu – à Sa transcendance ne plaise – de Se prendre un enfant[6], alors que, s'Il décide une chose, Il n'a qu'à dire : « Sois ! » et cela est.

36 « Oui ! Dieu est mon Seigneur et le vôtre. Adorez-Le ! Telle est la voie de rectitude. »

37 Mais voilà que les différents partis divergèrent entre eux ! Malheur aux dénégateurs quand ils seront témoins d'un jour terrible.

38 Ecoute-les et regarde-les le jour où ils viendront à Nous. Cependant les injustes sont aujourd'hui dans un égarement flagrant.

39 Mets-les en garde à propos du Jour des soupirs, lorsque le décret se réalisera et qu'ils seront restés dans l'insouciance, sans croire.

40 Car c'est bien Nous qui hériterons de la terre et de ceux qu'il y a sur elle et c'est vers Nous qu'ils seront (tous) ramenés.

41 Et fais mémoire dans le Livre d'Abraham qui fut un être de vérité et un prophète.

42 Lorsqu'il dit à son père : « Pourquoi adores-tu ce qui n'entend ni ne voit, ni ne te garantit de rien ? »

43 « Père, il m'a été octroyé en science ce qui ne t'a pas été octroyé. Suis-moi donc que je te guide sur une voie parfaite !

44 Père, n'adore pas le démon (tu sais bien que) le démon fut rebelle au Tout-Miséricorde,

45 Père, je crains pour ma part que ne t'atteigne un châtiment du Tout-Miséricorde et que tu ne deviennes un suppôt du démon. »

46 (Son père) répondit : « Aurais-tu de l'aversion à l'égard de mes divinités, Abraham ? Si tu n'arrêtes pas, je vais te lapider, c'est sûr ! Emigre loin de moi, et pour longtemps ! »

47 (Abraham) dit : « Salut sur toi ! Je vais implorer pour toi le pardon de mon Seigneur ; Celui-ci m'est (en effet) très bienveillant.

48 D'ailleurs je prends mes distances d'avec vous tous et d'avec ce que vous invoquez en dehors de Dieu. J'implorerai (pour vous) mon Seigneur avec l'espoir de ne pas être déçu dans ma demande à mon Seigneur[7]. »

49 Après qu'il eut pris ses distances avec eux et ceux qu'ils invoquaient en dehors de Dieu, Nous lui donnâmes Isaac et Jacob, et de chacun d'eux Nous fîmes un prophète.

50 Nous leur accordâmes une part de Notre miséricorde et les dotâmes d'une langue sublime en sa véracité.

51 Et, dans le Livre, fais mémoire de Moïse : il (Nous) fut dévoué, et fut apôtre et prophète.

52 Nous l'avons appelé[8] du versant sud du Mont (Sinaï) et l'avons fait s'approcher de Nous tel un confident.

53 Nous lui accordâmes, par miséricorde de Notre part, son frère Aaron comme porte-parole.

54 Fais également mémoire dans le Livre d'Ismaël : il fut un avérateur de la promesse, un apôtre et un prophète.

55 Il ordonnait aux siens la prière et l'aumône et était regardé avec satisfaction par son Seigneur.

56 Fais encore mémoire dans le Livre d'Idrîs : ce fut un être de vérité et un prophète

57 Et Nous l'avons élevé en un lieu sublime.

58 Tels sont ceux que Dieu gratifia parmi les prophètes de la descendance d'Adam et parmi ceux que Nous transportâmes (dans l'arche) avec Noé, et parmi la postérité d'Abraham et d'Israël, et parmi ceux que Nous avons élus (*ijtaba*) et guidés. Lorsque étaient récités sur eux les versets-signes du Tout-Miséricorde, ils tombaient prosternés, en pleurs.

59 Mais, après eux, prirent le relais d'indignes remplaçants qui délaissèrent la prière pour suivre leurs passions. (Ceux-là) rencontreront bientôt la perdition.

60 Sauf ceux qui se seront repentis et auront fait le bien : ceux-ci entreront dans le Jardin où ils ne seront lésés en rien ;

61 Jardin d'Eden dont le Tout-Miséricorde a fait promesse à Ses Serviteurs dans le mystère. Or une promesse de Lui ne peut qu'être tenue !

62 Ils n'y entendront nulle futilité, mais seulement « Paix ! » et ils y recevront soir et matin leur attribution[9].

63 Voici le Jardin dont Nous ferons hériter, parmi nos serviteurs, ceux qui auront été animés de crainte révérencielle.

64 Nous ne faisons descendre la révélation que sur ordre, uniquement, de ton Seigneur. A Lui ce qui est devant nous et ce qui est derrière nous de même que ce qui est entre deux. Ton Seigneur n'est pas oublieux.

65 Seigneur des cieux et de la terre et de ce qui est entre eux deux, adore-Le et persévère à L'adorer. Lui connais-tu un homonyme [10] ?

66 Et pourtant l'homme dit : « Lorsque je serai mort vais-je être ensuite ressuscité vivant ? »

67 L'homme ne se souvient-il donc pas qu'antérieurement Nous l'avons créé quand il n'était rien ?

68 Par ton Seigneur, oui, Nous les rassemblerons ainsi que les démons, puis nous les ferons comparaître à genoux autour de la Géhenne.

69 Puis, Nous extrairons de chaque groupe qui aura été plus rebelle envers le Tout-Miséricorde.

70 Car Nous connaissons mieux que quiconque qui mérite le plus d'y brûler.

71 Aucun d'entre vous (rebelles) ne pourra s'y soustraire ! C'est de la part de votre Seigneur sentence irrévocable.

72 En revanche Nous sauverons ceux qui étaient animés de crainte révérencielle et laisserons là les coupables à genoux.

73 Quand on leur récite en preuve évidente Nos versets, ceux qui dénient disent aux croyants : « Lequel de nos deux groupes est dans la meilleure situation ? Lequel forme la plus belle assemblée ? »

74 Combien n'avons-Nous pas anéanti avant eux de générations qui pourtant étaient mieux équipées qu'eux et présentaient mieux ?

75 Dis : Pour ceux qui sont dans l'égarement, que le Tout-Miséricorde leur prolonge un peu (la vie) jusqu'à ce qu'ils voient (de leurs yeux) ce qui leur avait été promis : soit le châtiment (ici-bas), soit l'Heure (du Jugement). Ils sauront alors qui se trouve dans la pire position et la plus vulnérable.

76 Dieu ne cesse de guider davantage encore ceux qui déjà se dirigent dans la voie droite ! Les œuvres excellentes ne passeront pas et trouveront auprès de ton Seigneur la meilleure récompense et les plus belles suites.

77 As-tu observé celui qui dénie Nos signes tout en prétendant :
« Sûr que me seront données richesses et progéniture ! »

78 Aurait-il eu accès au secret (de Dieu), ou bien aurait-il obtenu
une alliance de la part du Tout-Miséricorde ?

79 Il n'en est rien ! Mais Nous prenons note de ce qu'il prétend
et prolongerons d'autant son châtiment !

80 C'est Nous qui hériterons de lui ce qu'il dit, alors que c'est
en solitaire qu'il Nous viendra !

81 Ils (n'hésitent pas à) prendre en dehors de Dieu d'autres divinités pour augmenter leur propre puissance !

82 Mais c'est l'inverse (qui se produira), et celles-ci renieront
leur adoration et leur seront contraires.

83 Ne vois-tu pas que Nous avons envoyé les démons contre les
dénégateurs pour les mettre dans la confusion ?

84 Ne précipite rien à leur encontre car c'est à Nous de leur
régler leur compte

85 Le jour où Nous rassemblerons ceux qui furent animés de
crainte révérencielle pour les introduire auprès du Tout-Miséricorde

86 Alors que Nous pousserons les coupables vers la Géhenne,
comme on pousse le bétail à l'abreuvoir,

87 Personne alors n'aura pouvoir d'intercession sauf qui aura
conclu alliance avec le Tout-Miséricorde.

88 Ils ont prétendu : « Le Tout-Miséricorde S'est pris un fils
(*walad*) ! »

89 Là vous poussez à l'abominable !

90 Les cieux en manquent de se rompre, la terre de se fendre et
les montagnes d'éclater !

91 Attribuer au Tout-Miséricorde un fils (ou une progéniture) !

92 Mais il serait (tout à fait) inconvenant que le Tout-Miséricorde Se donnât un fils

93 Alors que tous ceux qui sont, aux cieux et sur la terre, ne
s'approchent du Tout-Miséricorde qu'en adorateurs

94 Il les dénombre, en fait le décompte.

95   Et c'est un à un (en solitaire) que tous se présenteront à Lui au Jour de la résurrection.

96   Ceux qui auront cru et accompli les œuvres excellentes, eh bien le Tout-Miséricorde les comblera de tendresse.

97   Nous en avons facilité (l'annonce) par l'instrument de ta langue[11] pour que tu en portes la bonne nouvelle à ceux qui furent animés de crainte révérencielle et que tu mettes en garde un peuple réfractaire.

98   Combien de générations n'avons-Nous pas détruites avant eux : or, perçois-tu quoi que ce soit de quelqu'une d'entre elles, entends-tu venant d'elles le moindre murmure ?

Notes

Avant-propos

1. A l'exception très particulière du livre de C.A. Gilis, *Marie en Islam*, Paris, Editions Traditionnelles, 1990.

Introduction

1. Les principales sources arabes (des VIIIe et IXe siècles apr. J.-C.) sont le *Sîrât ar-rasul* (Vie de l'Envoyé) d'Ibn Hisham, le *Kitab at-tabaqât al-kabîr* d'Ibn Sa'd, repris par M. Lings, *Le Prophète Muhammad ; sa vie d'après les sources les plus anciennes*, Paris, Seuil, 1986 (à partir de l'original anglais de 1983).

2. Le nom de Marie apparaît 55 fois dans le Nouveau Testament, mais, sur ce nombre, ne désigne que par 19 fois la mère de Jésus. Marie se trouve mentionnée par son nom 5 fois chez Matthieu ; une fois chez Marc ; 12 fois chez Luc. Jean ne l'appelle jamais par son nom, mais uniquement par sa relation de « mère » (15 fois). (« Mère » est utilisée à son propos par les synoptiques : Mt 12 fois ; Mc 2 fois ; Luc 7 fois.)

3. « Nous leur ferons voir Nos signes sur les horizons et en eux-mêmes jusqu'à ce que leur apparaisse que c'est bien là le Vrai » (C 41 : 53).

4. J. Berque, dans son Etude introductive à la traduction du Coran par Jean Grosjean, Paris, Philippe Lebaud, 1979, p. 19.

5. *Ibid.*, p. 31.

6. *Ibid.*, p. 33.

7. En conséquence, l'attitude du judaïsme n'est pas la même à l'égard

du christianisme et à l'égard de l'islam ; elle est plus polémique à l'égard du christianisme.

8. Voir les commentaires de Râzî, t. VIII, et, en français, les notes dans sa traduction du Coran de H. Boubakeur, *Le Coran*, Paris, Maisonneuve et Larose, 1995, p. 1263 et 1903.

9. Cf. également C 2 : 116 ; 19 : 88 ; 21 : 26 ; 72 : 3.

10. A trente-trois reprises, le Coran se présente comme « Rappel » (*dhikra ou tadhkira*) des bienfaits du Créateur, de l'exemple et du message des Envoyés, des révélations antérieures ainsi que des signes eschatologiques (à partir, notamment, du déluge).

11. Voir à ce propos J. Berque, *L'islam au défi*, Paris, Gallimard, 1980, p. 193 : « Le message se voulait terminal, récapitulatif par rapport à la Torah, aux Psaumes et à l'Evangile. Son polythématisme traduisait le tout ou la plupart des genres représentés dans les livres antérieurs, et en ajoutait d'autres. Le remaniement synchronique opéré sur ces formidables matériels impliquant une remise en proportion et un déplacement d'axes, donc aussi la conscience de ces aménagements. »

12. Le mot arabe *sûra* est d'une grande richesse de sens évoquant le rang, la qualité, mais également l'enceinte d'une cité ainsi que le bracelet mettant en valeur la beauté. L'adjectif *sawwâr* peut se traduire aussi bien par capiteux que par pénétrant.

13. « Dieu n'hésite pas à proposer en exemple même un moucheron... » (C 2 : 26) ; voir aussi C 31 : 16 ; une pellicule de datte ou un brin : C 4 : 49, 77, 124 ; 17 : 71 ; un grain de moutarde : C 21 : 47.

14. J. Berque, Etude introductive..., Coran trad. par Jean Grosjean, *op. cit.*, p. 31.

1. Dieu fit que ce fût une fille

1. Dans la Bible il est dit que Amram avait épousé Yokébed, sa tante, qui lui avait donné Aaron et Moïse (Ex 6 : 20). Le Livre des Nombres précise que Yokébed était fille de Lévi qui lui était née en Egypte, et qu'elle avait donné à Amram Aaron, Moïse, et Miryam, leur sœur (Nb 26 : 59).

2. *'Amr* peut être traduit par durée de vie ou religion ; *'umr* par âge d'homme (et *'umrân* par deux âges d'homme, soit 80 ans) ou par culture, civilisation ; *'imr* n'apparaît pas dans les dictionnaires et demeure donc réservé à cette désignation du père de Maryam, Moïse et Aaron.

3. La révélation chrétienne s'appuie sur la Bible qu'elle appelle Ancien Testament et se présente comme le Nouveau. Comme l'exprime polémi-

quement Y. Leibovitz, *La mauvaise conscience d'Israël*, Paris, Le Monde Editions, 1994, p. 50 : « L'existence du christianisme est indifférente au judaïsme. Mais, pour le christianisme, le judaïsme est un élément constitutif de la pensée chrétienne. »

4. « Abraham n'était ni juif ni chrétien, mais *hanîf* (ou croyant originel), et *muslim* (de ceux-qui-s'en-remettent-à-Dieu)... » (C 3 : 67).

5. Le verset 1 de la sourate 11 *Hûd* déclare : « C'est là un Livre (le Coran) dont les signes sont confirmés et de plus articulés, (venu) d'auprès d'un Sage parfaitement informé. »

6. La racine *RJL* a centralement trait au fait de marcher, d'aller à pied et, à partir de là, au mâle (alors que la femme est censée rester au foyer).

7. En hébreu *zâkar* désigne le mâle et *zéker* le souvenir ; et le verbe *zâkor*, se souvenir ou être né mâle (Ex 34 : 19). Et en Ex 28 : 12 ; 39 : 7 sont évoquées les « pierres du souvenir » (*abney zikârôn*) placées sur les épaules du pectoral du grand-prêtre.

8. Sur 284 usages, à 18 reprises seulement elle sert à désigner le mâle. Elle apparaît 152 fois sous forme de verbe ayant toujours trait au souvenir, au rappel, à la mention et au récit.

9. L'une et l'autre formes renvoyant à une racine mère bilitère *NS*. De la racine *'NTh* : *'anutha* signifie être mou, être efféminé ; *'unthâ*, femelle, fille ; *'anîth*, mou, moelleux, tendre, doux. De la racine *NSY* et *NSW* : *nasiya* signifie oublier ; *naswa*, oubli, chose oubliée (ou *mansiyy*) ; *niswa*, les femmes ; *niswiyy*, relatif aux femmes.

10. Miryam est associée à Aaron (sans Moïse) dans ce passage d'Ex 15 : 20 ; elle lui est également associée, mais cette fois-ci contre Moïse, pour le critiquer, en Nb 12 : 1. Le Livre des Nombres déclare : « La femme de Amram se nommait Yokébed... elle donna à Amram Aaron, Moïse et Miryam leur sœur » (Nb 26 : 59). De même le 1er Livre des Chroniques cite : « Fils de Amram : Aaron, Moïse et Miryam » (1 Ch 5 : 29). Quant au prophète Michée, il mentionne comme guides envoyés par Dieu à Son peuple Moïse, Aaron et Miryam (Mi 6 : 4).

11. La même racine *QSS* sert à exprimer le fait de couper et découper, de faire un récit et de suivre à la trace.

12. Originellement, le texte hébraïque de la Bible – comme cela est également le cas de l'arabe coranique – ne portait pas l'inscription des voyelles. Ne s'écrivait que le squelette consonantique des mots. Ce n'est qu'entre le Ve et le Xe siècle apr. J.-C. que les massorètes mirent par écrit la vocalisation et la cantilation du texte biblique. Or la version grecque de la Septante, de beaucoup antérieure, écrit « Maryam », ce qui semble indiquer que telle était alors la prononciation en usage. Il convient pourtant de noter que la signification de ce nom à partir de son étymologie

n'est pas la même selon qu'on le lit *Maryam* ou *Miryam*, *Maryam* pouvant s'entendre comme « Mer d'amertume », alors que *Miryam* signifierait « Celle qui élève ».

Par commodité de référence, nous écrirons « Miryam » lorsque nous ferons référence à la Bible et « Maryam » s'agissant du Coran (même lorsqu'il parle de la sœur de Moïse et d'Aaron) ; « Marie » enfin s'agissant des Evangiles.

13. Moïse est mentionné 737 fois dans l'Ancien Testament et 77 fois dans le Nouveau ; Aaron l'est 357 fois dans l'Ancien et 5 fois dans le Nouveau, alors que Miryam sœur de Moïse et Aaron n'est mentionnée que 13 fois dans l'Ancien Testament et, en tant que mère de Jésus exclusivement, 19 fois dans le Nouveau (mais alors jamais en tant que sœur de Moïse et Aaron).

14. Ibn 'Arabî : mystique musulman né à Murcie (Andalousie) en 1165, mort à Damas en 1240.

C.A. Gilis, *Marie en Islam, op.cit.*, p. 100-101, ainsi que 25 et 32. Le texte arabe se lit : *Laysa warâ' Allâhi* **marman** *li* **râmin**/ *hâdhâ huwa-l-Haqq alladhî lâ* **yurâmu** (en gras, les mots dérivés de la même racine *râmâ*).

15. *Futuhât*, ch. 514, cité par C.A. Gilis, *Marie en Islam, op. cit.*, p. 32. Cette dernière phrase fait penser à C 19 : 23.

16. Nom qui évoque la sainteté à travers la racine *QDSh*. En arabe *qadusa* signifie être pur, sans tache, et *qadîs* désigne une pierre précieuse.

17. Pour les nomades la pierre brute, non travaillée, témoin de création, constituait un symbole privilégié de la divinité, le dieu du bétyle (cf. Gn 31 : 13).

Selon d'autres interprétations, la faute de Moïse, comme le laisse entendre ici le texte, aurait consisté dans l'apparent doute exprimé par la forme interrogative dont il use : « ... ferons-nous jaillir... ? » (du verset 10). D'autres commentateurs encore pensent que l'incident relaté et sa sanction pourraient être en relation avec les chapitres 13 et 14 du même Livre où il est question de la reconnaissance des éclaireurs en Canaan (Terre promise) à propos de laquelle le peuple se divisa (voir Dt 9 : 23 et 32 : 51). Il y aurait alors, sous-jacente, une rivalité entre traditions diverses (notamment entre lignée du désert et lignée sédentaire).

Sur ces diverses interprétations de la controverse et des raisons de la sanction divine affectant Moïse et Aaron, voir H. Cazelles, *A la recherche de Moïse*, Paris, Cerf, 1979, p. 103 ; 120-121 ; 130-131.

18. Le Coran fait allusion à l'épisode : « Vos cœurs ensuite se sont endurcis. Ils sont semblables au rocher ou plus durs encore. Car il est

des rochers d'où jaillissent des fleuves ; il en est qui se fendent et l'eau en sort... » (C 2 : 74).

19. « Dieu bénit le septième jour et le sanctifia (*QDSh*), car il avait alors chômé... » (Gn 2 : 3). Il était même interdit de recueillir la manne le jour du sabbat, et c'est là la première et plus ancienne mention du sabbat dans la Bible (cf. Ex 16 : 23).

20. Le Coran lave également Aaron de toute culpabilité lors de l'épisode du veau d'or, alors que Moïse le croit responsable de cette infidélité. Le Coran charge par contre un certain Samaritain et innocente Aaron (C 20 : 90-97).

21. « O transcendance de Celui qui fit voyager de nuit (*'asrâ*) Son adorateur (Muhammad) de l'Oratoire sacré à l'Oratoire très éloigné dont Nous avons béni le pourtour, afin de lui découvrir Nos signes. »

22. La sourate 5 « La table servie » fait allusion au miracle de la manne en même temps qu'au repas eucharistique institué par 'Isâ (cf. ch. IV). Maryam n'est alors pas explicitement mentionnée, mais le prolongement et l'aboutissement des signes sont évidents.

23. Comme le déclare le verset 1 de la sourate 5 : « Dieu décide à Sa volonté (*inna'llah yahkumu ma yurîdu*). » Et Dieu lui-même déclare en C 7 : 156 : « Que Mon tourment atteigne qui Je veux et que Ma miséricorde embrasse toute chose ! »

2. La prière secrète de Zacharie

1. Notons combien les catégories du mérite et de la grâce, d'un point de vue typologique, recouvrent celles de la sédentarité et de la nomadité, du désert et de la terre cultivée.

2. Ceci est très proche de l'étonnement d'Abraham : « Un fils naîtra-t-il à un homme de cent ans, et Sara qui a quatre-vingt-dix ans va-t-elle enfanter ? » (Gn 17 : 17-18).

3. Selon la Genèse, ce sont les épouses – et non les époux – qui sont à l'origine des divisions et ségrégations : ici Sara privilégiant Isaac ; plus tard (Gn 27 : 5) Rébecca privilégiant Jacob par ruse. La figure de Maryam, selon le Coran, viendra, par grâce, offrir une nouvelle et réelle universalité. (Nous précisons « selon le Coran », parce que telle n'apparaît pas la position de Paul !)

4. C'est là un thème que le Coran reprend fréquemment, allant jusqu'à dire : « Quand Nous voulons faire périr une cité, Nous commandons à ses (riches) délicats et ils se livrent à la scélératesse. La Parole

contre cette cité se réalise et Nous la détruisons de fond en comble » (C 17 : 16).

5. Dans la perspective créationniste du Coran, tout est miracle : que le bateau vogue, que l'oiseau vole, car tout est suspendu, dans l'instant, au décret de Dieu. L'homme qui se fierait exagérément aux lois qu'il aurait découvertes dans la nature pourrait en oublier la radicale dépendance existentielle à l'égard du Créateur. En un certain sens, ce que l'homme considère comme lois de la nature n'est qu'arbitraire divin, même en son apparente stabilité. (Or il n'y a miracle, à proprement parler, qu'à titre d'exception ou de dérogation à une loi stable reconnue comme normalité.)

6. L'appel de Zacharie vers Dieu est exprimé par le verbe *nâda*, et son caractère secret par l'adjectif *khafiyy*, tiré d'un verbe qui peut signifier aussi bien faire apparaître que cacher. Nous sommes là au centre du mystère de toute révélation qui cache en dévoilant et qui révèle en cachant.

7. L'adjectif *fard*, isolé, solitaire, apparaît cinq fois dans le Coran, dont trois à propos du Jour du Jugement, comme en C 6 : 94 : « Vous voilà revenus à nous – dit Dieu – isolés comme Nous vous avons créés une première fois. Ce que Nous vous avions octroyé, vous l'avez laissé derrière vous... » (voir dans le même sens C 19 : 77-80). Cet isolement exprimé par *fard* illustre dans le Coran une vérité essentielle : la solitude métaphysique et psychologique de chaque individu en même temps que son face-à-face sans médiation avec le Créateur.

Le terme *fard* se retrouve dans le lexique des mystiques musulmans pour dire cet esseulement comme épreuve plus que comme intimité. Comme le dit Kalâbâdhî, le *tafrîd* (de la même racine *FRD*), c'est « n'être possédé par rien » (plutôt que « ne rien posséder » : *tajrîd*). Kalâbâdhî (mort à Bukhârâ en 995) fut à la fois un mystique et un théoricien de la mystique. Il est l'auteur du *Kitâb at-ta'arruf li madhab ahl at-tasawwuf* (Doctrine propre aux tenants du soufisme).

8. Gn 29 ; 31 ; 30 : 1-2 ; Jg 13 : 2-3 ; 1S 1 : 6.

9. Quant à l'assimilation des deux racines, remarquons d'abord que, de façon générale, le *w* et le *y* utilisés comme consonnes (faibles) sont le plus souvent interchangeables dans les langues sémitiques. Très peu de mots commencent par *w* en hébreu, qui préfère le *y*, à l'inverse de l'arabe. (Ainsi donc bien souvent un *w* arabe correspond à un *y* hébraïque.) Remarquons ensuite que le *th* arabe n'existe pas en hébreu et s'y trouve remplacé par le *sh*.

En hébreu le verbe *yârash* peut signifier hériter (prendre possession) et expulser (Dt 9 : 1), et le verbe voisin *gârash* (le *g* se substituant au *y* puisqu'il n'y a pas de *j*) signifie également chasser, expulser, mais évoque le phénomène vital de ce qui est poussé dehors, comme le bourgeon, et donc ce qui est produit (Dt 33 : 14).

10. L'hébreu offre un jeu de mots particulièrement significatif entre le verbe qui signifie l'expulsion, *gârash*, et celui qui dit l'héritage, *yârash*. L'héritage en tout état de cause présuppose le départ du possesseur précédent. Toute l'ambiguïté de la promesse biblique en même temps que le thème du relais des générations sont sous-jacents à ce lexique.

11. Remarquons qu'à partir de cette expulsion hors des terres cultivables, traduisant également un rejet des pasteurs par les sédentaires et un rejet des agriculteurs par les citadins, cette même racine en est venue à désigner les pâturages et pacages aux environs des villes, *migrâsh* (voir, entre autres, Jos 21 : 11, 13, 14, 15, etc. ; I Chr 5 : 16 ; 6 : 40, 42, 43, etc.), les banlieues.

12. La sourate 17, intitulée « Le voyage nocturne », évoque la translation miraculeuse et nocturne du Prophète de la mosquée de la Mekke au Temple de Jérusalem comme en authentification de l'universalité de sa mission. Mais cette motivation est davantage suggérée qu'explicitée (C 17 : 1).

13. En Gn 11 : 30 à propos de Saraï, la femme d'Abraham. En Gn 25 : 21 à propos de Rébecca, la femme d'Isaac. En Gn 29 : 31 à propos de Rachel, la femme de Jacob.

14. En dehors de cet usage le verbe *'aqara* qui signifie sacrifier apparaît cinq fois à propos d'un culte préislamique consistant dans le sacrifice d'une chamelle à la divinité. Au sens premier, le verbe arabe *'aqara* signifie couper les jarrets d'une bête et donc l'immobiliser, ce qui, dans le contexte de la vie nomade, est synonyme de mort.

15. Qui correspondent aux quarante années d'errance au désert.

16. Littéralement : celle qui fortifia son sexe (*'allatî 'ahsanat farjaha*), comme on dit fortifier une place militaire.

17. Le même verbe arabe pour traduire le fait d'être rassuré, tranquillisé, apparaît dans la sourate 5 « La table servie », à propos de la version coranique de l'institution de l'Eucharistie. Les disciples disent à Jésus : « Nous voulons en manger... pour apaiser nos cœurs et pour être sûrs que tu nous as dit la vérité... » (C 5 : 113).

18. Cet épisode est à mettre en relation avec Gn 15 : 9-10 où, pour sceller l'alliance, Dieu ordonne à Abraham de prendre une génisse, une chèvre, un bélier, une tourterelle et un pigeonneau, de les partager par le milieu (sauf les oiseaux) et de placer les moitiés respectives les unes en face des autres. Lorsque le soleil fut couché, un feu passa entre les ani-

maux partagés. Et, conclut le texte : « En ce jour-là Yahvé conclut une alliance avec Abraham... » (Gn 15 : 18).

Il faut savoir qu'en hébreu l'alliance se dit *bérît*, du verbe *barah*, qui signifie couper. De façon parallèle, en arabe, le verbe *qasama* signifie partager une chose, diviser et, la forme verbale *aqsama* signifie également jurer, faire un serment.

Ces expressions font-elles référence à un rite primitif commun ? Faut-il y voir une approche du serment voisine de l'approche grecque du symbole selon son sens étymologique de rassemblement d'éléments dispersés. Dans tous les cas, la vie semble garantie par le retour à l'unité, alors que la division est considérée comme mortifère. Encore faut-il rappeler qu'en hébreu le verbe voisin *bara'* signifie créer et couper (création envisagée comme séparation) et également choisir (élection) (cf. Ez 21 : 24).

19. Cette demande indiscrète d'un signe rappelle Is 7 : 13-14.

20. Jonas est mentionné six fois dans le Coran (4 fois par son nom Yûnus en C 4 : 163 ; 6 : 86 ; 10 : 98 et 37 : 139, et 2 fois sous l'appellation de l'Homme au Poisson) et la sourate 37 fait même le récit suivi de ses aventures et mésaventures (v. 139-148). La sourate 21 « Les prophètes » mentionne son exemple juste avant celui de Zacharie (v. 87-89) et la sourate 68 tire la morale de l'histoire : « Prends avec patience le décret de ton Seigneur ; ne sois pas comme l'Homme au Poisson quand il invoqua dans la suffocation... » (C 68 : 48).

3. Deux versions de l'annonciation : au Temple et au désert

1. *Kulla shay'in fassalnâhu tafsîlan*, « Toute chose Nous l'avons articulée distinctement » (C 17 : 12) Le verbe *fasala* a d'abord le sens de séparer pour distinguer (*fasl* désigne le chapitre d'un livre). La séparation que pointe cette racine est « articulatoire » en ce sens qu'elle a simultanément vocation à mettre en évidence le lien dans la différence, la continuité dans l'apparente discontinuité. Le même substantif *fasl* signifie à la fois la séparation et la jointure, les chapitres du Livre et les saisons du temps. Cette racine, qui apparaît 43 fois dans le Coran, a le plus souvent trait à l'action divine comme organisatrice et articulatrice : des signes de la nature (création) et de l'Ecriture (révélation) ainsi que des Ecritures entre elles (C 10 : 37 ; 12 : 111...).

2. On ne saurait, comme le font certains à propos des deux récits de la création qui se suivent dans la Genèse (Gn 1 : 1 à 2 : 4 et 2 : 4-25),

référer le fait à la conjonction de traditions diverses (de plus, espacées dans le temps).

3. L'évocation de la Galilée et de Nazareth chez Luc (Lc 1 : 26) répond très différemment au souci de faire ressortir en ces événements la réalisation des prophéties. Une fois encore, ordre temporel de réalisation plutôt que typologique et anhistorique.

4. Nous renvoyons ici le lecteur à notre traduction de cette sourate p. 211, particulièrement aux versets 42 à 48, qui rapportent la scène. Dans l'original arabe, ces versets sont comme dilatés par le charme de leur propre envoûtement, dans le rythme et la musique de la langue coranique.

5. *Kalâm*, parole, et non pas *kalima*, verbe de Dieu comme en C 3 : 39, 45. Si le verbe disant l'élection divine est le même (*'istafâ*), les missions se différencient : alors que Moïse sera chargé d'un message, Maryam sera porteuse d'un Verbe (*kalima*) jeté en elle par Dieu, d'un Esprit venu de Lui (C 4 : 171).

6. « N'aspirez pas à ce par quoi Dieu a avantagé (*faddala*) certains de vous par rapport à certains autres » (C 4 : 32). Et encore en C 16 : 71 : « Il avantage (*faddala*) en attribution parmi vous les uns sur les autres. »

7. De la même racine, le verbe *safâ* signifie être pur, clair, limpide ; et *saffâ* épurer.

8. C'est l'un des rares endroits du Coran où ces figures viriles et patriarcales se trouvent caractérisées par l'émotion et les larmes. La sourate 17 intitulée « Le voyage nocturne » (*al-'Isrâ*) évoque, dans un contexte certes différent, une scène analogue. Il s'agit alors de traduire l'émotion que suscite l'audition du Coran chez les « Gens du Livre », juifs et chrétiens, qui l'accueillent sans prévention : « Quand on psalmodie (le Coran) devant ceux qui, antérieurement, ont reçu la science, ils tombent sur la face, prosternés. Ils disent : O transcendance de notre Seigneur ! C'était la promesse de notre Seigneur, la voilà réalisée ! » (Le Coran, en dehors de ce passage où il rapporte les propos des « Gens du Livre », ne se présente jamais lui-même comme accomplissement d'une promesse.) « Et ils tombent ainsi sur la face et pleurent. Et (Dieu) les grandit en humilité » (C 17 : 107-109).

Selon une tradition, le Prophète lui-même aurait dit : « Pleurez en récitant le Coran ! »

Voir à ce propos M. Chodkiewicz, « Les musulmans et la Parole de Dieu », *Revue de l'histoire des religions*, Paris, PUF, janvier-mars 2001, p. 27. L'auteur évoquant la psalmodie du Coran durant le mois de *ramadan* écrit : « J'ai encore dans l'oreille la voix entrecoupée de sanglots d'un *imâm* de Médine qui devait s'y reprendre à plusieurs fois pour achever le verset commencé. »

9. Le terme *hadîth* désigne des paroles et comportements du Prophète rapportés par ses premiers compagnons et dont la transmission mémoriale est garantie par une chaîne de transmetteurs identifiés.

10. Voir C.A. Gilis, *Marie en Islam, op. cit.*, p. 7 : « Islam signifie, en arabe, soumission à la volonté divine. En tant qu'elle est "servante" (Lc 1, 38), Marie illustre et représente cette parfaite obéissance aussi bien dans la religion chrétienne... que dans la tradition islamique... Elle est avant tout... la pure adoratrice, celle dont l'être intérieur est consacré tout entier à Dieu. »

11. Ailleurs un voile sépare les incroyants de Dieu en même temps que des élus (C 7 : 46 ; 17 : 45 ; 41 : 5 ; 83 : 15).

En un unique passage du texte coranique, il est conseillé aux croyants qui souhaiteraient s'adresser aux épouses du Prophète (Muhammad), de le faire de préférence « de derrière un voile » (*min wara'i hijâbin*) (C 33 : 53).

Dans les rares cas où le Coran évoque – du point de vue sociologique – le voile de pudeur dont il est recommandé aux femmes de se couvrir en certaines circonstances, il use du terme *khumr* (et non pas *hijâb*) (voir C 24 : 31). Ce terme est choisi à dessein pour marquer qu'il relève de l'ordre du social et non du sacral, puisque la racine *KhMR* sert à symboliser les « fermentations » (le vin se dit *khamr*) de la civilisation et de l'acculturation en opposition à la référence de nature intacte exprimée par le terme de *fitra*.

12. « Un signe grandiose apparut au ciel : c'est une femme ! le soleil l'enveloppe, la lune est sous ses pieds et douze étoiles couronnent sa tête. Elle est enceinte et crie dans les douleurs et le travail de l'enfantement (Ap 12 : 1-2).

« Or la femme mit au monde un enfant mâle... et l'enfant fut enlevé jusqu'auprès de Dieu et de son trône, tandis que la femme s'enfuyait au désert où Dieu lui a ménagé un refuge... » (Ap 12 : 5-6). Cet enlèvement de l'enfant peut être rapproché de ce qui est dit de Jésus en C 3 : 55 : « Dieu dit alors : "Jésus, c'est Moi qui vais te recouvrer, t'élever auprès de Moi, te purifier de ceux qui dénient..." »

13. Le verbe *intabadha* (8e forme) que l'on rencontre au verset 16 et ici au verset 22 pour dire la rupture et l'éloignement revêt une grande force. A la 1re forme, il signifie jeter, rejeter, abandonner. La racine *NBDh* apparaît 12 fois dans le Coran. Il s'agit alors soit de ceux qui ont reçu l'Ecriture et l'ont rejetée derrière leur dos (C 2 : 101 ; 3 : 187), soit de Pharaon et ses armées précipités dans l'abîme (C 28 : 40 et 51 : 40),

soit de Jonas rejeté par la baleine sur la terre nue (C 37 : 145 ; 68 : 49), soit des damnés précipités dans le Hotama (C 104 : 4), soit enfin, du Prophète rejetant l'alliance des traîtres (C 8 : 58). Le verbe n'apparaît à la 8ᵉ forme (réfléchie passive) que dans ces deux passages de la sourate 19 et il s'agit donc de se mettre soi-même en situation de rejet et d'abandon, ce qui en modifie profondément la signification première.

14. Rappelons que la prière de Zacharie allait en direction radicalement opposée, dans la crainte de la solitude et de l'oubli.

15. C 19 : 52 ; 20 : 11 ; 26 : 10 ; 27 : 8 ; 28 : 30 ; 28 : 46 ; 79 : 16. Le verbe *nâda* a le sens d'appeler, de convoquer, mais également (avec préposition *bî*) celui de publier un secret, et donc de manifester ; à la 4ᵉ forme il signifie être généreux et le substantif *nadyun* désigne la rosée du matin, le fourrage frais, le parfum et la libéralité. Cette précision pour faire ressortir l'affinité de cette racine avec le désert et ses valeurs de préciosité.

16. Si nous relevons fréquemment les parallélismes que ménage le Coran entre les figures de Moïse et de Maryam, c'est qu'ils nous semblent revêtir une signification particulière du fait qu'ils sont l'un et l'autre descendants de 'Imrân et qu'ils représentent, du point de vue chrétien que le Coran n'ignore pas, les deux Testaments.

17. C'est le mouvement inverse de celui de cumul. Le verbe grec *kénoô* signifie vider, évacuer, et le substantif *kénôsis* l'état de vacuité. Ph 2 : 6-9 : « Lui, de condition divine, ne retint pas jalousement le rang qui l'égalait à Dieu mais il s'anéantit lui-même, prenant condition d'esclave, et devenant semblable aux hommes. S'étant comporté comme un homme, il s'humilia jusqu'à la mort, et à la mort sur une croix. Aussi Dieu l'a-t-il exalté en lui donnant un nom qui est au-dessus de tout nom. » Voir aussi 2 Co 5 : 21 : « Celui qui n'avait pas connu le péché, il l'a fait pécher pour nous, afin qu'en lui nous devenions justice de Dieu. »

18. Ainsi en Is 43 : 20 : « Les bêtes sauvages me rendront gloire, les chacals et les autruches, parce que je donnerai de l'eau dans le désert, (des fleuves dans la solitude) pour étancher la soif de mon peuple élu. » Ps 105 : 41 : « Il ouvrit le rocher, les eaux jaillirent, dans le lieu sec elles marchaient comme un fleuve. » Et encore Ps 107 : 35 : « Mais Il changea... une terre sèche en source d'eau » (ou encore Ps 78 : 16). Remarquons cependant que plutôt qu'un fleuve, le mot choisi par le Coran évoque une rigole d'irrigation, une eau non jaillissante mais humblement et obscurément amenée.

19. Ce mot *sariy*, difficile à cerner, est pourtant très évocateur. La même racine *SRY* se rencontre sept fois dans le Coran, sous forme de

verbe conjugué, et signifie alors soit le voyage nocturne, soit la progression de la nuit vers l'aurore. Point n'est besoin de relever la convenance d'une telle image à cette réalisation messianique. La sourate 89 dite « L'aurore » (*al-Fajr*) use précisément de ce verbe dans son ouverture incantatoire : « Par l'aube !.../ par la nuit quand elle s'écoule ! (*yasri* de *SRY*) » (v. 1 et 4). Ce verbe y exprime la progression inéluctable de l'obscurité vers la révélation. En trois autres passages du Coran, Dieu s'adresse à Moïse pour lui ordonner de quitter l'Egypte de nuit à la tête des Hébreux ; or c'est par ce même verbe que vient s'exprimer ce départ nocturne, traditionnellement interprété comme une salvation (voir C 20 : 77 ; 26 : 52 ; 44 : 23). C'est encore par ce même verbe que se trouve évoqué le miracle de la translation nocturne du Prophète, de la mosquée sacrée de la Mekke à la mosquée « très éloignée » de Jérusalem, dans la sourate 17 intitulée précisément *al-'Isrâ* (de la même racine *SRY*), « Le voyage nocturne ».

20. L'ordre donné à Maryam de se réconforter d'abord, de manger et de boire pour se préparer à l'épreuve qui l'attend, rappelle l'épisode biblique de la marche d'Elie au désert, désespéré et (contrairement à Maryam) fuyant son peuple : « C'en est assez maintenant ! Yahvé ! prends ma vie parce que je ne suis pas meilleur que mes pères.» C'est alors que l'ange lui apparut, lui intimant par deux fois : « Lève-toi et mange, autrement le chemin sera trop long pour toi.» Or il s'agissait dans le cas d'Elie de se rendre à la montagne de Dieu pour le rencontrer et le reconnaître dans la voix d'un silence subtil (1 R 19 : 7). Elie, ce faisant, mettait ses pas dans les traces de Moïse vers la Montagne du don de la Torah – nouveau parallèle, indirect, entre Maryam et Moïse ! Les démarches respectives de Maryam et d'Elie sont à la fois proches et fort différentes : Maryam n'a pas quitté les siens par lassitude, peur ou désespérance, elle s'en est séparée en conséquence de sa consécration, par un choix affirmé, positif ; par ailleurs, Elie se prépare à une théophanie, Maryam sera accueillie par la calomnie, précédant la manifestation de son fils.

21. Selon l'Evangile de Jean, c'est également une initiative de sa mère qui est l'occasion de la première intervention publique de Jésus, lors des noces à Cana (Jn 2 : 1-14). Les situations sont néanmoins fort différentes.

4. Le Messie 'Isâ-fils-de-Maryam

1. « *Vergine madre, figlia del tuo Figlio/ Umile ed alta più che creatura/ termine fisso d'eterno consiglio* », « A la fois vierge et mère ; fille de ton

fils, humble et exalté plus que toute autre créature, aboutissement d'un projet fixé (par Dieu) de toute éternité », dit Dante Alighieri dans *La Divine Comédie*, au chant XXXIII, 1-3, du *Paradis*.

2. Bien que, de façon différente, dans la sourate 19 (v. 29-32), ce soit 'Isâ lui-même qui, se présentant aux siens du berceau, déclare : « Je suis le serviteur de Dieu qui m'a confié le Livre et m'a institué prophète./ Il m'a assuré de Sa bénédiction où que je sois et m'a ordonné la prière et l'aumône purificatrice tant que je demeurerai en vie/ ainsi que la piété filiale envers ma mère. Il n'a pas fait de moi un violent ni un malheureux. » Voir aussi C 19 : 13-14 à propos de Yahya.

3. Quant à l'épisode biblique des serpents que nous venons de rappeler, relevons que le remède proposé par Dieu – en préfiguration de l'incarnation rédemptrice – passe par le fait de façonner un serpent d'airain, de produire une forme matérielle dans cette culture religieuse vouée au Dieu sans images. Cette préfiguration de l'incarnation par le fait de façonner une figure n'est pourtant pas relevée par l'Evangile qui n'en retient que la préfiguration du sacrifice rédempteur.

4. Le verbe arabe *walada* signifie accoucher, mettre au monde par engendrement.

5. Qui, hors ce cas – sur les treize occurrences coraniques – est toujours mentionnée comme attribut divin (conjugué – comme c'est le cas ici – à la miséricorde, *rahma*).

6. La poésie arabe préislamique déjà offre de nombreux témoignages de l'estime en laquelle étaient tenus les moines du désert dont la veilleuse des oratoires servait également de repère aux caravanes.

7. Notons au passage que cette façon de comprendre et d'exprimer la consécration religieuse, comme elle est vécue en climat chrétien, correspond à la distinction que fait l'Eglise catholique entre « préceptes » (imposés à tous) et « conseils évangéliques » (selon la vocation particulière de chacun).

8. L'expression « Esprit de Sainteté » apparaît en C 2 : 87, 253 et 5 : 110 à propos de 'Isâ exclusivement. En C 2 : 87, Dieu déclare de même : « Nous avons donné le Livre à Moïse et Nous avons envoyé des prophètes après lui. Nous avons confié les preuves à 'Isâ-fils-de-Maryam et Nous l'avons conforté de l'Esprit de Sainteté. »

9. Précisons que pour la théologie chrétienne également, Jésus n'est pas un dieu qui ferait nombre avec l'Unique.

10. Dans l'Evangile, Jésus apporte un message original qu'il oppose à la tradition (pour restaurer, il est vrai, le statut des origines). Il va jusqu'à déclarer aux pharisiens : « Vous mettez de côté le commandement de Dieu pour vous attacher à la tradition des hommes. » (Mc 7 : 8). Tout

son enseignement, dans le chapitre 5 de Matthieu, est construit sur le contraste : « Vous avez appris (par tradition)... moi je vous dis... » (v. 21, 27, 31, 33, 38, 43). Ce chapitre 5 de Matthieu commence d'ailleurs par les *Béatitudes* apprenant aux disciples à trouver joie et paix dans l'épreuve : « Heureux les pauvres en esprit car le Royaume des cieux est à eux. Heureux les doux... Heureux les affligés... heureux les affamés et assoiffés de justice... » (Mt 5 : 3-11). Il y a donc analogie entre la démarche coranique qui vient rappeler l'attitude fondamentale du pur monothéisme originel et celle de Jésus venant restaurer la Loi de Dieu ensevelie et gauchie par les traditions des hommes. Dans le Coran, les comportements nouveaux enseignés par Jésus sont, en partie du moins, illustrés par la pratique des disciples et non par le discours de Jésus. Dans cette perspective, Maryam représente l'exemple le plus éminent de l'attitude « évangélique ».

11. Y. Leibovitz écrit : « Il est dit que le Messie est celui qui éternellement viendra, celui (donc) qui vient est un pseudo-Messie... L'essence du Messie est de ne relever ni du présent ni du passé, mais uniquement d'un futur indéterminé... Le futur auquel le Messie appartient est permanent... », *La mauvaise conscience d'Israël, op. cit.*, p. 61.

12. Le Coran use du même mot *masîh*, mais on peut discerner une légère différence d'accent entre l'hébreu et le chaldéen d'une part, et l'arabe de l'autre. Pour les deux premiers, l'idée d'abord évoquée par la racine *MSH* est celle de l'huile avec laquelle se fait l'onction ; pour l'arabe la référence de base est prioritairement celle du geste. D'où, pour le verbe arabe *masaha*, le sens d'essuyer, mais aussi d'effacer, de faire disparaître. L'adjectif *masîh* qui en est issu s'applique également à ce qui est lisse, dans le sens, semble-t-il, d'un effacement de la trace plutôt que de la brillance de l'huile sur le corps.

13. Nous avons déjà eu l'occasion de relever la dimension herméneutique de cette sourate. Ajoutons à cela que la figure de Joseph fut assimilée, par la tradition chrétienne, à celle de Jésus trahi par ses frères. Or en C 12 : 101, Joseph prie Dieu, son Seigneur : « Rappelle-moi à Toi, soumis à Toi (*tawaffanî musliman laka*) ! » et à Jésus il est dit que Dieu va le rappeler à Lui (C 3 : 55). C'est le même verbe dans les deux cas.

14. Voir à ce propos la note à C 4 : 157, dans la traduction du Coran par D. Masson, Paris, Gallimard, La Pléiade, 1967.

15. L'Eglise elle-même n'admettrait pas l'expression que rejette le Coran : « Dieu est le Messie fils de Marie » (C 5 : 72). En effet « Messie » (« oint ») ne saurait être un attribut divin et se trouve appliqué à Jésus en tant qu'homme (C 5 : 17). De même l'Eglise condamnerait – comme le fait le Coran (C 4 : 171 ; 5 : 73 et 116) – ceux qui prétendraient que

Jésus et sa mère (en leur inséparabilité) composeraient avec Dieu une Trinité. De même qu'elle condamnerait toute expression laissant entendre que Dieu aurait engendré charnellement pour se donner un fils. « Notre Seigneur – à Sa transcendance ne plaise – n'a pas pris de compagne ni d'enfant » (C 72 : 3 ; voir aussi 6 : 101 ; 2 : 116 ; 10 : 68 ; 17 : 111 ; 18 : 4 ; 19 : 88 ; 21 : 26 ; 25 : 2 ; 39 : 4).

La Trinité que refuse le Coran n'est pas celle que confessent les chrétiens ; ce qui n'implique pas pour autant qu'il en accepterait le principe. Nulle part le Coran ne prend en compte, pour le critiquer, le dogme chrétien de la Trinité en sa rigoureuse formulation.

16. Le Coran ne nie formellement que ce qui s'avère incompatible avec son unique « dogme » : « Il n'y a de dieu que Dieu seul ! »

17. Il y a ici un jeu de mots en hébreu car parler contre se dit en hébreu *dabar be* et le désert (de la même racine *DBR*) *midbar*. Comme si le désert constituait par nature le lieu de la contestation.

18. Et celui qui en ramassait plus que son voisin se trouvait, au moment de la mesure, n'en avoir pas plus que ce dernier. Par contre, si certains étaient dans l'incapacité de se la procurer, les autres devaient veiller à y pourvoir. Telle est, selon la Bible, la leçon du désert, de remise de soi, de non-anticipation, de non-thésaurisation et de solidarité. La veille du sabbat uniquement, chacun devait en faire double provision, afin de respecter le repos sacré du septième jour, consacré à l'action de grâce et à la contemplation des signes du Créateur (Ex 16 : 26 sq).

19. Ce qui, bien sûr, ne veut pas dire qu'eucharistie et communion soient dans ce contexte allusif investies de la même signification que pour les chrétiens. On peut cependant rappeler, à ce sujet, le sens originel (dans la Bible et sans doute antérieurement déjà) du sacrifice pascal comme pure action de grâce à l'égard du Créateur en reconnaissance de Ses bienfaits, et non pas comme acte de repentance ou de rachat.

20. Le témoignage, selon le Coran, est toujours envisagé à partir de ce dont il témoigne et non de ceux auxquels il s'adresse.

21. Cette mise en garde fait penser aux critiques que Paul adressait aux chrétiens de Corinthe à propos de leur repas communautaire commémorant la Cène de Jésus (1 Cor 11 : 20-21 et 27-29).

22. Voir à ce propos J. Henninger, *Les fêtes de printemps chez les Sémites et la pâque israélite*, Paris, Gabalda, 1975.

5. La figure de Yahya : désert et avération

1. Jean était, selon l'Evangile, le fils de la cousine de Marie.

2. On peut éclairer cette relativisation par la parole de Jésus selon Jn 2 : 19 et 21 : « Vous pouvez détruire ce Temple, mais je le relèverai en trois jours... il parlait du sanctuaire de son corps... »

3. C'est au XVᵉ siècle que l'Eglise latine supprima la célébration liturgique de la conception de Jean par peur que l'on identifiât ses privilèges à ceux réservés à la seule Vierge Marie, même si ce n'est qu'en 1884 que fut proclamé le dogme de l'Immaculée Conception. Il faut cependant rappeler que la naissance de Jean Baptiste est toujours célébrée le 24 juin, au solstice d'été, rappelant ainsi la parole de celui-ci à propos de Jésus : « Il faut qu'il croisse et que moi je diminue » (Jn 3 : 30).

4. La célébration de Noël dans l'Eglise latine, dans son cadre de familière intimité et pauvreté, remonte au XIIIᵉ siècle, à François d'Assise, et relève d'une perspective inverse.

5. Nous pensons ici à la position de certains islamologues qui semblent ignorer cette dimension du signe de 'Isâ et qui ne font que stigmatiser la pauvreté répétitive de son message dans le Coran.

6. Le prologue du quatrième Evangile dit :

« Etait au commencement le Verbe et le Verbe était avec Dieu et le Verbe était Dieu

Il était au commencement avec Dieu

Tout fut par lui et sans lui rien ne fut

De tout être il était la vie et la vie était la lumière des hommes

et la lumière luit dans les ténèbres et les ténèbres n'ont pu l'atteindre.

Parut un homme envoyé de Dieu, il se nommait Jean,

Il vint comme témoin, pour rendre témoignage à la lumière afin que tous crussent par lui.

Il n'était pas la lumière, mais le témoin de la lumière

Le Verbe était la lumière véritable...

Il était dans le monde et le monde fut par lui et le monde ne l'a pas reconnu » (Jn 1 : 1-10).

7. Selon l'Evangile de Luc, la levée de la sanction imposée à Zacharie en raison de son manque de foi est liée à l'acceptation par ce dernier de la nouveauté du nom. Luc dit qu'au moment d'imposer le nom à l'enfant, lors de la circoncision, l'entourage et la famille protestèrent : « Il n'y a personne de ta parenté qui porte ce nom » (Lc 1 : 61) ; ils voulaient qu'on l'appelle Zacharie, comme son père. Alors que Zacharie avait prié pour une continuation, un héritier, le nom imposé par Dieu vient mar-

quer une discontinuité. C'est, selon Luc, au moment où Zacharie, toujours sans voix, inscrit sur une tablette « Jean est son nom » qu'il recouvre la parole, ayant reconnu et accepté la rupture comme miséricorde ou tendresse divine (telle est la signification du nom hébraïque *Yo-hanân*, c'est-à-dire Jean).

La discontinuité par rapport aux hérédités et héritages humains se trouve exprimée d'une autre façon encore dans le prologue du quatrième Evangile qui déclare simplement : « Parut un homme envoyé de Dieu ; il se nommait Jean » (Jn 1 : 6). Zacharie ne figure pas dans cet Evangile, selon lequel le Baptiste est immédiatement envoyé par Dieu en mission de témoignage.

8. La racine *HYY* (ou *HYH*) en arabe comme en hébreu exprime la vie. En arabe, la vie se dit *hayât* et vivre *hayya* (en arabe la même racine est également attachée à la pudeur et à la honte). Le verbe *ahyâ* signifie vivifier, rendre fertile et ressusciter.

9. La forme *yuhyî*, il vivifie, ressuscite, revient plus de vingt fois dans le Coran. C'est l'un des thèmes articulatoires de la révélation.

10. C'est de la même racine *HNN* qu'est tiré le verbe « avoir compassion » d'Ex 33 : 19, et c'est ce qu'exprime le nom hébraïque de Jean, *Yo-hanân*.

11. Cité par Dom Lenoir O.S.B. (Clervaux), « Désert et communion », *Spiritualités orientales*, n° 26, 1978, p. 97.

12. En arabe le verbe *yasara* (de la même racine *YSR*) signifie être facile, avoir un enfantement facile. On peut donc s'étonner de l'interprétation de Qurtubî. Il faut cependant observer que *yasâr* (de la même racine) désigne la gauche avec, vraisemblablement, ses connotations néfastes.

13. Tradition rapportée par R. Arnaldez, *Jésus, fils de Marie, prophète de l'islam*, Paris, Desclée, 1981, p. 64.

Il faut remarquer que, dans la Bible, le *i* (ou *y*) enlevé au nom de Saraï lors de l'annonce d'Isaac se trouve en fin de mot alors que Qurtubî le place en commencement (Ysara au lieu de Saraï). Il s'agit de la même racine sémitique que celle usitée par le Coran à propos de la naissance de Jésus au désert : *SRY* (ou *SRW*) (cf. C 19 : 24), évoquant voyage nocturne, noblesse glorieuse ou irrigation.

14. En hébreu *Ytsehaq*, « Il ou elle a ri » », du verbe *tsâhaq*, rire. Voir Gn 18 : 12-15 et 21 : 6, où ce nom est expliqué par le rire de sa mère lorsque l'ange lui annonça qu'elle allait être enceinte alors qu'elle était déjà avancée en âge. L'équivalent arabe serait *Idhaq*, avec le même sens. Or le nom d'Isaac dans le Coran est *'Ishâq*, du verbe *sahaqa* (broyer) ou *sahiqa* (être éloigné). Et l'expression *'ashaqahu'llah* signifie « que Dieu

l'éloigne ! ». Il semblerait que le sens ancien du nom en hébreu fût plutôt « que Dieu soit bienveillant ! » ; or après avoir été détourné par la Bible, il devient inversé en arabe et signifie enfin, au contraire, le rejet de Dieu.

15. Cf. Za 13 : 4-5, où il est dit – tant les prophètes avaient discrédité leur fonction par le mensonge – qu'« en ce jour-là tout prophète rougira de sa vision prophétique ; ils n'endosseront plus le manteau de poil avec le dessein de mentir, mais chacun dira (par crainte de la vengeance) : Je ne suis pas un prophète, je suis un paysan : la terre est mon bien depuis ma jeunesse ».

16. La racine *SDQ* qui, en hébreu, a trait centralement à la justice, à la droiture, en chaldéen à la charité ou bienfaisance, sert, en arabe, à exprimer tout ce qui a trait à la vérité ontologique (la réalisation) et logique (l'attestation de vérité et la véracité), mais également à l'aumône (comme si la vérité ontologique se révélait par le dépouillement). Elle paraît 155 fois dans le Coran et joue un rôle essentiel dans l'économie de la création et dans celle de la révélation.

Sadaqa signifie être vrai, sincère, dire la vérité et aussi réaliser une promesse.

A la 2e forme *saddaqa* : ajouter foi aux paroles de quelqu'un, avérer ; courir sans se retourner ; *sâdaqa* : être ami, cultiver l'amitié ; *tasaddaqa* : donner l'aumône ; *sâdiq* : vrai, sincère, parfait, sans mélange ; *sadîq* : ami sincère ; *siddîq* : très véridique, fidèle à ses promesses, fidèle.

A la 2e forme *saddaqa* signifie, nous l'avons vu, avérer, au sens où l'Epître aux Romains dit à propos d'Abraham qu'il eut foi en Dieu et que cela lui fut compté comme justice (avant qu'il ne fût circoncis, et donc dans l'universalité du témoignage que le Coran définit par le terme de hanifisme).

Or il est dit de Maryam (C 66 : 12) qu'elle « donna réalité aux (ou avérales) paroles de son Seigneur ainsi qu'à Ses Ecritures ». L'assentiment de Maryam au projet divin que lui présentent les anges d'une part témoigne de sa foi et d'autre part permet la réalisation de la promesse.

17. Voir également C 21 : 90.

18. Cette titulature de l'aristocratie du désert s'exprime à partir d'une racine qui évoque également la noirceur (qui, en d'autres contextes, est envisagée négativement). *Sawd* désigne précisément ces déserts austères de pierre noire et non de sable d'or. *Siyâda* signifie le pouvoir et l'autorité.

19. A ce propos voir R. Arnaldez, *Jésus, fils de Marie, prophète de l'Islam, op. cit.*, p. 65 sq.

20. Le mot *batûl* est utilisé à propos de Maryam notamment dans le

récit relatant, à propos de la sourate « Maryam », l'hégire des premiers musulmans en Ethiopie.

21. Au verset 48 sont mentionnés Moïse et Aaron (n'oublions pas que, selon le Coran, la mère de 'Isâ est leur sœur) ; au v. 51 Abraham ; v. 74 Loth ; v. 76 Noé ; v. 78 David ; v. 79 Salomon ; v. 83 Job ; v. 85 Ismaël, Idrîs et Dhû'l-kifl ; v. 87 Jonas (l'Homme au Poisson) et enfin Zacharie et Yahya, au v. 90.

22. Voir également C 3 : 81.

6. Avec Maryam Dieu donne à sa création un centre

1. Ainsi en C 7 : 29 ; 10 : 4 ; 10 : 34 ; 27 : 64 ; 30 : 11 ; 85 : 13.

« Le jour où Nous ploierons le ciel comme on plie les écrits pour leur mettre le sceau, de même Nous avons instauré une première création (bada'na'awwala khalqin) et ainsi Nous recommençons à créer (nu'îduhu wa'dan) Promesse qui Nous incombe ! Nous le ferons ! » (C 21 : 104).

2. Cinquante fois dans les Evangiles, 56 fois dans les Actes des Apôtres, 11 fois dans l'Apocalypse de Jean et 128 fois dans les Epîtres.

3. Attirons l'attention sur le fait qu'il n'est pas dit que l'Esprit procède de Dieu, mais « de mon Seigneur » ; or dans le Coran Dieu n'est appelé Seigneur que par rapport à Ses sujets, en relation à Sa création. Le mot « Seigneur » est toujours régi par un possessif, ce qui met en évidence qu'il s'agit d'une identité relative, et non absolue. Autrement dit, la désignation « Seigneur » est relative et ne considère pas Dieu en Lui-même, en Son mystère personnel – à la façon dont la théologie chrétienne conçoit et situe l'Esprit en une relation intradivine – mais dans sa relation ad extra, vers l'extérieur, Son domaine, Sa création.

4. En C 23 : 12, cette argile est qualifiée de quintessentielle, donc de particulièrement pure et subtile.

5. Nous avons cité C 40 : 15 où Dieu, du haut de Son trône, projette un Esprit de Sa sphère sur quiconque il destine à donner l'alarme aux hommes.

6. C 3 : 45 ; 4 : 171 ; 19 : 17 ; 21 : 91 ; 66 : 12.

7. Ce verset peut être mis en relation avec C 16 : 102, où le même rôle est assigné à l'Esprit de Sainteté : « Dis : C'est l'Esprit de Sainteté issu de ton Seigneur qui le fait descendre avec le Vrai... »

8. On peut y voir l'image du Coran intangible, prêté aux hommes qui ont vocation à le porter par leur psalmodie jusqu'à la fin des temps.

9. Voir C 3 : 20 ; 5 : 92 ; 5 : 99 ; 13 : 40 ; 16 : 35 ; 16 : 82 ; 24 : 54 ; 29 : 18 ; 36 : 17 ; 42 : 48 ; 64 : 12 ; 72 : 23.

10. Voir *Encyclopédie de l'Islam*, article « 'Isâ » par G. Anawâtî.

11. C 2 : 30 ; 7 : 11 ; 15 : 28 ; 17 : 61 ; 18 : 50 ; 20 : 116 ; 38 : 72-74.

12. L'âme est présentée parfaitement adaptée à ce corps fait d'argile malléable, étant elle-même souple et disponible aux contraires.

13. De même dans l'Evangile de Matthieu, la parabole des ouvriers envoyés à la vigne se conclut-elle : « Faut-il que tu sois jaloux parce que je suis bon ? Voilà comment les derniers seront les premiers et les premiers seront les derniers » (Mt 20 : 15-16).

14. Hallâj, *Kitab at-tawasîn*, ch. IV.

15. L. Gardet, *Mystique musulmane*, Paris, Vrin, 1961, p. 269-270. On pourrait voir dans l'attitude d'Iblis ainsi décrite comme une expression suprême d'intégrisme ou de fondamentalisme – selon la problématique d'aujourd'hui – et l'on perçoit combien une telle attitude s'oppose de front à celle d'*islam*.

16. Traduction L. Massignon, *La passion de Hallâj*, Paris, Gallimard, 1975, tome III, p. 238.

17. Rappelons (cf. ch. 1) l'importance du thème de l'oubli, parallèle à celui de la mémoire, et qui, à travers le lexique arabe, semble définir l'homme et le couple humain.

18. Le verset 33 de la sourate 3, introduisant à l'histoire de Maryam, dit : « Dieu a élu Adam, Noé, la famille d'Abraham et la famille de 'Imrân par-dessus les univers. »

19. Il est surprenant que le Coran ne fasse aucune allusion à l'épisode rapporté par les synoptiques de la tentation de Jésus au désert. Il s'agit, dans le Nouveau Testament, d'un récit capital, en introduction à la vie publique de Jésus. Selon l'Evangile, le tentateur dit à Jésus de se jeter dans l'espace, du haut du temple. Mais ce ne serait que simulacre de confiance en Dieu, c'est pourquoi Jésus lui répond : « Il est écrit : Tu ne tenteras pas le Seigneur ton Dieu... » (Mt 4 : 5-6). Peut-on voir dans le silence du Coran sur cet épisode de la vengeance de Satan sur Jésus au désert une conséquence du centrage coranique sur Maryam, sa mère, plutôt que sur le fils ?

7. Exemplarité de « Marie la musulmane »

1. Ce passage coranique fait penser au *Magnificat* que Luc met dans la bouche de Marie : « Mon âme exalte le Seigneur... parce qu'Il a jeté les yeux sur son humble servante... Il a déployé la force de Son bras, Il

a dispersé les hommes aux cœurs orgueilleux, Il a renversé les puissants de leur trône et élevé les humbles... » (Lc 1 : 46-52).

2. Avec en affixe le possessif de la première personne : *'ibnî*, mon fils.

3. Baqlî, *Tafsîr*, II, 7, cité par J.M. Abd-el-Jalîl, *Marie et l'islam*, Paris, Beauchesne, 1950, p. 80.

4. Voir sur ce thème aussi 2 Co 3 : 7-11.

5. *Ista'fafa*, de la racine '*FF* qui exprime l'abstinence et la chasteté.

6. Selon le balancement dual habituel au Coran, le verset 40 de la même sourate 24 compare, en termes symétriques, les actions des dénégateurs « à des ténèbres sur une mer profonde. Une vague le couvre (le dénégateur) qu'une autre vague à son tour couvre ; et par-dessus la vague une nuée, des ténèbres amoncelées par couches superposées. S'il fait sortir sa main, il n'arrive pas à la distinguer. Celui en qui Dieu ne met pas Sa lumière n'a plus de lumière aucune. »

7. On peut lire dans *Le buisson ardent*, du Père S. Boulgakov, trad. française de C. Andronikof, Lausanne (Suisse), éd. L'Age d'Homme, 1987, p. 138 : « Parmi les révélations accordées à Moïse, outre les apparitions de la Gloire, nous devons consacrer une attention particulière à la première épiphanie devant le prophète : celle du Buisson ardent, figure de la Sainte Vierge, selon l'interprétation constante de l'Eglise. » Et l'auteur précise en note : « C'est ce que confirment de nombreux hymnes liturgiques tel le Canon des matines de l'Annonciation, 9e ode, 4e tropaire : "Le buisson et le feu ont montré un prodige merveilleux à Moïse marqué par le sacré : cherchant la fin de la suite du temps, dit-il, je la verrai dans la Jeune Fille pure." De même, aussi l'Acathiste de la Mère de Dieu (8e ode, 2e tropaire) : "Par le Buisson Moïse a compris le grand mystère de ton enfantement, Vierge Sainte." Et encore, le tropaire dogmatique du 2e ton de l'Octoète : "Le voile de la Loi est levé, la Vierge a enfanté et elle est restée vierge. A la place de la colonne de feu, le soleil de justice s'est levé. A la place de Moïse, c'est le Christ, salut de nos âmes." » Et p. 135, en note, cet autre passage tiré encore de l'Acathiste de la Mère de Dieu : « Salut, colonne de feu qui conduit l'humanité vers la vie d'En Haut. »

8. Un dérivé de cette racine, *qinnît*, évoque l'outre qui retient l'eau, qui ne fuit pas.

9. Tirmidhî, *Nawâdir*, 415, cité par M. Hayek, *Le Christ de l'islam*, Paris, Seuil, 1959, p. 75-76.

10. J. Berque, *Yûsuf ou la sourate sémiotique*, in *Mélanges Greimas*, tome II, Amsterdam, John Benjamins Publishing Company, 1985, p. 847.

11. Plusieurs commentateurs musulmans eux-mêmes eurent recours à

de tels procédés, soit pour rendre le récit coranique plus « attrayant », soit pour le rendre plus vraisemblable historiquement parlant. Ainsi, à propos de C 3 : 35-37, qui laisse entendre que Zacharie et 'Imrân étaient contemporains, Haqqi observe que cet 'Imrân ne saurait être le père de Moïse et d'Aaron, mais que c'était le père de la Vierge Maryam. Zacharie et cet 'Imrân auraient épousé deux sœurs : Elisabeth et Anne. Voir à ce propos R. Arnaldez, *Jésus, fils de Marie, prophète de l'islam, op. cit.*, p. 33-39 ; voir également A.J. Wensinck, in *Encyclopédie de l'islam*, article « Maryam ».

12. R. Analdez précise en conclusion : « Les chrétiens sont certainement très profondément touchés par ce que plusieurs versets disent de Jésus et de sa mère. Mais ils risquent de l'interpréter dans un sens trop chrétien. Qu'ils ne s'y trompent pas : tous les commentaires... convergent à travers leurs différences pour nous convaincre que le Jésus du Coran est un prophète de l'islam... Qu'il n'est pas le Christ des Evangiles plus ou moins retouché. Il est entièrement musulman et parfaitement intégré dans la conception d'ensemble que l'islam se fait de la prophétie et des prophètes... tous les traits essentiels de la figure de Jésus peuvent se retrouver soit en Abraham, soit en Moïse, soit en Muhammad... » (*op.cit.*, p. 121). M. Borrmans reprend les positions de R. Arnaldez dans son livre *Jésus et les musulmans aujourd'hui*, Paris, Desclée, 1996, p. 12-13.

Sourate 3. « La famille de 'Imrân »

1. *Nazzala 'alayka*, a fait descendre sur toi ou t'a révélé : car toute révélation vient d'en haut et tout ce qui descend est révélation, parole ou pluie vivifiante. L'inverse de ce mouvement est celui d'élaboration, de construction et de projection.

2. *Al-furqân* : autre désignation du Coran.

3. Le même mot *aya* a, en arabe, la signification et de signe et de verset. En l'occurrence les deux se trouvent cumulés.

4. *Umm al-kitâb*, c'est-à-dire l'Exemplaire céleste.

5. Ce qui n'était pas vrai, mais les effraya !

6. *Islam* n'est visiblement pas à prendre ici dans un sens confessionnel, mais à entendre comme l'attitude fondamentale commune du monothéisme abrahamique : « la religion, du point de vue de Dieu », en son unité, et non du point de vue des hommes en leur diversité et leurs rivalités.

7. Relevons la force de l'image qui fait ressortir non seulement la solidarité, mais l'homogénéité de la création entière : contingente et homogène.

8. Ou de l'absence, le mot *ghayb* comportant les deux acceptions.

9. *Muslimûn*, musulmans au sens non confessionnel.

10. Selon le Coran, faut-il ajouter, les juifs n'ont pas tué Jésus mais en ont eu l'illusion. Peut-on y voir la « ruse » divine ?

Autre traduction possible du verbe *makara*, teindre en rouge. Cela donnerait alors : « Ils teignirent de rouge, et Dieu aussi teignit de rouge ; Il est le meilleur pour teindre en rouge » en songeant à Is 63 : 1-3 : « Quel est-il donc celui qui arrive d'Edom, de Bosra en habits tachés de pourpre... C'est moi qui professe la justice et me montre grand pour sauver. Pourquoi te drapes-tu de rouge et te vêts-tu comme un fouleur au pressoir ? A la cuve, j'ai foulé solitaire. Des gens de mon peuple nul n'était avec moi. Alors, dans ma colère, je les ai foulés, je les ai piétinés dans ma fureur. Leur jus a giclé sur mes habits et j'ai taché tous mes vêtements... »

En hébreu *makara* signifie vendre et en grec *makarios* signifie bienheureux. Il faut également se souvenir des jeux de mots bibliques concernant Adam ainsi que Caïn à propos de la terre rouge et du sang (autour des racines *DM* et *'DM*). J'ajouterai que la racine *KRM* (métathèse de *MKR*) signifie la générosité, la noblesse et la vigne (que l'on songe au texte d'Isaïe cité ci-dessus, et au fouleur). On pourrait également évoquer l'expression coranique « teinture de Dieu » en C 2 : 138 et 23 : 20, pour désigner vraisemblablement le baptême.

11. Le verbe ici utilisé est *wafâ* qui, à la 1re forme, signifie accomplir une promesse, acquitter une dette. Il est ici à la 5e forme, *tawaffâ*, qui signifie plus expressément encore recevoir le paiement entier d'une dette. Ici au participe actif : « Je suis recevant de toi le paiement entier de la dette » (on pourrait y voir une allusion à la conception chrétienne de l'incarnation rédemptrice ; mais allusion n'est pas confirmation !).

12. Le mot *hanîf* n'est pas d'origine arabe ; il se trouve ici associé à *muslim* que nous traduisons à la suite de J. Berque par « ceux-qui-se-soumettent » pour ne pas dire « musulman » dans la mesure où ces deux termes, ici, visent à caractériser une attitude, celle du « croyant originel » antérieurement à la distinction des confessions et des observances.

13. Cette circonlocution cherche à rendre toute la richesse évocatoire du verbe *manna* que l'on rencontre ici, le même dont est issue la désignation de la manne donnée par Dieu aux Hébreux lors de l'Exode, le pain descendu.

14. Voir dans la Bible 2 M 12 : 44-45 et Sg 3 : 2 sq.

15. Voir Gn 15 : 17 relatant le sacrifice qui consacra l'alliance abrahamique.

Sourate 19. « Maryam »

1. Plusieurs sourates (29 exactement) commencent par la mention de quelques lettres séparées, qui ne composent donc pas et dont le sens n'est pas évident. S'agit-il d'initiales renvoyant aux détenteurs des recueils dont elles auraient été reprises ? S'agit-il de sigles ou de signes ? Certains voient en cela la manifestation que le discours révélé appartient totalement à Dieu, qui le livre à Son gré, et que chaque élément du Livre descendu (chaque lettre même) est, par lui-même, un signe donné.

2. Secrète traduit l'arabe *khafiyyan* de *khafâ* qui signifie comme verbe soit faire apparaître, soit cacher quelque chose : la révélation cache ce qu'elle dévoile ; et le fait de voiler (plus ou moins ostensiblement) peut constituer une révélation.

3. *Siriyyun* ou *sarwûn* : la racine *SRY* évoque l'idée d'écoulement, de mouvement et de nuit. Elle est usitée par le Coran pour dire le voyage nocturne du Prophète, miraculeusement porté de la mosquée proche jusqu'à la mosquée la plus éloignée (*al-aqsa* de la même racine que la qualification du lieu « très éloigné » vers lequel Maryam s'isola pour enfanter, selon le v. 22), la mosquée de Jérusalem. La traduction la plus courante est celle de ruisseau, ce qui incline le sens de l'image vers l'exemple d'Agar au désert, selon la Bible. Mais si, avec Zamakhshârî, on lit non pas *siriyyun*, mais *sarwûn* (de la racine *SRW*), il s'agit alors d'une première présentation de Jésus nouveau-né, puisque *sarwûn* évoque la virilité et la générosité, la grandeur d'âme et la gloire (J. Berque traduit : « Le Seigneur a mis sous toi une gloire »). Le mot choisi embraye donc sur deux typologies (en référence à deux racines jumelées), celle d'Ismaël et celle de Jésus.

4. L'image est à rapprocher de celle des fruits offerts aux élus dans le jardin paradisiaque (voir C 55 : 54).

5. A rapprocher du récit concernant Elie en 1 R 19 : 4-8.

6. D'entre les enfants humainement engendrés, *min waladin*.

7. Même formule qu'au verset 4.

8. C'est le même verbe qui exprimait l'invocation de Zacharie au verset 3.

9. A rapprocher de ce qui est dit de Maryam en C 3 : 37.

10. *Samiyyun*, comme au verset 7.

11. Dans les deux sens du terme : organe et idiome.

Table

Dans la même collection

Tarif Khalidi
Un musulman nommé Jésus

Rachid Benzine
Les Nouveaux Penseurs de l'islam

Farid Esack
Coran, mode d'emploi

Abdelmajid Charfi
Le Coran entre le message et l'histoire

Composition Nord Compo
Impression : Imprimerie Floch, mars 2005
Éditions Albin Michel
22, rue Huyghens, 75014 Paris
www.albin-michel.fr
ISBN : 2-226-15903-7
N° d'édition : 23306. – N° d'impression : 62650
Dépôt légal : avril 2005
Imprimé en France.